Iris Lemanczyk

Brennnessel-Haut

Iris Lemanczyk

Eine wahre Geschichte

HORLEMANN

Bibliographische Information der Deutschen Nationalbibliothek:
Die Deutsche Nationalbibliothek verzeichnet diese Publikation in
der Deutschen Nationalbibliographie, detailierte bibliographische
Daten sind im Internet abrufbar: http://dnd.d-nb.de.

ISBN 978-3-89502-405-4

Erschienen 2020 im Horlemann Verlag
www.horlemann.info

© 2020 Horlemann Verlag, Merdingen
1. Auflage: Dezember 2020
2. Auflage: Juni 2021

Umschlaggestaltung: Tanja Gattnar, Stuttgart
unter Verwendung eines Fotos von imagostock&people GmbH
Innentypographie: Katja Schüch Buchgestaltung, Kirchheim unter Teck
Fotos: Andreas Forch
Druck: CPI books GmbH, Leck · Printed in Germany

für Ralf

Vorbemerkung

Ganz wichtig ist mir zu betonen, dass das Wort »Zigeuner« bei Sinti und Roma mit Diskriminierung verbunden ist. Gerade deshalb wird das Wort von den Nationalsozialisten, aber auch von anderen während des Dritten
Reiches weiterverwendet. Um dies zu verdeutlichen, ver-
wende ich den Begriff »Zigeuner« auch im Buch.

Iris Lemanczyk

Die aufgebrachte Meute –
Frühjahr 1938

Kajetan und seine Mutter gingen schnell, so schnell wie ihr Atem. Ihre Taschen waren schwer, doch die Mutter drosselte das Tempo nicht. Langsam erhellte das erste Sonnenlicht den Morgenhimmel, Amseln zwitscherten, die Welt schien zu erwachen. Über den Feldern hing Nebel. Geräuschvoll zog Kajetan die Nase hoch. Kurz vor Weingarten lagen bereits Sonnenstrahlen auf den Hügeln. Kajetan streckte das Gesicht der wärmenden Sonne entgegen. Endlich blieb die Mutter vor einer Bank stehen. »Hier können wir frühstücken«, sagte sie, setzte sich und zog zwei dünne Butterbrote aus ihrer Jackentasche. Noch ehe Kajetan saß, hatte er schon das halbe Brot verputzt. Sein Hunger war wie immer gewaltig, aber nur selten konnte er sich satt essen.

»Banzari, wenn wir in Weingarten sind, dann klingle ich an den Häusern. Ich nehm aber nur ein paar Decken mit. Du wartest mit den übrigen auf mich«, meinte die Mutter, bevor sie ins Brot biss. Sie lächelte und strich sich eine ihrer schwarzen Haarsträhnen aus dem Gesicht, dabei klirrten die langen Ohrgehänge. Kajetan liebte das Geräusch, es klang so fröhlich, verspielt, gut gelaunt. Es klang nach seiner Mutter. Genauso wie »Banzari«, sein Kosename. So nannte ihn seine Mutter, manchmal taten es auch die Geschwister und ganz selten der Vater. Woher Kajetan diesen Kosenamen hatte, wusste er nicht. Sein Freund Heiner fand den Namen blöd, er nannte Kajetan bei seinem richtigen Namen. Genauso machten es die Webers, bei denen Kajetan aus und ein ging.

An den ersten Häusern Weingartens klopfte sich die Mutter den Staub aus ihrem langen, in dunklen Farben gemusterten Rock, säuberte mit dem Taschentuch ihre Schuhe und strich sich noch einmal sorgfältig die Haare aus dem Gesicht.

»Am besten wartest du dort drüben bei dem Baum«, sagte sie zu ihrem Sohn.

Kajetan nahm die zwei Taschen und schleppte sie unter den Baum. Es dauerte nicht lange, bis er seine Mutter wiedersah. Sie winkte, schüttelte aber den Kopf. Also hatte sie noch kein Verkaufsglück gehabt. Kajetan lehnte sich an den Baum, schaute in die noch blätterlosen Zweige, sah einem Rotkehlchen zu, wie es sich das Gefieder putzte – und langweilte sich.

Zwei Frauen mit Einkaufskörben kamen die Straße entlang und musterten ihn skeptisch. Kajetan hatte große Lust, ihnen die Zunge rauszustrecken, einfach so. Aber die Mutter hatte ihm tausendmal eingebläut, dass er das nicht machen dürfe. Schließlich könnten sie ihre Kundinnen sein – außerdem gehörte es sich nicht. Stattdessen versuchte es Kajetan mit einem Lächeln. Die Frauen schauten schnell weg, während Kajetan den Impuls verspürte, ihnen doch noch die Zunge rauszustrecken. So langsam begann er zu frieren, um sich zu wärmen, hüpfte er um den Baum, anschließend versuchte er so hoch zu springen, dass er die Äste berühren konnte.

»Was machst du da?« Ein alter Mann mit grauen Bartstoppeln und Zahnlücken stand, auf einen Stock gestützt, vor Kajetan.

»Ich wart auf meine Mutter«, sagte er. »Sie verkauft Tischdecken.«

»Aha. Ist das die dort drüben, die mit dem langen Rock?« Kajetan nickte.

»Bist ein Zigeuner?«

Kajetan hasste das Wort, es war ein Schimpfwort. Vermutlich hatte es der alte Mann genauso gemeint – als Schimpfwort. So, wie Kajetan es schon tausendfach gehört hatte, aber immer nur in Verbindung mit schlimmen Vorkommnissen oder mit Beleidigungen und Beschimpfungen. Kajetan hatte das Wort so satt!

»Bist nun ein Zigeuner?«, fragte der Alte erneut, dabei zischte er das Wort »Zigeuner«, sodass Spucke aus seinem Mund spritzte.

»Wir sind Sinti«, widersprach Kajetan. »Sinti oder Roma, keine Zigeuner!«

»Papperlapapp! Sinti – dass ich nicht lache. Das Wort kennt doch kein Mensch! Zigeuner seid ihr. Zigeunerpack!« Grummelnd humpelte der Alte davon.

Kajetan wollte dem Alten nachrufen. Doch dann sah er seine Mutter winkend und lachend auf sich zukommen. Sie sah so glücklich aus, das ließ ihn den bösartigen Alten fast vergessen.

»Ich hab bereits zwei kleine Tischdecken verkauft, Banzari. Ein guter Anfang. Du bringst mir Glück, mein Schatz.«

Sie küsste ihren Sohn auf die Stirn, dann holte sie zwei weitere Decken aus der Tasche. »Ich versuch's noch dort drüben, dann gehn wir zur nächsten Straße.« Dabei zeigte sie mit dem Finger auf vier zweistöckige Häuser am oberen Ende der Straße.

Kajetan nickte und freute sich, dass die ersten Sonnenstrahlen die Straße erreichten.

Bald kam die Mutter zufrieden zurück. »Hab schon wieder eine Decke verkauft. Dieses Mal eine größere. Komm, wir gehn nun zu der Straße da vorne.«

Kajetan war froh, sich bewegen zu können. Trotz der Sonne war es immer noch empfindlich kalt.

Zwei Stunden später hatte die Mutter bereits fünf Decken verkauft. So viele wie schon lange nicht mehr. Zufrieden summte sie vor sich hin. Gerade als sie mit Kajetan erneut ihren Standort wechseln wollte, kam der Alte. Wütend schwenkte er seinen Gehstock über den Kopf. Er wurde von zwei Männern und einer Frau begleitet.

»Da sind sie«, rief der Alte zornig. »Da, die Zigeuner, die waren's.« Durch sein Geschrei und Gezeter wurden mehr Leute angelockt. Schnell standen Gaffende um sie herum.

»Mir ist ein Huhn geklaut worden«, eiferte sich der alte Mann. »Das können doch nur die Zigeuner gewesen sein.«

Kajetan war sprachlos. Wie kam der boshafte Alte darauf, dass sie ein Huhn stehlen würden?

»Wir haben kein Huhn gestohlen!«, rief die Mutter. »Ich verkauf Tischdecken und stehl ...«

»Papperlapapp«, schnitt ihr der Alte das Wort ab. »Jeder weiß doch, dass Zigeuner alles mitnehmen, was nicht niet- und nagelfest ist. Gestern war mein Huhn noch da.« Dabei schaute er in die Menge und wartete auf Zustimmung.

»Zigeunergesindel. Diebesgesindel«, murrte eine Frau.

»Stimmt, die können alles gebrauchen«, schimpfte ein Mann.

»Die stehlen sogar die Wäsche von der Leine!«, rief nun eine andere Frau.

»Die klauen auch Kinder«, sagte ein anderer.

»Und mit ihrer Musik verhexen sie alle«, geiferte eine dicke Frau mit einer beigefarbenen Schürze, die über dem Bauch spannte.

»Mein Huhn, mein schönes fettes Huhn, das ich nächste Woche schlachten wollte, das ist jetzt bestimmt in einer der Taschen dort«, jammerte der Alte und zeigte auf die Taschen mit den Tischdecken.

»Da ist kein Huhn drin! Da sind meine Decken drin!«, rief die Mutter empört, aber ihr unsteter Blick verriet Angst.

Kajetan nahm eine Tasche und presste sie fest an seine Brust.

»Schaut, wie der Bub die Tasche festklammert. Da ist bestimmt mein Huhn drin!« Der alte Mann, der sich sonst nur mühsam bewegte, war schnurstracks bei Kajetan.

»Lassen Sie das«, schrie die Mutter auf. »Lassen Sie uns in Ruhe!«

»Erst wenn ich mein Huhn wiederhabe«, schrie der Mann zurück und zerrte an der Tasche.

Kajetan hielt dagegen. Doch der Mann war stärker. Er riss ihm die Tasche aus den Händen, wühlte zuerst in den Decken herum, als er nichts finden konnte, warf er die Tischdecken auf den Gehweg, trampelte darauf herum und schrie: »Wo ist mein Huhn?«

Kajetan war kreidebleich und zitterte. Seine Fäuste, die er ballte und wieder löste, signalisierten Angst und Hilflosigkeit.

»Wir haben Ihr Huhn nicht!«, wiederholte die Mutter.

»Da ist noch eine Tasche«, rief die Dicke mit der Schürze.

»Ja, wahrscheinlich ist das Huhn da drin«, meinte eine andere.

»Nein«, brüllte Kajetan ihnen zornig entgegen. »Wir haben kein Huhn!« Doch es nützte nichts. Der alte Mann schnappte auch die zweite Tasche, leerte sie aus und trampelte ebenfalls auf den Decken herum.

»Wo ist mein Huhn?«, schrie er die Mutter an, wieder schleuderte Spucke zwischen seinen Zahnlücken hervor.

»Ich hab Ihr Huhn nicht«, antwortete sie zum wiederholten Mal. »Wahrscheinlich ist es abgehauen. Oder Sie haben es schon geschlachtet. Und nun wollen Sie von unschuldigen Leuten ein neues Huhn erpressen«, erwiderte sie mit zischender Stimme und eiskaltem Blick, der die Menge verstummen ließ. Im Moment war ihr Zorn größer als ihre Angst.

Kajetan nutzte den Augenblick und stopfte die Decken wieder in die Taschen.

Dem alten Mann blieb erst der Mund offenstehen, dann lief er krebsrot an, bevor er schrie: »So eine Unverschämtheit! Bestimmt hat die Zigeunerin mein Huhn verhext.«

Ein paar aus der Menge murmelten zustimmend.

»Lumpengesindel, macht, dass ihr fortkommt!«

Zwei Frauen spuckten der Mutter vor die Füße.

Doch die dunklen Augen der Mutter blitzten immer noch, sodass die Frauen einen Schritt zurückwichen. Die Mutter schnappte eine Tasche, nahm Kajetan an der Hand, der die andere Tasche umklammerte, und rannte los.

»Schaut nur, wie das Zigeunerweib die Röcke rafft. Wer so schnell davonrennen kann, der muss ein schlechtes Gewissen haben«, riefen sie ihnen höhnisch lachend nach.

Der alte Mann schrie: »Lass dich hier nie wieder blicken,

Zigeunerin. Nächstes Mal kommst du mir nicht so davon!« Es war kein schlechtes Gewissen, das die Mutter schnell rennen ließ. Es war Angst, furchtbare Angst. Sie rannten, bis sie wieder zu ihrem morgendlichen Rastplatz kamen. Erschöpft und nach Luft japsend ließen sie sich auf die Bank fallen. Kajetan schossen Tränen in die Augen. Er lehnte sich an die Mutter und weinte – vor Wut, vor Aufregung, vor Hilflosigkeit und wegen dieser Ungerechtigkeit. Nach ein paar Minuten fragte er: »Warum haben die das gemacht?«

»Ich weiß es nicht, Banzari. Ich weiß es wirklich nicht!«

»Die können doch nicht einfach behaupten, wir hätten das Huhn gestohlen.«

»Ach, Banzari«, sagte die Mutter nur und streichelte ihren Sohn. Ihre Augen glänzten, dann kamen auch ihr die Tränen. Um sich abzulenken, zog sie eine der Decken aus der Tasche.

»Zum Glück ist die nur dreckig und nicht kaputt«, meinte die Mutter. Sie seufzte. Erst jetzt, als Gefahr und Aufregung vorüber waren, begann sie zu zittern.

»Mutter«, fuhr Kajetan fort, er verstand so vieles nicht, »warum haben die Leute gesagt, wir seien Diebesgesindel und dass wir Wäsche klauen würden und Kinder? Das stimmt doch nicht.«

»Nein, Banzari, das stimmt nicht. Aber wenn was wegkommt, dann suchen die Leut' einen Sündenbock. Und das sind wir Sinti.«

»Hast du schon mal gestohlen?« Kajetan wollte auf Nummer sicher gehen.

Die Mutter schaute ihn ernst an. »Nein, Banzari, und dein Vater auch nicht. Wir sind rechtschaffene Leut'.«

Sie ließen sich von den Sonnenstrahlen wärmen, bis sie

sich beruhigt hatten. Die Mutter sah müde aus. Trotzdem warf sie den Kopf in den Nacken, dabei funkelten ihre langen Ohrgehänge und klirrten leise. Kajetan schaute seine Mutter an. Sie war so schön mit ihrem langen, schwarzen Haar, das sie immer zu einem Knoten trug, mit ihrer kleinen Nase, den dunklen, sanften Augen, die Hildegard von ihr geerbt hatte, mit ihren schönen Blusen, den langen Röcken und den hohen Schuhen, die sie immer trug. Mama sieht aus wie eine Königin, dachte er und strahlte seine Königin an.

Nach einer Weile meinte die Mutter: »Lass uns heimgehn, Banzari. Dann kann ich mit Hildegard die Decken waschen.«

»So schnell gehen wir aber nicht mehr nach Weingarten.«

»Bestimmt nicht«, pflichtete ihm die Mutter bei. Allerdings verschwieg sie ihrem Sohn, dass dies nicht das erste Mal war, dass so etwas geschah.

Ein Stall voller Hasen

Die Wiesen zeigten bereits sattes Grün, durchsetzt mit kräftigem Löwenzahngelb und Salbeiblau. Buchfink, Blaumeise und Goldammer zwitscherten übermütig, Wespen und Bienen summten. Kajetan wollte nicht mehr an den Vorfall in Weingarten denken. Tagsüber gelang es ihm problemlos. Aber nachts träumte er manchmal von einem stockschwingenden, alten, bösen Mann mit Bartstoppeln und Zahnlücken. So schnell ihn seine krummen Beine tragen konnten, humpelte er auf Kajetan zu und brüllte: »Haltet den verdammten Zigeuner, der ist ein gemeiner Hühnerdieb!«

Im Traum versuchte Kajetan immer wegzurennen. Aber der Alte packte ihn am Kragen, riss ihn mit Kräften, die ihm niemand zugetraut hätte, in die Höhe. Hilflos strampelte Kajetan in der Luft. Dann ließ der Alte ihn zu Boden fallen. Geifernd drohte er mit dem Stock. Als er gerade zuschlagen wollte, wachte Kajetan auf.

Um sich tagsüber abzulenken, sammelte er nach der Schule körbeweise Löwenzahn. Die Wiese, auf der ihr Wohnwagen stand, in dem sie alle schliefen, hatte er schon abgesucht. Da wuchs fast kein Blatt mehr.

»Kommst du heut Mittag mit zur Schussen? Wir können Holzboote basteln und schwimmen lassen.«

»Nein, Heiner, ich hab noch nicht genug Löwenzahn«, antwortete Kajetan.

»Du hast einen ganzen Korb voll«, erwiderte Heiner, sein bester Freund.

»Das ist sogar schon der zweite. Reicht aber noch nicht. Jetzt im Frühling werden die Hasen mit viel frischem Löwenzahn gefüttert«, erklärte Kajetan und machte einen Hüpfer nach rechts, wo er ein Büschel zarter Blätter entdeckt hatte.

»Ich kann dir helfen«, schlug Heiner vor. – Mit Heiners Hilfe war der Weidenkorb schnell voll.

»Bist ein guter Junge«, begrüßte ihn Herr Weber, als ihm Kajetan den Korb reichte.

Herr Weber war schon alt. Früher hatte er mit einem Pferdewagen Petroleum für Lampen ausgefahren. Bis nach Ulm war er gekommen. Er kannte jedes Dorf und jede Stadt zwischen Ravensburg und Ulm. Von seinen Fahrten brachte er immer Geschichten mit – von komischen, heiteren oder auch gefährlichen Situationen oder von interessanten Menschen. Von den Erinnerungen an diese Zeit zehrte Herr Weber noch immer – und er erzählte seine Geschichten jedesmal mit Begeisterung. Vor ein paar Jahren hatte Herr Weber das Geschäft aufgegeben. Es war ihm zu anstrengend geworden. Er hatte das Pferd seinem Nachbarn, Kajetans Vater, gegeben. Der war Pferdehändler und verkaufte es für Herrn Weber zu einem guten Preis.

Jetzt kümmerte sich der alte Mann nur noch um die Landwirtschaft, und das war schon Arbeit genug. Herr Weber war froh, dass Kajetan die hundert Hasen versorgte. Er brachte ihnen nicht nur den köstlichen Löwenzahn, sondern fütterte sie auch mit anderem Grünzeug sowie altem, hartem Brot und mistete die Ställe aus. Dafür schenkte ihm Herr Weber ab und zu einen Hasen. Wenn es Hasenbraten gab, waren alle Reinhardt-Kinder aus dem Häuschen, alle bis auf Zäzilie.

»Wenn du die Hasen gefüttert hast, wird es Zeit fürs Mittagessen«, sagte Herr Weber.

Gerade hatte er den Satz zu Ende gesprochen, da knurrte Kajetans Magen unüberhörbar. Die beiden lachten.

»Hast noch nichts gegessen heute?«, wollte Herr Weber wissen und fuhr sich über sein tadellos rasiertes Kinn.

Kajetan schüttelte den Kopf. »War kein Brot mehr da.«

Die Mutter verkaufte immer seltener eine ihrer selbstgehäkelten Tischdecken. Die fünf Decken in Weingarten blieben die absolute Ausnahme. Sie musste immer längere Strecken zurücklegen, bis sich eine Käuferin fand. Auch der Pferdehandel des Vaters ging sehr schleppend – und längst wurde er nicht mehr so häufig zu Feiern eingeladen, um auf seiner Geige zu spielen.

»Die Zeiten sind schlecht«, sagte Herr Weber. »Viele Leute haben keine Arbeit und kein Geld. Ich bin froh, dass ich alt bin. Wir haben unser Auskommen. Ich hoffe, das wird reichen, bis ich sterbe.«

»Aber Sie sterben doch nicht«, rief Kajetan entsetzt.

»Jetzt noch nicht, mein Junge. Aber irgendwann schon. Irgendwann ist jeder dran.« Seufzend ging Herr Weber ins Haus. Auf den Stufen, die zur Küche führten, drehte er sich noch einmal um und schaute Kajetan zärtlich an. »Bist ein guter Junge«, murmelte er vor sich hin. »Ein guter Junge.«

Während des Tischgebets knurrte Kajetans Magen so laut, dass Herr Weber nach dem ›Amen‹ zu seiner Frau sagte.

»Gib dem Jungen eine große Portion. Der hat heut noch nichts gegessen.«

Frau Weber tat Kajetan jede Menge Spätzle auf den Teller. Dann nahm sie die Schöpfkelle, füllte sie dreimal und jedes Mal landete eine große Portion Linsen auf den Spätzle.

»Lass es dir schmecken, Bub«, sagte sie.

Kajetans Augen wurden riesengroß: so viel – und das alles für ihn allein. Er beugte sich über den dampfenden Teller und schaufelte los.

»Nicht so hastig, Kajetan«, mahnte Herr Weber. »Es nimmt dir niemand was weg.«

Der hat gut reden, dachte sich Kajetan. Der hat nicht so einen Mordshunger wie ich. Trotzdem bemühte er sich, langsamer zu essen.

Der Fund

Den Nachmittag verbrachte Kajetan mit Heiner an der Schussen. Aus Ästen bauten sie kleine Flöße, dann suchten sie Schnecken, setzten diese aufs Floß und schickten die Schnecken auf eine Schiffsreise. Jetzt, nach der Schneeschmelze, führte die Schussen herrlich viel Wasser für eine turbulente Schneckenreise.

Unter einer Brennnessel lugte ein Teil eines vielversprechenden Astes hervor. Schnell, um möglichst nicht die Brennnesseln zu spüren zu bekommen, schubste Kajetan den Ast mit dem Schuh hervor – und staunte. »Das ist kein Ast«, sagte er bloß.

Heiner, der gerade einer Schnecke nachwinkte, fragte: »Was hast du gesagt?«

»Das, das, das ist kein Ast«, wiederholte Kajetan und zeigte auf den Boden.

»Uih!« Heiner ging in die Knie, dann auch Kajetan. Vor ihnen lag eine Pistole. Sie hatte einen Griff, von dem Kajetan angenommen hatte, es sei ein Stück Holz und ein gutes Gefährt für die Schneckenreise. Kajetan nahm die Pistole in die Hand, sie war schwerer, als er gedacht hatte. Von der Waffe ging eine Stärke, eine Macht aus, die ihn faszinierte. Er wischte den Dreck von der Pistole, dann inspizierten die Freunde den messingfarbenen oder doch eher grauen Lauf und das leere Patronenlager. Mit ausgestrecktem Arm zielte Kajetan auf eine Akazie, schloss das rechte Auge und wollte mit dem Zeigefinger den Abzug drücken. Doch es ging nicht.

»Da gibt's bestimmt irgendeinen Hebel für den Abzug«, meinte Heiner. »Lass sie mich auch mal halten.« Auch Heiner zielte auf die Akazie und rief: »Peng! Peng!«

»Die hat bestimmt jemand in die Schussen geworfen, weil er ein Verbrechen vertuschen will«, überlegte Kajetan.

»Oder verloren«, meinte Heiner.

»Vielleicht wurde jemand damit erschossen«, spekulierte Kajetan, ein kalter Schauer lief ihm über den Rücken.

»Vielleicht bei einem Banküberfall«, sagte Heiner.

Sie malten sich aus, wie der Bankräuber mit einem Sack voller Geld verschwinden wollte. Aber der Direktor des Bankhauses stellte sich ihm entgegen. Dann zog der Räuber die Pistole, zielte auf den Direktor und schoss. Der Direktor stürzte zu Boden, während der Räuber das Weite suchte. Er flüchtete mit seinem Fahrrad, trat wie verrückt in die Pedale, raus aus der Stadt, bis er an einem einsamen Platz an der Schussen war. Dort zählte er das Geld und warf die Pistole in die Schussen. – »So muss es gewesen sein«, meinte Kajetan. Heiner nickte.

Die beiden überlegten, was sie mit ihrem Fund machen sollten. Den Eltern oder gar der Polizei übergeben kam für sie nicht in Frage. »Wir behalten sie«, sagten die Freunde wie aus einem Mund.

Statt der Schneckenreise spielten sie den ganzen Nachmittag »Banküberfall« und danach »Cowboy und Indianer«. Bevor sie nach Hause gingen, suchten sie das Ufer nach einem guten Versteck ab. Doch ohne Erfolg.

»Wir verbuddeln sie«, schlug Heiner vor.

Neben einer größeren Brennnessel-Fläche gruben sie mit den Händen ein Loch, legten die Pistole hinein und markierten den Ort mit einem großen, runden, hellbraunen Flusskiesel.

»Das bleibt unser Geheimnis«, meinte Kajetan. Heiner nickte. Dann hoben sie die rechte Hand, streckten Zeige- und Mittelfinger in die Höhe und schworen feierlich, dass sie das Versteck nie und nimmer auch nur einer Menschenseele verraten würden.

Wer ist Hiller?

Als Kajetan zum Wohnwagen rannte, konnte er Hildegard schon von weitem sehen. Seine große Schwester saß auf dem Treppchen ihres hölzernen Wagens, der wie ein alter Zirkuswagen aussah. Er stand unter zwei Weiden, nur 200 Meter vom Haus der Webers entfernt. Die Äste der Weiden schienen den Wagen zu beschützen. Als Kajetan näherkam, sah er, dass Tränen über Hildegards Wangen rannen. »Warum weinst du?«, fragte er, setzte sich zu ihr und streichelte ihre Schulter. Hildegard, seine starke Schwester, weinte eigentlich nie. Sie saßen eine Weile schweigend da. Nur Hildegards Schniefen war zu hören. Ihr schlaksiger Bruder Hubert kam mit zwei Büchern unterm Arm, die er sich aus der Bücherei geliehen hatte, nach Hause. Als er die weinende Hildegard sah, fragte er: »Was ist passiert?« Unter Tränen und weiterem Schniefen berichtete Hildegard. »Bertha Maier und Luise Schmidt haben auf mich gewartet. Drüben an der Baustelle beim Bäcker. Ich bin eine böse Zigeunerin, haben sie gesagt. Und – Zigeuner sind keine guten Menschen. Weil sie stehlen und betrügen und eklige Sachen essen, hat Luise gesagt. Und Bertha hat gesagt, ich bin eine Verbündete des Teufels. – Bertha behauptet, wer dunkle Augen hat und schwarze Haare, ist eindeutig eine Verbündete des Teufels.«

»Ich kann das blöde Geschwätz über böse Zigeuner nicht mehr hören«, meinte Hubert. »Bertha und Luise sind doch bloß dumme Ziegen, die ...«

»... aber die dummen Ziegen haben Handschuhe angezogen, und dann haben sie Brennnesseln abgerupft und mich damit geschlagen. Auf die Hände und Arme. Das brennt wie verrückt!«

Hildegard schob die Ärmel ihrer gestreiften Bluse nach oben. Zum Vorschein kamen rote Striemen, weiße Pusteln und Blasen, die die Brennnesseln hinterlassen hatten. Schluchzend berichtete sie weiter: »Das ist nur der Anfang, haben Bertha und Luise gesagt und gelacht. Da gibt es jetzt einen Mann, meinten sie, der sorgt dafür, dass wir Zigeuner für unser sündiges Leben bestraft werden. Dieser Mann heißt Hiller.«

»Hitler, der Mann heißt Hitler«, verbesserte Hubert, der sich für Politik interessierte und seine Nase wann immer es ging in ein Buch oder eine Zeitung steckte. »Der nennt sich ‚der Führer' der Nationalsozialistischen Deutschen Arbeiterpartei. Sie kürzen das NSDAP ab und tragen braune Uniformen. Es gibt auch in Ravensburg ein paar Männer, die so rumlaufen.«

Kajetan hatte neulich zwei Männer in diesen hässlichen Uniformen gesehen. Die zwei benötigten so viel Platz, dass sie ihn vom Bürgersteig drängten. Als er sich umdrehte und ihnen die Zunge rausstreckte, sah er, wie sie auf einen anderen Uniformierten trafen. Alle drei streckten die rechte Hand nach oben und sagten sehr laut »Heil Hitler«. Kajetan wunderte sich, warum die drei Männer nicht einfach »Grüß Gott« sagten, wie man es sonst in Ravensburg machte.

»Die Nazis denken, sie sind was Besseres. Sie bezeichnen

sich als Herrenmenschen und nennen das ›Arier‹ und behaupten, dass ihr Blut reiner sei als unseres. Und sie wollen, dass die Herrenmenschen über alle bestimmen dürfen. Die Nazis mögen die Juden nicht – und uns auch nicht«, fuhr Hubert fort.

»Bertha und Luise mögen diesen Hitler. Ich habe Angst vor ihm. Und vor Bertha und Luise auch«, meinte Hildegard und schnäuzte sich die Nase.

»Soll ich denen zeigen, wie gut meine Linke funktioniert?«, fragte Karl, der die letzten Sätze gehört hatte, und boxte wild durch die Luft. Vor einem Jahr war er in den Boxverein eingetreten. Natürlich würde sich Karl nicht mit Bertha und Luise schlagen, aber ihnen einen Schrecken einjagen, das hätten die blöden Ziegen doch verdient.

Kajetan hatte nicht alles verstanden. Nur, dass diese zwei Mädchen seine Schwester mit Brennnesseln gepiesackt hatten und dass irgendwie dieser Hitler und diese Nazis daran schuld waren. Wie schmerzhaft Brennnesseln sind, das wusste Kajetan allerdings ganz genau. Er hatte sich letzten Sommer ganz fürchterlich an den Brennnesseln am Ufer der Schussen verbrannt. Damals wollte er mit Heiner ein geheimes Lager am Ufer bauen. Sie hatten sich einen gut versteckten Platz direkt am Wasser ausgesucht. Der Weg zum Ufer war kurz, aber steil. Am Morgen hatte es noch in Strömen geregnet, sodass die Böschung aufgeweicht und schlammig war. Kajetan, der gerade zwei dicke Äste schleppte, rutschte aus und landete mitten in den Brennnesseln. Brennen und Jucken waren fürchterlich und wollten kein Ende nehmen. Kajetan konnte sich an nichts erinnern, was ihn in seinem Leben mehr geschmerzt hatte. Damals gab es nur eine leichte Linderung: Er hatte die Brennnesselnarben mit Spucke abgeleckt.

Darum nahm er jetzt Hildegards Arm und leckte.

»Igitt! Spinnst du?! Was soll das? Das ist eklig!« Hildegard schaute ihren Bruder entgeistert an und zog ihren Arm weg. Doch dann spürte sie, dass die Spucke den Schmerz linderte. Nun leckte sie selbst ihre Arme ab.

Kajetan dachte an die Pistole und wie er Bertha und Luise damit Angst einjagen könnte. Wie sie um Gnade flehen würden, wenn er mit der Pistole auf sie zielte. Wie sie wimmerten und bettelten, dass er sie am Leben lassen sollte. Wie sie alles versprachen, was er verlangte, weil sie ja nicht wussten, dass die Pistole keine Patronen hatte. Doch da war der Schwur, dass die Pistole Heiners und sein Geheimnis bliebe.

Karl musste dringend Luft ablassen. Er boxte wild ins Nichts.

»Geh in deinen Verein, wenn du überschüssige Kräfte hast. Oder hack Holz«, meinte die Mutter, die von Karls Boxerei nicht begeistert war.

Karl legte die rechte Hand an die Stirn, salutierte wie ein Soldat, der soeben einen Befehl empfangen hatte, und rief zackig: »Jawoll«. Dann rannte er zum Boxverein. Dort würden sie sicher wissen, wie die Vorbereitungen für den Kampf im Halbschwergewicht liefen. Ob Johann Trollmann – sein großes Vorbild – eine Chance hatte, Deutscher Meister zu werden. Karl wollte seinem Idol die Daumen drücken. Er erinnerte sich noch genau, wie er das erste Mal einen Kampf von Rukeli, so nannten ihn fast alle, mitbekommen hatte. Damals boxte dieser gegen den

Schweden Erik Agren. Einer im Verein besaß einen Radio-apparat. Der hörte sich die Übertragung an und berichte-te später wie ein Kommentator vom Kampf: »Trollmann machte einen souveränen Eindruck. Agren, der das Tempo beschleunigte, konnte den schnellen Gegner nie treffen. Trollmann war immer eine Sekunde schneller als der Schwede.«

Diese Szene hatte Karl in Gedanken schon hundertmal durchgespielt. Er hatte sich vorgestellt, nicht Johann ›Rukeli‹ Trollmann, sondern er, Karl Reinhardt, würde gegen den Schweden im Ring stehen. Und dieser Karl Reinhardt machte einen souveränen Eindruck, beschleu-nigte das Tempo, sodass Agren ihn nie treffen konnte, denn dieser Reinhardt war flink. Unverschämt flink. Karl Reinhardt besiegte den berühmten Schweden Agren. Karl wollte werden wie Rukeli, dafür trainierte er in jeder freien Minute. Dafür studierte er die Zeitungsfotos von Rukeli Trollmann. Er wollte nicht nur boxen wie Rukeli, er wollte die Lippen zu einem schwachen Lächeln ver-ziehen wie Rukeli, er wollte die Augenbraue heben wie Rukeli, er wollte sprechen wie Rukeli. Nun stand wieder ein wichtiger Kampf bevor, der Kampf um die Deutsche Meisterschaft im Halbschwergewicht: Rukeli, der Publi-kumsliebling und Frauenschwarm, gegen Adolf Witt. Rukeli, der Tänzer im Boxring, musste einfach gewinnen.

Johann Rukeli Trollmann, Boxer

Wie alle anderen im Boxclub klebte Karl am Radio.

»Elegant, mit Hut und einem Kamelhaarmantel, steigt Rukeli Trollmann in den Boxring«, kommentierte der Radioreporter. Tosender Applaus war zu hören. »Lässig lässt Rukeli den Mantel zu Boden gleiten, darunter trägt er seine Boxerhose. Den Hut wirft er in die Ecke und streift sich die Boxhandschuhe über.«

Erste Runde. Von Anfang an setzte Trollmann dem Schläger Witt hart zu. Trollmann umtanzte seinen schwerfälligen, fast sieben Kilogramm schwereren Gegner. Schon nach wenigen Runden lag Witt aussichtslos zurück. Mit tiefhängenden Fäusten wirbelte Rukeli herum. Leichtfüßig wie ein Tänzer. Zweite Runde. Dritte Runde. Vierte Runde. Der Kampf ging über zwölf Runden. Rukeli gewann verdient nach Punkten. Er hatte den ›Arier‹ Adolf Witt tatsächlich besiegt. Tränen der Freude liefen ihm übers Gesicht, als er den Gürtel des Deutschen Meisters überreicht bekam.

»Er hat's geschafft! Er hat gewonnen! Er ist Deutscher Meister!« Aufgeregt und freudig schreiend umarmte Karl jeden im Boxclub.

»Der Rukeli hat das Zeug zum Europameister, vielleicht sogar zum Weltmeister«, meinte Karls Trainer anerkennend. »Ein exzellenter Boxer auf dem Weg nach ganz oben.«

»Er hat's geschafft! Er hat gewonnen! Er ist Deutscher Meister!« Immer noch ganz aufgeregt vor Freude kam Karl zum Wagen der Reinhardts gerannt.

In Windeseile würgte Kajetan die Brotstücke hinunter, die er stibitzt hatte. Er hatte nicht widerstehen können, als er das Brot auf dem Tisch liegen sah. Er musste sich eine hauchdünne Scheibe abschneiden, obwohl er wusste, dass das Brot genau eingeteilt war. Aber er hatte solchen Hunger, dass er ständig ans Essen dachte: an Spiegeleier, an Kartoffeln mit Hering, an grüne Bohnen mit weißer Sauce, an Pfannkuchen mit Erdbeermarmelade. Schnell schluckte er den Rest der Scheibe hinunter. »Was ist los?«, fragte er und wischte sich über den Mund.

»Rukeli Trollmann ist Deutscher Meister geworden! Es muss ein fantastischer Kampf gewesen sein!« Karl war ganz aus dem Häuschen.

Karl war auch ein guter Boxer. Natürlich kein Trollmann, aber sein Trainer hatte einen Antrag gestellt, dass er für öffentliche Kämpfe zugelassen werden sollte. Karl konnte es kaum erwarten, bis er den richtigen Boxer-Ausweis in Händen halten würde.

Kajetan war erleichtert, dass sein großer Bruder so begeistert von dem Boxkampf schwärmte. So bemerkte er nicht, dass Kajetan mit der Zunge in die Mundwinkel fuhr, ob sich dort vielleicht noch ein Brotkrümel versteckt hatte.

Als Hildegard in den Wagen kam, hob Karl sie hoch und drehte sich zusammen mit seiner überraschten Schwester im Kreis. »Lass mich runter!« Doch dann lachte sie und genosss die Ausgelassenheit.

»Was ist eigentlich mit Bertha und Luise?«, fragte Karl
ganz nebenbei, nachdem er Hildegard wieder abgesetzt
hatte.

»Es ist wie Zauberei. Sie lassen mich in Ruhe«, freute sich
Hildegard.

»So, so, Zauberei«, meinte Karl und grinste breit.

Hildegard und Kajetan sahen ihn fragend an, doch sie
brauchten keine Frage zu stellen.

Eine Woche später war Karls Begeisterung fürs Boxen
schlagartig verraucht. Heulend saß er am Tisch.

»Was ist los, Karl?«, fragte die Mutter besorgt.

»Ich, ich werd nicht mehr boxen. Nie mehr«, schluchzte
Karl. »Sie haben ihm den Titel aberkannt!«

Mutter schaute ihn fragend an und Karl berichtete schnie-
fend: »Dem Johann Trollmann. Dem Rukeli. Er hatte doch
den Kampf gegen Adolf Witt gewonnen, aber er ist nicht
länger Deutscher Meister«, berichtete Karl, was sie ihm
vorhin im Verein erzählt hatten.

»Warum haben die das gemacht?« Die Mutter interessierte sich nicht fürs Boxen, aber für ihren Buben. Und der
quälte sich fürchterlich, das versetzte ihr einen Stich ins
Herz.

»Weil, weil…«, das Schluchzen raubte ihm die Sprache.
»Weil der Rukeli ein Zigeuner ist. Und weil es nicht sein
darf, dass ein Zigeuner einen Deutschen besiegt, haben
sie gesagt. Aber wir sind doch auch Deutsche«, brach es
aus Karl heraus.

Die Mutter seufzte sorgenschwer. »Ja, das sind wir. Aber
seit dieser Hitler immer mächtiger wird, zählt das nicht
mehr. Er verbreitet, dass wir – und die Juden – schlechter
sind als sie, die Arier. Blond und blauäugig muss man heut-

zutage sein. Das genügt, um als etwas Besseres zu gelten. Komisch ist nur, dass dieser Hitler selber dunkle Haare und Augen hat, genau wie wir. Aber das scheint niemandem aufzufallen. – Sobald die Leute genauer hinschauen, wird der Spuk bald vorbei sein. Ganz bestimmt. Auf den Hitler werden sie nicht lange hören. Die Leute werden schnell kapieren, dass der ein Schaumschläger ist.«

Dadurch fühlte sich Karl keineswegs getröstet.

»Weil sie dem Trollmann den Titel nicht geben, deshalb musst du doch nicht gleich mit dem Boxen aufhören.«

Karl sah seine Mutter mit traurigem Blick an, der ihr die Brust zusammenschnürte. »Ich krieg keinen Boxer-Ausweis. Ich bin zwar ein guter Boxer, hat der Trainer gesagt. Aber ich bin halt auch ein Zigeuner, so wie der Rukeli, und darum darf ich keine Wettkämpfe bestreiten. Ich darf nur zum Training kommen. Das reicht mir aber nicht. Ich will boxen, richtig boxen. Oder gar nicht!«

Der Junge ballte die Fäuste. »Am liebsten würde ich diesen Hitler zum Sparringspartner nehmen. Der würd sein blaues Wunder erleben. – Ich werd nicht mehr boxen!«

Dass Karl nicht mehr boxen wollte, fand Kajetan schade. Es war hilfreich, einen Bruder zu haben, der gut boxen konnte. Viel besser sogar als eine Pistole an der Schussen, die niemand sehen durfte. – Hitler. Schon wieder war dieser Name gefallen. In letzter Zeit war Hitler immer mit im Spiel, wenn seine Geschwister weinten.

Der Vater, der die ganze Zeit schweigend auf der Bank gesessen hatte, war entschlossen, die traurige Stimmung im Wagen zu verscheuchen. Er griff nach seiner Geige und stimmte eine fröhliche Melodie an. Kajetan klatschte sofort den Rhythmus mit, für eine kurze Weile war er sehr zufrieden.

Am Binsenweiher

Mit dem Ende des Aprils kam auch das Ende des Schuljahres, nach ein paar Tagen Ferien begann das neue. Große Ferien gab's im Sommer. Mindestens einmal in der Woche gingen Kajetan und Heiner zur Schussen und kontrollierten, ob die Pistole noch in ihrem Versteck lag. Natürlich spielten sie auch immer mit ihr – Banküberfall war nach wie vor ihr liebstes Spiel. Danach wickelten sie die Waffe sorgfältig in einen alten Lappen, damit Erde und Dreck ihr in ihrem Versteck nichts anhaben konnten.

Stolz zeigte Kajetan den Webers sein sehr gutes Zeugnis. Sie freuten sich und gaben ihm zehn Pfennig als Belohnung. So viel Geld hatte Kajetan noch nie besessen. Zusammen mit Heiner machte er sich mehr hopsend als gehend auf zur Bäckerei Frommlet. Es roch herrlich nach frisch gebackenen Köstlichkeiten. Am liebsten hätte er den Duft gekauft und immer in der Nase gehabt.

Da das nicht ging, rechnete Kajetan: Für zehn Pfennig könnte er sich drei Brezeln kaufen – und hätte noch einen Pfennig übrig. Aber Brezeln waren nicht so verlockend wie die bunten, klebrigen Süßigkeiten in den großen Gläsern. Kajetan und Heiners Augen leuchteten, als ihre

Hände in das Glas mit den Lakritzstangen und in das mit den Brausebonbons griffen.

»Findest du Bärendreck besser oder Brause?«, wollte Heiner wissen. Bärendreck, so nannten sie die Lakritze.

Eine schwierige Frage. Nach reiflicher Überlegung antwortete Kajetan: »Brause. Die kitzelt so schön auf der Zunge. Aber Bärendreck ist auch gut. Sehr gut sogar.«

Heiner nickte. Dann rannten sie zum Binsenweiher. Es war ein strahlend heller Tag und für April schon sehr warm. Die Buchen zeigten ihr junges Grün, ein Zaunkönig zwitscherte. Im Brombeergebüsch raschelte es. Die Buben setzten sich ans Ufer, stopften Lakritzstangen in sich hinein und verzogen das Gesicht wegen der herrlich sauren Brausebonbons. Zufrieden dösten sie in der wärmenden Sonne.

»Jetzt sollte die Zeit stehen bleiben«, sagte Kajetan schläfrig. »Es sollte immer der erste Ferientag sein.«

Heiner seufzte wohlig. »Erinnerst du dich, an letzten Winter, hier am Binsenweiher?«

»Und ob«, kicherte Kajetan nun gar nicht mehr schläfrig. Er sah noch alles genau vor sich, wie das vor ein paar Monaten war:

»Heiner, Heiner, komm runter! Schnell!«, rief Kajetan damals seinem Freund zu. »Heiner komm!«

Im zweiten Stock wurde ein Fenster aufgerissen und ein weißblonder Kopf tauchte auf.

»Der Binsenweiher ist zugefroren. Los, beeil dich.«

Der Kopf verschwand, das Fenster wurde geschlossen, Gepolter auf der Treppe, und kurz darauf riss Heiner die Tür auf.

»Ist das kalt heute«, sagte er zur Begrüßung und zog die geringelte Strickmütze tief ins Gesicht.

»Verdammt kalt«, erwiderte Kajetan. Kleine Atemwolken wurden beim Sprechen sichtbar. Dann zog Kajetan die langen Strümpfe so weit wie möglich nach oben, damit sie bis unter seine kurze Hose reichten. Die Freunde rannten zu dem kleinen Weiher am Stadtrand von Ravensburg. Obwohl es auf den Wegen glatt war, gaben ihnen ihre Lederschuhe Halt – dank der Nägel an den Schuhsohlen.

»Kajetan, bist du sicher, dass das Eis hält?«, fragte Heiner skeptisch.

»Ja, es hält«, sagte Kajetan und zerrte Heiner aufs Eis.

Mit Anlauf versuchten sie auf dem zugefrorenen Weiher zu schlittern. Doch die genagelten Schuhe bremsten sofort ab.

»Wir versuchen's auf Zehenspitzen«, schlug Heiner vor und nahm erneut Anlauf. Er schlitterte einen Meter, schwankte und drohte das Gleichgewicht zu verlieren. Sein rechter Schuh krallte sich ins Eis. Rumms – Heiner lag flach auf der Nase.

»Aua!«, rief er und rieb sich die schmerzenden Knie.

Kajetan kam lachend auf ihn zu. »Das kann doch nicht so schwer sein.«

Er versuchte es auch. Doch ihm erging es mit den genagelten Schuhen nicht viel besser. Unsanft landete er auf seinem Hinterteil.

»Diese blöden Schuhe«, rief Heiner. »Rutschen kann man damit nicht.« Heiner kratzte sich hinter den abstehenden Ohren, mit denen er so prima wackeln konnte. »Wenn wir nicht rutschen, dann hauen wir eben ein Loch ins Eis. Dafür taugen die Schuhe.«

Kajetan fand die Idee ausgezeichnet und machte sich gleich daran, mit dem rechten Fuß aufs Eis zu hauen.

Es dauerte lange, bis sie mit den genagelten Schuhen ein dreißig Zentimeter großes, fast kreisrundes Loch herausgeschlagen hatten. Danach schmerzten ihre Füße und die Jungs keuchten vor Anstrengung wie junge Hunde nach einer Hetzjagd.

»Wir decken das Loch mit Binsen zu«, entschied Kajetan.

Die zwei schlitterten so gut es ging zum bewachsenen Ufer. Vorsichtig mussten sie sein, denn am Ufer war das Eis dünner. Aber dick genug, um sie zu tragen. Sie zerrten und rissen an den scharfkantigen Gräsern. Die harten Halme ließen sich nur schwer abreißen und schnitten die Handflächen auf. Doch die beiden gaben nicht auf. Sie zogen und zerrten so lange an den Binsen, bis sich das Loch vollständig bedecken ließ.

»Psst, ich höre Stimmen«, sagte Kajetan und deutete mit dem Kopf zum Ufer.

Heiner blickte in dieselbe Richtung. Sie konnten noch niemanden entdecken. Kajetan schaute sich schnell um und deutete nun mit dem Kopf zum Ufer, an dem ein großer Baumstamm lag. Dahinter wucherte dichtes, stachliges Brombeergebüsch. Gerade noch rechtzeitig versteckten sie sich hinter dem Baumstamm. Zwei Männer marschierten zum Weiher: der alte Herr Weber und sein Nachbar Andres, der ihm manchmal zur Hand ging.

»Die wollen bestimmt Binsen schneiden«, flüsterte Kajetan.

Vorsichtig testeten die Männer, ob das Eis trug. Wie zuvor die beiden Freunde, tasteten sich die Männer dorthin, wo die größten und schönsten Binsen wuchsen. Sie waren nur noch drei Schritte vom Eisloch entfernt. Andres steuerte direkt auf das abgedeckte Loch zu. Heiner und Kajetan hielten den Atem an. Was sollten sie tun? Andres warnen und sich damit verraten? Oder hoffen, dass Andres neben das Loch trat?

»Scheiße«, brüllte Andres und hing bereits mit dem rechten Oberschenkel im Weiher.

Geistesgegenwärtig schnappte ihn Herr Weber am Jackenkragen und zog ihn nach oben, bevor er weiter einbrechen konnte. Das Eis knirschte verdächtig.

»Sapperlot, was soll denn das? Wenn ich den erwische, der das Loch gehauen hat, der kann was erleben!« Andres war stocksauer.

»Beruhig dich, Andres«, mahnte Herr Weber. »Besser du rennst schnell zurück ins Haus. So saukalt wie es heute ist, kann es mit einer nassen Hose gefährlich werden. Wir wollen doch nicht, dass dir das Bein wegfriert. – Ich schneid ein paar Binsen und komm dann nach.«

Andres rannte los.

Kajetan und Heiner atmeten erleichtert auf. Nicht auszudenken, wenn Andres weiter eingebrochen und in den Binsenweiher gefallen wäre. Er hätte erfrieren oder ertrinken können. Das wollten sie nicht, sie wollten doch nur ein Loch ins Eis hauen. Einfach so, aus Langeweile, aus Übermut und weil man doch irgendwas mit dem Eis anstellen musste, wenn man schon nicht darauf rutschen konnte.

»Dass jemand einbrechen könnte, daran haben wir doch nicht gedacht. Das wollten wir nicht!« Kajetan lag auf dem Rücken und hatte die Arme hinterm Kopf verschränkt.

»Zum Glück ist nichts Schlimmeres passiert.« Heiner blinzelte in die Sonne. Er staunte, dass Kajetan gleichzeitig mit ihm seine Erinnerungen an die Sache vom letzten Winter beendet hatte. Als würden sie genau dieselben Gedanken denken. Das können nur gute Freunde, überlegte Heiner.

»Weißt du noch unseren Schwur?«, fragte Kajetan.

»Den vergess ich nie«, antwortete Heiner und dachte daran, wie sie nach dem Binsenweiher gleich zur Wohnung der Geißlers gerannt waren. Doch der Klatsch und Tratsch in der Nachbarschaft war schneller gewesen als die Freunde.

»Man hat euch gehört«, empfing Marianne, das Hausmädchen der Geißlers, die beiden.

»Wer gehört? Was gehört?«, fragte Heiner.

»Man hat gehört, dass ihr zum Binsenweiher wolltet«, antwortete Marianne schnippisch.

Die Buben schluckten.

»Und wisst ihr, was heute am Weiher passiert ist?«, fragte Marianne listig weiter.

»Was denn?«, fragte Kajetan so unbeteiligt wie nur möglich. Dabei versuchte er eine Unschuldsmiene zu machen.

»Na, der Andres ist eingebrochen. Ist in ein Loch getreten, das abgedeckt war«, entgegnete Marianne und schaute die zwei prüfend an.

»Oh«, rief Heiner aus. »Ist ihm was passiert?«

»Er hat Glück gehabt. Der Herr Weber konnte ihn gleich rausziehen. Jetzt liegt der Andres unter drei Decken. Frau Weber hat ihm Tee mit viel Rum gebracht«, berichtete Marianne, die immer bestens informiert war. »Das Loch, das muss ja jemand ins Eis geschlagen haben. – Wo wart ihr denn heute Mittag?«

»Äh, ja wir, wir …«, begann Kajetan zu stottern.

»Wir waren bei Kajetan, im Wagen, da war es schön warm. Und jetzt haben wir Hunger und wollen ein Marmeladebrot, aber ein dickes«, sagte Heiner bestimmt.

»So, so, im Zigeunerwagen wart ihr. Was habt ihr denn da gemacht?« Marianne ließ nicht locker.

»Gespielt«, sagte Kajetan. Er hoffte, dass er keinen roten Kopf bekam. Das passierte ihm nämlich meistens, wenn er schwindelte.

»Und Kajetan hat mir erzählt, wie seine Mutter arbeitet«, ergänzte Heiner.

»Wie sie hausieren geht, meinst du wohl«, sagte Marianne giftig. »Wir wissen doch alle, dass die Zigeuner uns beim Kaufen übers Ohr hauen.«

»Meine Mama nicht, die haut niemanden übers Ohr, die ist ehrlich«, verteidigte Kajetan seine Mutter.

»Marianne, wir haben Hunger. Kriegen wir jetzt endlich das Brot«, wechselte Heiner das Thema. »Kajetan hat seit heute Morgen nichts mehr gegessen und da auch nur eine Scheibe trockenes Brot.«

»Ach, du Armer«, seufzte Marianne. Sie war zwar nicht gut auf Zigeuner zu sprechen – warum, das wusste sie selbst nicht – aber den Kajetan, den mochte sie. Und es tat ihr in der Seele weh, wenn ein Kind Hunger leiden musste. Darum schnitt sie ihm eine besonders dicke Scheibe Brot ab, strich viel Butter und mindestens genauso viel Erdbeermarmelade darauf.

»Vergelt's Gott, Marianne«, sagte Kajetan strahlend.

Eigentlich, überlegte Marianne, hatte sie noch nie schlechte Erfahrungen mit Zigeunern gemacht. Die Reinhardts waren nette, anständige Leute. Aber fast alle ihre Bekannten redeten schlecht über Zigeuner – da musste doch was dran sein. Seltsam fand sie allerdings, dass ihre Herrschaften, die Geißlers, nie schlecht über Zigeuner redeten. Und die Geißlers, das waren gescheite und vornehme Leute.

»Wart ihr heut Mittag am Binsenweiher?« Marianne ließ nicht locker.

Kajetan verschluckte sich.

»Wir waren im Wagen, das haben wir doch schon gesagt«, erwiderte Heiner mit vollem Mund.

Marianne glaubte ihnen kein Wort. Aber sie hatte keine Zeit mehr, die beiden auszuquetschen.

Beim Abschied versicherten sich Kajetan und Heiner flüsternd, dass sie bei ihrer Variante bleiben würden, den Mittag im Wagen verbracht zu haben.

»Ehrenwort?«, vergewisserte sich Heiner.

»Ehrenwort!«, bestätigte Kajetan mit feierlicher Miene. »Du musst auch schwören.«

»Ich schwöre!«, sagte Heiner leise im Hausflur. Dann raunte er seinem Freund zu: »Wer den Schwur bricht, soll mit einem Eimer voll schleimiger Schnecken übergossen werden und muss zwanzig warzigen Kröten den Kopf abbeißen.«

Kajetan nickte angeekelt und rannte so schnell wie möglich die Stufen hinunter.

»Wo warst du denn?«, fragte Hildegard, als er von der behaglichen Wärme des Wagens umfangen wurde.

Sein Ehrenwort galt. Auf keinen Fall wollte er mit schleimigen Schnecken übergossen werden oder warzige Kröten kopflos beißen. »Hab mit Heiner gespielt«, sagte er ausweichend.

»Am Binsenweiher?«

»I wo, viel zu kalt«, log Kajetan damals seine Schwester an. Zum Glück war Hildegard am Herd beschäftigt und schaute ihn nicht an, denn sein Gesicht war rot.

»Mit einem Eimer voll schleimiger Schnecken übergossen werden und zwanzig warzigen Kröten den Kopf abbeißen«, sagten die Freunde wie aus einem Mund und lachten. Trotz aller Behaglichkeit und Wärme wurde ihnen das Rumliegen langweilig. Außerdem war die Erinnerung an das Eisloch und den armen Andres nicht besonders angenehm. Deshalb sprangen sie auf und stromerten herum. Sie beobachteten zwei gelb-schwarze Salamander, die sich in Sonnenstrahlen badeten, fingen drei Frösche und versuchten mit einem Stock Wasserschlangen aus dem Weiher zu fischen. Die Schlangen schlängelten sich zwar kurz um den Stock, glitten dann aber wieder ins Wasser zurück. Nach einigen Minuten hoben sie neugierig ihre kleinen Köpfe aus dem Wasser, so als wollten sie nach den Buben Ausschau halten – oder sie auslachen.

Vorbereitungen für den Affenkasten

Siedend heiß fiel Kajetan ein, dass er noch etwas zu erledigen hatte – nämlich seinen Ranzen suchen. Eigentlich ging Kajetan gern zur Schule. Er war Schüler der Kuppelnauschule, die alle nur den ›Affenkasten‹ nannten. Manchmal ärgerte ihn der Fritz, aber nur wenn Heiner nicht in der Nähe war. Obwohl Heiner etwas jünger war als Kajetan und auch kleiner und schmächtiger, gab Heiner ihm Sicherheit. Sicherheit und Stärke. Dass die Freunde wieder nebeneinander sitzen würden, war beschlossene Sache.

Nur eins machte Kajetan zu schaffen. Schon vor ein paar Wochen hatte ihm Frau Merlin, seine Lehrerin, erklärt, dass er rumlaufen würde wie, ja, wie ein Zigeuner. Erst dachte sich Kajetan nichts dabei, schließlich war er ja einer. Wie sollte er sonst rumlaufen? Aber Frau Merlin meinte etwas anderes, nämlich dass er nicht in so alter, abgewetzter Kleidung zur Schule kommen solle. Doch wie sollte das gehen? Er hatte doch nur die alte, kurze Hose, die schon seine Brüder vor ihm getragen hatten, genauso wie das zerschlissene Hemd. Die langen Strümpfe, die ihn im Winter wärmen sollten, waren schon hundert Mal gestopft. An seine löchrige Unterhose wollte er gar nicht denken – zum Glück konnte die niemand sehen.

Die Reinhardts hatten schon genug zu tun, um alle einigermaßen satt zu bekommen. An neue Kleidung dachte niemand. Aber Kajetan konnte sich schon denken, wie die Merlin reagieren würde, wenn sie ihn sah. Und Fritz würde sich die Gelegenheit nicht entgehen lassen und ihn nach Strich und Faden verspotten. Oder auslachen oder piesacken. Kajetan konnte das fiese Grinsen von Fritz schon sehen.

Und dann war da noch die Sache mit seinem Schulranzen: Der war nämlich weg. Einfach weg. Kajetan wusste genau, dass er am letzten Schultag noch mit dem Ranzen zur Schule gegangen war. Als dann die Schule aus war, hatte er es furchtbar eilig, zu den Webers zu kommen. Sie hatten ihm ein leckeres Mittagessen versprochen. Und Kajetan hatte wieder mal schrecklichen Hunger. Er konnte sich beim besten Willen nicht mehr erinnern, ob er den Ranzen geschnappt hatte. Schon möglich, dass er ihn in der Schule vergessen hatte. Als er am ersten Ferientag zum Affenkasten ging, kletterte er auf den Fenstersims seines Klassenzimmers und spähte zum Fenster hinein. Doch da war kein Schulranzen zu sehen. Dann nahm er all seinen Mut zusammen und klingelte beim Hausmeister. Der eh schon unfreundliche und strenge Mann öffnete mürrisch die Tür und fauchte Kajetan an, was er hier wolle. Nein, einen Schulranzen habe er nicht gefunden, schnauzte er und schlug Kajetan die Tür vor der Nase zu. Der Schulranzen blieb verschollen.

Im Wagen gab es Ärger.

»Was soll das? Ein Schulranzen kann nicht einfach verloren gehn«, zischte die Mutter.

»Was glaubst du, wer wir sind? Die Könige von Ravensburg? Wir haben kein Geld für einen neuen Ranzen und was sonst noch alles drin war«, rief der Vater erbost. »Du musst ihn suchen – und finden.« Der Vater duldete keine Widerworte.

Kajetan hatte keine Ahnung, wie und wo er den Schulranzen noch suchen sollte, wenn er doch nicht in der Schule war. Wie gut, dass er durchs Ausmisten des Hasenstalls abgelenkt war. Er rannte die paar Meter rüber zu den Webers, ging zum alten Schuppen, schnappte sich die Schubkarre, öffnete den ersten Hasenstall, streichelte den großen Schwarzen und schaufelte dann den Mist aus dem Stall in die Schubkarre.

»Ihr habt's gut«, sagte er zu den Hasen. »Euer Fell passt immer und ist immer schön. Schulranzen braucht ihr auch keine.« Dann erzählte er den Hasen von seinen Sorgen. Die Hasen spitzten die Ohren, sie waren ausgezeichnete Zuhörer. So gut wie sonst nur sein Freund Heiner. Als er mit dem Ausmisten und Füttern fertig war, klopfte er bei den Webers an der Hintertür, die direkt in den Garten führte.

»Bin fertig, Frau Weber«, rief er durch die geschlossene Tür.

»Dank dir, mein Junge. Was täten wir bloß ohne dich?« Frau Weber winkte Kajetan in die Küche. Sie reichte ihm ein Glas Milch und sagte noch einmal: »Was täten wir bloß ohne dich?«

Kajetan leckte mit der Zunge seinen Milchbart von der Oberlippe. Dabei kam ihm das Bild von Fritz in den Sinn, wie er sich am letzten Schultag schnell um die Ecke gedrückt hatte und verschwunden war. Normalerweise hätte er Kajetan mindestens noch eine Bosheit entgegengeschleudert. Doch das hatte ihn nicht interessiert.

Warum? Hatte Fritz den Ranzen mitgenommen, weil er wusste, dass Kajetan dadurch jede Menge Ärger bekommen würde? Gleichzeitig hörte er die Worte seines Vaters: »Du musst den Ranzen finden!«

Ohne weiter nachzudenken, ohne sich von den Webers zu verabschieden und ohne sich um den Schwur zu kümmern, rannte Kajetan zum Brennnesselfeld an der Schussen. In Windeseile buddelte er die Pistole aus, hielt sie – immer noch in den Lappen gewickelt – fest in der Hand und rannte wieder los. Gleichzeitig ratterte es in seinem Kopf: Wo könnte Fritz gerade sein? Musste er seinem Vater in der Werkstatt helfen? Oder kickte er mit Gustav und den anderen, die ihn immer unterstützten?

Wie ein Bekloppter sprintete Kajetan an der Schussen entlang. Sein Puls raste, er keuchte und brauchte dringend eine kurze Pause. Nach Atem ringend blieb er vor einer Kurve stehen, klemmte die Pistole zwischen Bauch und Hosenbund, stemmte seine Hände in die Seiten und beugte sich nach vorn.

»Schau, schau, der Zigeuner. Was geklaut und weggerannt – aber keine Ausdauer. Oder suchst du deinen Schulranzen?«

Kajetan kannte die Stimme. Langsam richtete er sich auf. Vor ihm standen feixend Fritz und Gustav und Hugo und Peter. Doch ein paar Sekunden später war ihnen das Grinsen und Feixen vergangen. Mit großen Augen und offenen Mündern standen sie da. Kajetan hatte die Pistole auf sie, genauer gesagt auf Fritz gerichtet. Als Kajetan sah, wie alle automatisch die Hände in die Höhe reckten, ohne dass er auch nur ein Wort hätte sagen müssen, fühlte er sich von einer nie gekannten Macht und Stärke durchflutet. »Wo ist mein Schulranzen?«, raunte Kajetan, er spürte eine unglaubliche Wut auf die Buben. »Los, sag!« Er ging einen Schritt näher zu Fritz.

»Wir, ähm, das, ähm, der ...«, stammelte dieser. Fritz war aschfahl, von seinen sonst so markigen Sprüchen war nichts zu hören.

»Mein Schulranzen«, wiederholte Kajetan ruhig und spannte den Abzug. Er hatte keine Patronen, aber das wussten die anderen natürlich nicht.

»Wir haben ihn nicht mehr«, presste Fritz hervor, dann zeigte sich ein großer feuchter Fleck auf seiner Hose.

»Das ist mir egal, Fritzipitzi, du dreckiger Hosenpisser«, sagte Kajetan. »Du besorgst mir einen Schulranzen mit Mäppchen und allem, sonst ...« Kajetan zielte von einem zum anderen und grinste dann: »Schwört! Dalli!«

Alle vier Jungs schworen.

Kajetan war zufrieden und grinste. »Hosenpisser! - Und jetzt haut ab!«

In Windeseile stoben die Vier davon.

Vollgepumpt mit Adrenalin und Selbstbewusstsein ging Kajetan heim, aber erst, nachdem er die Pistole wieder im Versteck verbuddelt hatte. »Denen hab ich's gezeigt! Denen hab ich's gezeigt!«, sang er leise vor sich hin. Er fühlte sich wie ein Sieger!

»Weißt du, wer gerade da war, Banzari?« Hildegards Wangen leuchteten, sie bugsierte ihren Bruder in den Wohnwagen. Kajetan zuckte die Schultern. Er versuchte sich von seinem Siegergefühl nichts anmerken zu lassen.

»Die Marianne. Weißt schon, wen ich meine.« Hildegard war immer noch ganz aus dem Häuschen.

»Ah ja, die Marianne«, erwiderte Kajetan. Er verstand nicht, warum seine Schwester so einen Wirbel um die Marianne machte. Die Tatsache, dass das Hausmädchen der Geißlers hier war, war für ihn so spannend wie ein Schneckenrennen. Er mochte Marianne, weil sie Heiner und ihm ab und zu ein Marmeladenbrot strich, ganz dick mit Butter und Marmelade. Aber deswegen brauchte Hildegard wegen Marianne doch nicht so einen Wirbel veranstalten.

»Weißt du, warum sie gekommen ist?«

»Ja, sag's halt.«

»Sie hat was gebracht – was für dich.«

»Für mich?« Schlagartig fand Kajetan die Sache doch interessant. Hatte Fritz etwa schon den Ranzen gebracht? Hildegard deutete mit dem Kopf auf den Tisch. Dort lagen Kleidungsstücke.

»Kajetan, die schickt die Frau Geißler«, sagte sie. »Sind zwar nicht mehr ganz neu, die Sachen, aber tipptopp.«

Auf dem Tisch lagen eine graue kurze Hose, ein kurzärmeliges blau-weiß kariertes Hemd, ein dunkelblauer Pullover und lange, dunkelblaue Strümpfe. Kajetan war sprachlos.

»Probier's an«, sagte Hildegard eifrig.

Stolz wie ein Pfau stand Kajetan vor seiner Schwester. Die Hose kniff zwar ein bisschen am Bund, aber das war nichts gegen die Sicherheit, die ihm die neuen Kleider verliehen.

»Der Banzari sieht aus wie ein kleiner Herr«, freute sich Hildegard und klatschte in die Hände.

»Vergelt's Gott, Frau Geißler, vergelt's Gott!« Singend hüpfte er durch die Enge des Wagens.

Am liebsten hätte Kajetan die neuen Sachen anbehalten.

Aber Hildegard bestand darauf, er solle sie lieber schonen, damit sie lange so schön aussahen. Schweren Herzens zog er wieder seine alte Hose und das zerschlissene Hemd an. Kleidungsstücke, die aussahen, als wären sie nie neu gewesen. Am liebsten wäre er gleich zu den Geißlers, aber Heiner war bei der Klavierstunde. Trotzdem hielt es Kajetan nicht in der Enge des Wagens, er brauchte Bewegung, musste raus. Er hüpfte und pfiff. Was war das heute für ein schöner Tag!

Als Kajetan später wieder in den Wagen kam, duftete es nach Kohlsuppe.

»Banzari, du kommst grad rechtzeitig«, freute sich Hildegard.

»Unser Junge riecht von überall, wenn es hier Essen gibt«, sagte der Vater und gab ihm einen zärtlichen Klaps.

Kajetan quetschte sich neben den Vater auf die Bank. Er war gerne in der Nähe des stattlichen Mannes, der seinen schwarzen Schnauzbart lustig auf und ab hüpfen lassen konnte. Für Kajetan stand fest: Wenn er mal groß war, brauchte er genau so einen imposanten Schnauzer. Kajetan atmete tief ein, er liebte den Geruch des Vaters: ein Gemisch aus Pferd und Schweiß und Tabak. Besonders intensiv war der Pferdegeruch, Kajetans Vater war ja Pferdehändler.

Als er die dünne Kohlsuppe löffelte, meinte der Vater: »Was ist mit dem Schulranzen, Banzari?«

»Ich werd ihn schon finden. Ganz sicher«, versprach Kajetan. Bestimmt würden Fritz und die anderen ihren Schwur halten.

Der Vater grinste, dann zog er einen braunen Ranzen mit einer silberglänzenden Schnalle hervor.

»Für dich«, meinte er.

Kajetan war sprachlos. Ein Schulranzen! Er hatte wieder einen Schulranzen – braun und stabil. Es störte ihn nicht, dass der Ranzen ziemlich alt und abgenutzt war. Und er machte sich auch nichts daraus, dass der Ranzen keine Riemen hatte, um ihn auf dem Rücken zu tragen. Kajetan würde ihn unter den Arm klemmen.

Zäzilie strich verzückt über Kajetans Ranzen, sie öffnete dreimal die Schnalle und schloss sie wieder.

»Schön«, sagte sie nur und warf ihre dicken Zöpfe über die Schultern. Zäzilie sprach nie viel, außer wenn sie von Hildegard eine Geschichte vorgelesen haben wollte, dann konnte sie schon mal drei Minuten ununterbrochen betteln. Die Schnalle ihres Ranzens war schon von Anfang an kaputt gewesen. Sie musste ihren Ranzen immer mit einer Schnur zusammenhalten. Das ärgerte sie, denn Zäzilie liebte schöne, heile Dinge. Dass Kajetans Ranzen keine Riemen hatte, fand sie nur gerecht. Kajetan lächelte seine stille, hagere Schwester an. Er konnte ihre Gedanken erraten.

»Woher hast du den?«, wollte Kajetan wissen.

»Er lag vor der Tür. Gefüllt mit allem, was in einem Schulranzen sein muss«, antwortete der Vater. »Irgendein gütiger Mensch hatte ein Einsehen mit dir.«

Kajetan nickte. Er kannte den ›gütigen Menschen‹. – Zu gern würde Kajetan wissen, was Fritz mit seinem alten Ranzen angestellt hat. Hatte er ihn kaputt gemacht? Woher hatte er den neuen Ranzen? Der war eigentlich besser als sein alter – bis auf die fehlenden Riemen. Kajetan war zufrieden. Nur eins bereitete ihm Kummer: Er hatte den Schwur gebrochen!

»Hildegard, lies uns eine Geschichte vor«, bettelte Zäzilie hartnäckig.

»Ich bin hundemüde«, entgegnete Hildegard, die morgens schon kurz nach fünf Uhr aufgestanden war, um aus dem Brunnen, der vor Webers Haus stand, Wasser zu holen und danach für ihre Hauswirtschaftsschule zu lernen. Nach dem Nachmittagsunterricht war sie so schnell es ging nach Hause marschiert, hatte den Wagen geputzt und dabei überlegt, wo sie für die Familie etwas zu essen auftreiben könnte. Doch heute hatten sie Glück gehabt: Ein Bauer schenkte dem Vater drei Kohlköpfe, und die Mutter konnte drei Decken verkaufen, sodass sie in den nächsten Tagen nicht hungern mussten.

»Bitte, nur eine Geschichte, bitte, bitte.« Zäzilie ließ nicht locker. »Keiner von uns kann so schön vorlesen wie du. Nur eine einzige Geschichte, bitte.«

»Meinetwegen«, entgegnete Hildegard gutmütig seufzend. Sie zog ein Heftchen mit Abenteuergeschichten aus ihrem Schulranzen. Räubergeschichten, die mochte Hildegard am liebsten.

»Woher hast du das Heftchen?«, wollte die Mutter wissen.

»Eingetauscht. Beim Eisenhändler. Ich hab Altpapier gesammelt, dafür gab's zwei Heftchen mit Geschichten«, erklärte Hildegard.

»Gut gemacht«, sagte die Mutter und strich ihrer Großen zärtlich über den Kopf. Sie freute sich über Hildegards Geschäftstüchtigkeit. Dann kuschelte sich die magere, unscheinbare Zäzilie an ihre große Schwester und lauschte gespannt der Geschichte.

Kajetan hörte die ersten Sätze vom grimmigen Räuber Wotanikus. Seine Gedanken wanderten zur Pistole, zu Fritz, zum Schulranzen und dem baldigen Schulbeginn.

Der nächste Morgen war für einen Apriltag ungewöhnlich warm und klar. Als wolle der Frühling die Schüler persönlich begrüßen. Die Zweige der Weiden, die den Wohnwagen beschatteten, waren bereits voller Blätter. Schnell schlüpfte Kajetan in seine neuen Sachen. Hildegard befeuchtete ihre Hand mit Spucke und fuhr ihrem Bruder noch einmal über die Haare, in der Hoffnung, dass sie nicht wieder nach oben schnellten. Kajetan verzog das Gesicht, dann schnappte er seinen neuen Schulranzen und sprang die drei Stufen auf einmal hinunter. Frau Weber stand in der Tür, winkte Kajetan zu sich und drückte ihm ein Vesperbrot in die Hand.

Hildegard und Kajetan konnten bis zum Affenkasten zusammen gehen, Hildegard musste dann noch weiter bis zur Hauswirtschaftsschule. Auf dem ganzen Weg hatte Kajetan nur einen Gedanken, der drehte sich um das Pausenbrot in seinem Schulranzen. Als die Schule in Sichtweite war, hielt er es nicht mehr aus. Er holte das in Zeitungspapier gewickelte Brot hervor und biss hinein. Wie immer hatte er Hunger, und die Vorstellung, dass er mit knurrendem Magen in der Schulbank saß, war nicht schön. Genießerisch schloss er für einen Moment die Augen und wäre beinahe gegen einen Laternenmasten gelaufen.

»Pass doch auf, Banzari«, sagte Hildegard lachend. Dann wurde sie ernst: »Wenn du jetzt schon das Brot isst, dann hast du nichts für die Pause.«

»Aber ich hab jetzt Hunger«, entgegnete Kajetan.

»Du hast doch immer Hunger«, meinte Hildegard grinsend. Genau in diesem Moment knurrte ihr Magen so laut, dass es Kajetan trotz eines vorbeifahrenden Autos hören konnte.

Kajetan brach ein Stück vom Brot ab, gleichzeitig schämte

er sich, dass er seiner großen Schwester nicht gleich etwas abgegeben hatte.

»Nein, das ist für dich, Banzari.« Hildegard schüttelte den Kopf.

»Ich hab keinen Hunger mehr«, schwindelte er. »Aber du! – Nimm, sonst werf ich das Brot auf den Gehweg.«

Natürlich hätte Kajetan das Brot nie weggeworfen. Er würde nie etwas Essbares wegwerfen, dazu hatte er viel zu oft viel zu großen Hunger. Essen war für ihn kostbar wie Diamanten. Trotzdem hielt er das Stück Brot wie eine Murmel, die er gleich wegschnipsen würde.

»Du bist ja nicht gescheit«, rief Hildegard entsetzt, schnappte sich das Brotstück und aß es. Kajetan war zufrieden. Er wusste, dass Hildegard ihm zuliebe auf das Brot verzichtet hätte. Selbst wenn ihr Hunger noch so groß wäre.

»Jetzt hast du kein Pausenbrot mehr«, meinte sie fast beschämt.

»Ist doch wurscht. Wir waren jetzt hungrig, und jetzt ist es gut«, sagte Kajetan ein bisschen altklug.

Zigeuner sitzen hinten!

Im Schulhof entdeckte Kajetan sofort Frau Geißler, die in einem schicken Kostüm neben seinem Freund Heiner stand. Der deutete ihm an, er solle zu ihnen kommen. Hildegard musste schnell weiter, zum Abschied drückte sie ihrem Bruder einen Kuss auf die Wange und rannte davon. Es war Kajetan peinlich, von seiner großen Schwester geküsst zu werden. Er hatte das Gefühl, dass alle ihn anstarrten. Darum wischte er die Stelle auf der Wange schnell ab und ging schnurstracks zu Heiner und dessen Mutter.

»Guten Morgen, Kajetan«, sagte Frau Geißler freundlich. »Sieht so aus, als ob die Sachen passen.«

»Guten Morgen, Frau Geißler. Vielen Dank für die wunderbaren Sachen. So einen schönen Pullover hab ich noch nie gehabt«, sagte Kajetan voller Besitzerstolz.

»Freut mich, dass er dir gefällt«, antwortete Frau Geißler.

»Der Kajetan und ich werden in einer Schulbank sitzen. Das ist beschlossene Sache«, erklärte Heiner.

»Soso, ist schon beschlossene Sache«, sagte Frau Geißler lächelnd und kraulte ihren Sohn zum Abschied hinter dem rechten abstehenden Ohr. »Eine ausgezeichnete Idee. Aber schaut, dass ihr weit vorne sitzt. Die guten Schüler sitzen vorne.«

Auf dem Schulhof wurde die ganze Klasse von ihrer Lehrerin, Frau Merlin, in Empfang genommen. In Zweierreihen schritten sie gemeinsam durch das große Holzportal in das alte Schulhaus. Kajetan ging neben Heiner durch die langen Gänge. Als Frau Merlin die Tür aufschloss, befolgte Heiner den Rat seiner Mutter, drängelte sich an den anderen vorbei und besetzte in der ersten Reihe zwei Plätze. Aufgeregt winkte er Kajetan zu sich.

»Geschafft. Ganz vorne«, strahlte Heiner.

Kajetan strahlte zurück. Er setzte sich neben Heiner auf die knarzende Holzbank, auf der schon unzählige Schülerhintern ungeduldig hin und her gerutscht waren. Das Klassenzimmer war hell, weiß gestrichen, der Holzboden roch nach frischem Bohnerwachs, in Viererreihen waren Tische und Schulbänke auf dem Boden festgeschraubt.

Frau Merlin rief die Namen der einzelnen Schüler auf. Für die Winzigkeit eines Augenaufschlags zog sie fragend die rechte Augenbraue nach oben, als sie Heiner und Kajetan nebeneinandersitzen sah. Sie sagte jedoch nichts.

Die erste Schulstunde begann mit Beten, und Frau Merlin las eine Geschichte aus der Bibel vor. Danach mussten sie auf ihren kleinen Schiefertafeln Sätze schreiben, die Frau Merlin aus einem Buch vorlas, Sätze wie: ›Albert war ein mutiger Junge.‹ Oder: ›Die kleine Bertha wollte nach Hause.‹ Das ›A‹ gefiel Kajetan schon immer besonders gut. Seit der ersten Klasse war das ›A‹ sein Lieblingsbuchstabe. Es erinnerte ihn an einen Berg, den er einmal gesehen hatte, als die ganze Familie im Sommer samt Pferden und Wagen in die Schweiz gefahren war. Der Berg, dessen Name ihm partout nicht mehr einfallen wollte, stand so steil wie das ›A‹. Den Strich dazwischen sah er als die Trennlinie an, wo das Gras aufhörte und der Schnee begann. ›A‹ wie Alm, ›A‹ wie Affenkasten.

»Kajetan, halt die Kreide nicht so verkrampft und häng nicht so tief über der Tafel. Du stößt gleich mit der Nasenspitze drauf«, ermahnte ihn Frau Merlin.

Nach der vierten Stunde konnte sich Kajetan nicht mehr konzentrieren. Der Hunger sorgte dafür, dass ihm ganz flau im Magen war. Er konnte nur noch daran denken, dass er heute bei den Webers zum Mittagessen eingeladen war. Während Frau Merlin mit ihnen Kopfrechenaufgaben machte, überlegte Kajetan, was Frau Weber wohl kochen würde. Vielleicht einen Grießbrei? Oder eine Kartoffelsuppe mit Würstchen, vielleicht auch Krautspätzle? Nun war es sein Magen, der unüberhörbar knurrte. Heiner schaute ihn mitleidig an.

Endlich konnte Kajetan den Ranzen auf die Eckbank neben die Zeitung legen. Währenddessen stellte Frau Weber das Mittagessen auf den Tisch. Es roch verführerisch. Kajetan atmete den Duft tief ein, sodass sich seine buschigen Augenbrauen zusammenzogen. Es gab Fleischküchle mit Spätzle und Wirsing. Das war sein drittliebstes Lieblingsessen. Nur Hasenbraten fand er besser. Und Pfannkuchen mit Marmelade oder Apfelmus.

»Zur Feier des Tages«, meinte Herr Weber und schmunzelte zufrieden, als er Kajetans glückliche Miene sah. Jedes Mal wenn Kajetan bei den Webers aß, sagte Herr Weber »zur Feier des Tages«. Längst hatte es Kajetan aufgegeben zu fragen, was denn gefeiert wurde.

Am nächsten Tag wollte Kajetan ohne Hildegard zum Affenkasten gehen. Er hatte mit Heiner verabredet, dass sie zusammen gingen. Außerdem wollte Kajetan heute seinem Freund beichten, dass er den Schwur gebrochen hatte, als er Fritz und die anderen mit der Pistole bedroht hatte.

Kajetan klingelte bei den Geißlers, Heiner kam die Treppe runtergesaust.

»Hier, für dich«, sagte er zur Begrüßung und streckte seinem Freund ein Pausenbrot entgegen. »Nimm schon«, beharrte Heiner, als Kajetan kurz zögerte. »Das hat die Marianne extra für dich geschmiert.«

Kajetan pfiff freudig durch die Zähne, schnappte das Brot und steckte es in den Ranzen. Ich kann es ihm nicht sagen – fuhr es Kajetan dann durch den Kopf. Nicht jetzt. Nicht heute. Heiner wäre sehr verärgert, wer weiß, ob er dann noch ein Pausenbrot bekommen würde ...

In der Schule setzten sie sich auf ihre Plätze vom Vortag. Kajetan hatte wieder seinen blauen Pullover an und das Hemd und die Hose von Frau Geißler. Nie mehr würde er in seinen alten Kleidern zur Schule gehen.

Als Frau Merlin eintrat, wurde es mucksmäuschenstill, die ganze Klasse stand auf und rief im Chor: »Guten Morgen, Frau Merlin.«

»Guten Morgen, Kinder.«

Die Lehrerin legte ihre Mappe auf das Pult und blickte Kajetan streng und gleichzeitig mitleidig an. Erst versuchte sie ein aufmunterndes Lächeln, dann wurde ihr Blick wieder streng. Kajetan hatte keine Ahnung, warum sie ihn erst anlächelte, dann anstarrte, als hätte er ihren Stuhl mit Leim bestrichen oder eine tote Kröte ohne Kopf auf das Pult gelegt. Allein durch ihren Blick, aber völlig grundlos, bekam Kajetan einen roten Kopf und ein schlechtes Gewissen.

»Kajetan Reinhardt, du sitzt falsch. Das ist nicht dein Platz«, sagte sie in ungewöhnlich strengem Ton, der so gar nicht zu ihrer sonstigen Freundlichkeit passte.

Er schaute sie fragend an.

»Du bist ein Zigeuner. Zigeuner sitzen ab diesem Schuljahr hinten. – Ab in die letzte Reihe.« Sie zeigte energisch auf eine freie Schulbank ganz hinten am Fenster.

»Aber Frau Merlin, der Kajetan ist doch mein Freund. Wir wollen zusammensitzen, so wie im letzten Jahr«, erwiderte Heiner höflich.

»Zigeuner sitzen hinten – das hat mir der Herr Rektor ausdrücklich gesagt«, lautete die Begründung der Lehrerin. »Los, mach schon.«

»Nein, nein, das dürfen Sie nicht«, brüllte Heiner. Seine Höflichkeit war schlagartig verflogen. »Wir müssen zusammensitzen. Wir wollen es so gerne.«

»Sei still, Heiner Geißler«, zischte Frau Merlin ihn an.

Alle Augen waren auf Heiner und Kajetan gerichtet. Der senkte den Kopf und schluckte gegen die Tränen an, die nach oben drängten. Kajetan wollte nicht weinen, doch es gelang ihm nicht. Er weinte. Lautlos, aber Heiner und Frau Merlin und alle anderen merkten es. Kajetan verstand nicht, warum er hinten sitzen musste. Heiner verstand es genauso wenig. Aber im Gegensatz zu Kajetan war er nicht ruhig, sondern tobte und schlug mit den Fäusten auf den Tisch. Zornig rief er: »Ich bin nicht still! Wir sind Freunde. Schon immer. Und wir wollen beieinandersitzen!«

»Kajetan Reinhardt, setz dich in die letzte Reihe!« Frau Merlin schluckte, sie war sichtlich bemüht, ihre Anweisungen einzuhalten.

»Dann geh ich mit«, schrie Heiner und packte seine Schiefertafel und den Ranzen.

»Du bleibst in der ersten Reihe sitzen, Heiner Geißler.«
Frau Merlin war aufgesprungen, ihr Tonfall duldete jetzt
keinen Widerspruch.

Aber Heiner war in Fahrt, ihn schüchterte die Lehrerin
nicht ein. »Gestern ging es doch auch. Wir sind Freunde«,
brüllte er und stampfte energisch mit dem Fuß auf den
Boden.

»Ich hab gesagt, der Kajetan setzt sich in die letzte Reihe und du sitzt vorne. Dabei bleibt es«, bestimmte Frau
Merlin mit zusammengebissenen Zähnen.

Kajetan nahm seinen Schulranzen, wischte sich die
Tränen weg und schlich tief bedrückt nach hinten. Alle
Augenpaare folgten ihm.

Frau Merlin begann ihren Unterricht, aber weder Kajetan
noch Heiner konnten auch nur eine Sekunde aufpassen.
Beide waren mit der Frage beschäftigt, warum sie plötzlich nicht mehr nebeneinandersitzen durften. Sie waren
seit Jahren unzertrennlich. Warum wollte das die Lehrerin
nicht verstehen? Unruhig wetzte Kajetan auf der Bank hin
und her. Dann schaute er auf Heiners Hinterkopf. Er sah,
dass sein Freund mit den Ohren wackelte. Kajetan lächelte,
er wusste, dass Heiner ihn damit aufmuntern wollte.

»Kajetan Reinhardt, beantworte du mir die Frage«, sagte
Frau Merlin plötzlich mit unbewegter Miene.

Kajetan zuckte zusammen. Die Antwort wusste er ebenso
wenig wie die Frage.

»Na, wird's bald, Reinhardt«, drängelte die Lehrerin nun
ungeduldig.

»Ich, ich weiß nicht«, stammelte Kajetan. »Können Sie
bitte die Frage noch einmal wiederholen?«

»Nichts da. Du bist in der Schule, um aufzupassen. Da sieht man's wieder mal. Zigeuner sind dumm, darum bist du in der letzten Reihe gut aufgehoben. Wenn das noch einmal passiert, dann bekommst du den Rohrstock zu spüren.«

Kajetan zweifelte keinen Moment, dass Frau Merlin ihn versohlen würde. Er hielt sein Kinn trotzig nach oben, verstand aber die Welt nicht mehr. Gestern und letztes Schuljahr war die Lehrerin noch lieb und nett und heute drohte sie ihm Prügel an. Zwischen gestern und heute hatte sich doch nichts verändert. Er hoffte nur, dass dieser Schultag schnell zu Ende gehen würde. Morgen würde er nicht mehr zur Schule gehen. Lieber blieb er lebenslänglich dumm.

»Gestern war die Merlin noch so nett und heute ist sie so ungerecht. Ich kann sie nicht mehr leiden«, sagte Heiner fäusteballend auf dem Heimweg.

»Ich auch nicht. Und sie kann mich nicht ausstehen«, fügte Kajetan hinzu. »Ich geh nicht mehr zur Schule.«

»Dann geh ich auch nicht mehr hin«, stimmte Heiner seinem Freund zu.

Einsilbig saß Kajetan bei den Webers am Mittagstisch. Er konnte sich nicht einmal über die Pfannenkuchen mit Apfelmus freuen. Auch nicht über Herrn Webers ›zur Feier des Tages‹, denn zu feiern gab es überhaupt gar nichts.

»Was ist los, Kajetan? Hat es dir heute nicht gefallen?«, fragte Herr Weber besorgt.

Kajetan schüttelte nur den Kopf und musste erneut gegen die Tränen ankämpfen.

»Ich geh nicht mehr zur Schule«, sagte Kajetan nur. »Und der Heiner auch nicht.«

»Na, na, so schlimm wird's ja wohl nicht gewesen sein«, versuchte Herr Weber zu beschwichtigen.

»Und ob!« Ohne Vorwarnung brach es aus Kajetan heraus. Er erzählte, dass er nicht neben seinem Freund sitzen durfte, weil er ein Zigeuner war. Dass er in der letzten Reihe sitzen musste, dort, wo die Dummen saßen. Kein anderer sitze in der hintersten Reihe. Und dass die Lehrerin angedroht habe, ihn mit dem Rohrstock zu versohlen, weil er die Antwort nicht wusste. Aber wie sollte er die Antwort wissen, wenn er darüber nachdenken musste, warum er nicht bei Heiner sitzen durfte?

Frau Weber hielt entsetzt die Hände vor den Mund. Herr Weber seufzte herzerweichend. »Geht das mit diesem Blödsinn jetzt schon in der Schule los? – Beruhig dich, Junge, es wird sich eine Lösung finden.«

Die fand sich auch. Denn wütend hatte Heiner daheim erzählt, dass die Merlin Kajetan in die letzte Reihe verfrachtet hatte. Am Nachmittag trafen sich die Freunde.

»Ich glaub, morgen können wir wieder zur Schule«, sagte Heiner recht überzeugt.

»Warum? Ich will nicht als einzig Dummer hinten sitzen. Ich bin nicht dumm.«

»Meine Mutter ist beim Rektor. Sie hilft uns bestimmt«, sagte Heiner noch überzeugter.

Kajetan hoffte, dass sein Freund Recht behielt.

Wenn auch widerwillig, so klingelte Kajetan am nächsten Morgen doch bei den Geißlers. Er wollte hören, ob Frau Geißler in der Schule etwas erreicht hatte. In der Nacht hatte Kajetan schlecht geschlafen. Immer wenn er am Einschlafen war, war ihm Frau Merlins mürrisches

Gesicht erschienen. Er konnte ihre wütende Stimme hören: »Zigeuner sitzen hinten!« Frau Merlins Gesicht verwandelte sich dann in die Fratze des alten Mannes aus Weingarten, der seine Mutter als Hühnerdiebin beschimpft hatte.

Heiner kam die Treppen runtergerannt, Frau Geißler folgte ihm.

»Guten Morgen, Kajetan. Hier, das ist für dich.« Sie drückte ihm das Vesperbrot in die Hand. »Musst dir keine Sorgen machen. Du kannst wieder vorne neben Heiner sitzen. Aber ihr müsst im Unterricht gut aufpassen.«

Kajetan nickte eifrig und lächelte die Mutter seines Freundes an. »Dankeschön, Frau Geißler.«

Gespannt, mit pochendem Herzen und recht schweigsam gingen die zwei Freunde in die Schule.

»Du sitzt doch hinten, Zigeuner«, sagte Fritz, als er sah, dass Kajetan in der ersten Reihe Platz nahm. »Schon vergessen?« Es war das erste Mal seit der Geschichte mit der Pistole, dass sich Fritz überhaupt an ihn wandte.

»Abwarten«, wies ihn Heiner zurecht und funkelte drohend mit zusammengekniffenen Augen.

Kajetan war vor Aufregung ein bisschen schlecht. Das wurde nicht besser, als er sich neben Heiner setzte und bemerkte, dass die ganze Klasse ihn anstarrte. Die Blicke schienen sich wie Pfeile in seinen Rücken zu bohren. Am liebsten wäre er unsichtbar gewesen. Heiner dagegen saß aufrecht in der Bank, drehte sich fortwährend um und streckte seinen Mitschülern die Zunge raus, manchmal wackelte er auch mit den Ohren.

Als die Schulglocke ertönte, klopfte Kajetans Herz so

schnell und so laut, dass er dachte, alle müssten es hören können. Stattdessen hörten sie sich nähernde Schritte im Korridor. Gleich darauf betrat Frau Merlin das Zimmer. Es war so still, dass man selbst in der hintersten Ecke eine Stecknadel hätte fallen und auf den Holzboden kullern hören. Alle waren gespannt, was in den nächsten Minuten geschehen würde.

»Guten Morgen, Frau Merlin«, stimmte die ganze Klasse zur Begrüßung an.

»Guten Morgen, Kinder«, sagte Frau Merlin. Ihre Mundwinkel zuckten. Niemand konnte erkennen, ob dies ein Lächeln sein sollte oder ob sie sich eine Bemerkung unterdrückte. Jedenfalls sagte sie kein Wort zur Sitzordnung. Frau Geißler hatte es also geschafft, dachte Kajetan erleichtert und unendlich dankbar. Er fühlte sich auf einmal herrlich leicht, als wäre ein ganzes Gebirge von seiner Brust gepoltert.

In der großen Pause kam Fritz mit Gustav und den anderen zu den beiden Freunden und fragte neugierig: »Wie hast du das nur geschafft, Zigeuner?«

»Ich heiße Kajetan, das solltest du dir merken, Hosenpisser«, sagte dieser nur. Sein Blick war dabei so eisig, als müsste er damit Eiszapfen herstellen. Beim Wort »Hosenpisser« zuckte Fritz zusammen und wurde rot. Kajetan machte eine Faust, streckte den Zeigefinger nach vorn und den Daumen nach oben, damit zielte er auf Fritz.

»Hast du verstanden, Fritzchen?« Heiner stand neben seinem Freund, von ihm ging wieder diese große Sicherheit aus. Eine Sicherheit, die sich Kajetan so sehr wünschte, die er aber ganz selten verspürte, das letzte Mal, als er dem Hosenpisser mit der Pistole gedroht hatte.

Fritz nickte eingeschüchtert.

»Dann sag seinen Namen.« Heiner ließ nicht locker und machte Anstalten, Fritz in den Schwitzkasten nehmen zu wollen.

»Kajetan«, flüsterte Fritz kaum hörbar.

»Lauter«, herrschte Heiner ihn an.

»Kajetan«, wiederholte Fritz nun deutlich hörbar.

»Schon besser, Fritzchen«, grinste Heiner, und Kajetan freute sich wortlos.

Von nun an ließ Frau Merlin ihn in Ruhe, manchmal lobte sie ihn sogar, weil er ein guter Rechner war. Heiner und Kajetan blieben unzertrennlich. Morgens holte er seinen Freund ab. Frau Geißler oder Marianne drückten ihm ein Vesperbrot in die Hand. In der Schule saßen die Freunde nebeneinander. Nach dem Mittagessen, das Kajetan jetzt immer bei den Webers aß, und nach den Hausaufgaben, die er auch bei den Webers machte, traf er sich wieder mit Heiner zum Spielen, bis es Abend wurde. Sie kickten mit dem bunten Ball, den Heiner zum Geburtstag bekommen hatte, oder sie bauten sich ein Lager in der Nähe der Schussen. Sie gruben Löcher in die Sandkuhlen des Ufers und versteckten sich in den Binsen. Wenn es regnete, spielten sie im überdachten Hofteil der Webers, oder sie gingen zu Geißlers, um dort mit Heiners Autos zu spielen. Marianne verwöhnte sie dann meistens mit einem Marmeladenbrot. Die Pistole holten sie wochenlang nicht aus ihrem Versteck.

Die Goldkette

Heiner hatte Bauchweh. Er musste sich mit einer Wärmflasche ins Bett legen und durfte nicht mit Kajetan spielen. Außerdem regnete es, ein hartnäckiger Landregen, der bereits Stunden dauerte. Der Himmel bestand aus einheitlichem Dunkelgrau, sodass auch noch für weitere Stunden Regen in den Wolken hing. Nach den Hausaufgaben saß Kajetan gelangweilt bei den Webers herum. Herr Weber lag auf dem Sofa und genehmigte sich ein Mittagsschläfchen. Frau Weber hatte sich ebenfalls hingelegt.

Kajetan schlenderte in den Flur, dort stand ein alter, verschnörkelter Sekretär, eine Art kostbarer Schreibtisch aus Nussbaum mit vielen Schubfächern. Ohne lange zu überlegen zog Kajetan eines der Fächer auf. Eine Armbanduhr lag darin. Vorsichtig nahm Kajetan die Uhr heraus, sie hatte ein weißes Ziffernblatt und schwarze Zahlen. Das Armband war aus schwarzem Leder. Er konnte nicht widerstehen. Kajetan streifte sich das Armband übers Handgelenk. Voller Entzücken schaute er immer wieder auf die Uhr. Er fühlte sich wie ein vornehmer Herr. Mit erhobenem Kopf schritt er im Flur auf und ab. Dann zog er neugierig die nächste Schublade auf. Kajetan staunte nicht schlecht, denn darin lagen drei dünne Armbänder und eine Perlenkette. In einem winzigen roten Schächtelchen lag, auf grüne Watte gebettet, eine hauchdünne Goldkette. Er behängte sich mit dem teuren Schmuck und stolzierte nochmals den Flur entlang. Nun fühlte er sich zwar nicht mehr wie ein richtiger Mann. Ketten und

Armbänder waren schließlich Frauenzeug. Aber er fühlte sich reich und herrschaftlich und mächtig.

»Schön siehst du aus«, sagte Frau Weber.

Kajetan zuckte erschreckt zusammen. Er war so mit dem Schmuck beschäftigt, dass er sie nicht hatte kommen hören.

»Ich, ich…«, Kajetan wurde vor Scham glühend rot im Gesicht, von Herrschaftlichkeit war keine Rede mehr. Betreten schaute er zu Boden.

»Ist schon gut, Kajetan. Mir gefällt der Schmuck auch. Wenn du nicht mehr damit spielst, dann legst ihn wieder in die Schublade zurück«, meinte Frau Weber. Sie schimpfte nicht, sie hielt keine Standpauke, sie warf ihn nicht aus dem Haus. Schnurstracks hatte er alles wieder im Sekretär verstaut.

Da es immer noch regnete, er also nicht draußen spielen konnte, beschloss Kajetan zum Wagen zu gehen. Seit ein paar Wochen brachte er sich Gitarrespielen bei. Selber, nach Gehör. Schließlich spielten fast alle in seiner Familie ein Instrument. Vater war der Beste, er war so ein guter Geiger, dass er immer wieder für Feste und Feierlichkeiten gebucht wurde.

Kajetan verabschiedete sich von Frau Weber, bedankte sich wie jeden Tag fürs Essen, rannte schnurstracks durch den Regen zum Wagen, holte die Gitarre hervor und begann eine Melodie zu klimpern. Es klang nicht so, wie Kajetan sie in Erinnerung hatte. Doch er war ehrgeizig, immer wieder versuchte er sich an der Melodie, bis er einigermaßen zufrieden war. Er klimperte in den Abend hinein, bis die Mutter wieder Kohlsuppe auf den Tisch stellte.

»Das hört sich schon sehr gut an, Banzari«, lobte sie ihren Sohn.

Kajetan war stolz darauf, schließlich verstand seine Mutter etwas von Musik.

»Naja, manches Mal klingt es holprig und schief«, meinte Karl neckend. Er war ein ausgezeichneter Geiger. »Bist ja noch jung. Wird schon noch werden.«

Kajetan streckte seinem großen Bruder die Zunge raus. Dieser grinste und ballte die linke Hand zur Faust. Die Drohgebärde gefiel ihm, er kam sich dabei stark und unbezwingbar vor. Dann nahm er die Gitarre, zupfte und strich über die Saiten, dabei schloss er die Augen. Karl spielte eine Melodie oder eine Art von Musik, wie sie Kajetan noch nie gehört hatte.

»Wisst ihr schon das Neueste?«, platzte Hildegard hervor, als alle am Tisch saßen.

Die Mutter wurde bleich. Neuigkeiten bedeuteten in letzter Zeit keine guten Nachrichten.

»Die Eltern von Theres gehen jetzt abends zur Schule. Der Oberlehrer Schmidt – den kenne ich – der unterrichtet nun elf Zigeuner. Sie sollen lesen und schreiben lernen. Das ist schon komisch, sagt die Theres, wenn ihre Eltern abends zum Lernen gehen.«

Die Mutter atmete erleichtert auf. Endlich mal eine Neuigkeit, die nicht schlimm war.

»Der Anton hat's mir auch erzählt«, sagte der Vater und fuhr sich über seinen schwarzen Schnauzbart. »Der Anton hat gesagt, dass der Gemeinderat diesen Kurs will, damit die Zigeuner nicht bloß als Schmarotzer in den Tag hineinleben, sondern dass man sie zu vielerlei Arbeiten heranziehen kann. Als ob wir lauter Faulenzer und

Taugenichtse wären. Wer nicht zweimal in der Woche zum Unterricht kommt, der wird von der Polizei vorgeladen, hat der Anton gesagt. Die Polizisten sind dabei nicht zimperlich.«

Die Mutter seufzte. Von dem Kurs würden sie verschont bleiben. Sie und ihr Mann konnten ein wenig lesen, rechnen und schreiben. Kajetan fand die Idee lustig, dass Erwachsene in der Schule sitzen und lernen. Und je länger er darüber nachdachte, umso besser fand er die Idee, dass Theres' Eltern lesen und schreiben lernten – so wie er auch. Noch wussten sie nicht, dass der Kurs nicht lange dauern würde.

»Was war das?«, fragte die Mutter und schaute am Abend auf den Holzboden. Sie hatte ein leises Klirren gehört. Kajetan hatte gerade Hemd und Hose ausgezogen, um ins Bett zu gehen. In seiner löchrigen Unterhose stand er da und zuckte mit den Schultern. Er hatte nichts gehört. Die Mutter bückte sich und hob ein dünnes Goldkettchen empor.

»Kajetan, das ist gerade aus deiner Kleidung gefallen. Woher hast du das?« Sie schaute ihn streng an.

Oje – das war die Goldkette von Frau Weber, die eigentlich in dem roten Schächtelchen auf grüner Watte liegen sollte.

»Die, die, die gehört der Frau Weber«, brachte er stockend hervor.

»Was? Hast du sie geklaut?« Die Stimme der Mutter wurde schrill, ihre Gesichtszüge spannten sich, ihre Ohrringe klirrten. Dann schluckte sie hörbar, als müsse sie einen Liter Spucke auf einmal hinunterwürgen.

»Nein, ich hab doch nur damit gespielt. Ich weiß auch

nicht, wie sie in die Hosentasche gekommen ist. Vielleicht ist sie am Ärmel hängengeblieben und dann in die Hosentasche gerutscht. Oder sonst irgendwie beim Spielen. Ich weiß es wirklich nicht. Ehrenwort«

»Los, zieh dich an«, kommandierte die Mutter. »Wir gehn sofort zu Webers. Und du entschuldigst dich. Verstanden?«

Kajetan nickte. Wie konnte das passieren? Wie konnte die Kette in seine Kleider kommen? Lag es an der Hektik, mit der er den Schmuck wieder in die Schublade gelegt hatte? Er hatte die Kette nicht klauen wollen. Ganz sicher nicht! Aber würde Frau Weber ihm glauben? Nichts fürchtete er mehr, als dass die Webers ihn nicht mehr bei sich haben wollten.

Die Mutter zerrte ihn durch den Regen, der wie ein Schleier vom Himmel fiel. Sie war sehr wütend. »Als ob wir nicht schon genug Scherereien hätten«, murmelte sie vor sich hin und schlang ihr buntes Umhängetuch noch enger um sich.

Bei den Webers brannte noch Licht in der Küche. Kajetan klopfte, Herr Weber erschien an der Tür.

»Kajetan, was machst du noch so spät hier? Ist was passiert?«

»Entschuldigen Sie vielmals, Herr Weber«, sagte die Mutter, die aus dem Schatten hervorgetreten war. »Entschuldigen Sie, dass wir so spät noch stören.«

»Was gibt's denn?«, fragte Herr Weber neugierig. »Kommt erst mal rein.«

»Guten Abend, Frau Reinhardt«, begrüßte Frau Weber ihre Nachbarin.

Die Mutter nickte ihr freundlich zu. »Der Kajetan, der hat

etwas zu sagen.« Sie schubste ihren Sohn und schaute ihn durchdringend an.

»Ich, ich, ich ... ich weiß nicht, wie das passiert ist«, stammelte Kajetan. Er war den Tränen nahe und sah bereits das lebenslange Verbot vor sich: Kajetan Reinhardt darf nie mehr zu den Webers und nie mehr bei ihnen essen.

»Ich hab doch nur gespielt und dann alles wieder in die Schublade gelegt. Dachte ich. Bitte glauben Sie mir!«

»Kajetan, ich versteh nichts«, sagte Frau Weber.

Behutsam zog der Junge die Goldkette aus seiner Hosentasche. »Ich weiß nicht, wie sie in meinen Sachen gelandet ist. Ehrlich. Ich schwör's! Ich schwör's tausend Mal! Ich wollte die Kette nicht klauen. Bitte glauben Sie mir.«

Die Webers schauten sich an. »Hab ich noch gar nicht bemerkt, dass die Kette fehlt«, gab Frau Weber zu. »Ist ja auch nicht so schlimm. Du hast sie ja wiedergebracht. Ich weiß doch, dass du ein guter Junge bist – und kein Dieb.«

Herr Weber, der während seines Mittagsschlafs von all dem überhaupt nichts mitbekommen hatte, wiederholte: »Ein guter Junge. – Er hilft uns mit den Hasen.«

Kajetan hatte sich die ganze Zeit bemüht, mit durchgestrecktem Rücken zwischen seiner Mutter und den Webers zu stehen. Jetzt, da kein riesiges Donnerwetter zu erwarten war, ließ die Anspannung nach. Er sackte weinend zusammen.

»Bitte entschuldigen Sie nochmals. Es wird nie wieder vorkommen«, meinte die Mutter.

»Aber ja, Frau Reinhardt. Ich weiß doch, dass der Kajetan nicht klauen wollte«, beruhigte Frau Weber sie.

Kajetan wollte auf Nummer sicher gehen, darum fragte er Herrn Weber zum Abschied: »Darf ich wiederkommen?«

»Natürlich darfst du«, antwortete Herr Weber lächelnd. »Du bist uns jederzeit willkommen.«
Mehr interessierte Kajetan nicht. In der Dunkelheit ging er an der Hand der Mutter zum Wagen zurück. Fünf Minuten später war er eingeschlafen.

Reisen ist gefährlich

Das Korn auf den Feldern stand hoch und gelb. Der Duft von frischgemähten Wiesen lag in der Luft, der sich mit dem leicht modrigen Geruch des Binsenweihers paarte. Der Duft von Sommer, von Freiheit. Wie jedes Jahr begannen – mitten im Schuljahr – die Sommerferien. Seit Kajetan auf der Welt war, und auch schon all die Jahre zuvor, spannten die Reinhardts im Sommer zwei Pferde vor den Wagen und zuckelten los. Weit waren die Reinhardts nie gereist, an den Bodensee oder nach Österreich oder in die Schweiz. Dort trafen sie nicht nur Freunde und Verwandte, sondern sie unternahmen auch Wanderungen in die Berge, tauschten am Lagerfeuer Neuigkeiten und Geschichten aus, musizierten, tanzten ausgelassen und lachten. Pünktlich zum Schulbeginn stellten die Reinhardts ihren Wagen wieder unter die Weiden in der Hindenburgstraße.

»Morgen fahren wir los«, sagte der Vater am Abend vor dem letzten Schultag.

Die Mutter schüttelte energisch den Kopf. »Nein, dieses Jahr fahren wir nicht.«

»Wir sind jedes Jahr gefahr'n, darum fahr'n wir auch dieses Jahr – wir sind Sinti, wir müssen fahren«, erwiderte der Vater.

»Wir fahren nicht«, beharrte die Mutter und mit leiser Stimme fügte sie hinzu. »Es sind furchtbare Zeiten, ich hab Angst.«

»In Lindau oder in Konstanz am Bodensee wird es nicht anders sein als hier in Ravensburg«, meinte der Vater.

Hildegard, Hubert und Karl waren schon fast erwachsen und hatten eigene Meinungen, aber wenn die Eltern redeten, hielten sie sich raus.

»Wir fahren nicht«, sagte die Mutter fest entschlossen. »Wer weiß, was sich der Hitler noch alles einfallen lässt. Hier kennen wir unsere Nachbarn. Wir wissen, wer uns hilft. In Konstanz oder in Lindau oder in Bregenz kennen wir nur andere Sinti. Die können uns nicht helfen.«

»Du übertreibst, Frau«, sagte der Vater. »Was soll uns schon passieren? Wir treffen uns mit unseren Freunden und Verwandten, machen ein Lager und ein Feuer und musizieren. Das machen wir schon immer, nicht nur wir, sondern auch all unsere Vorfahren schon seit Hunderten von Jahren. Die Zeiten waren schon öfters schlecht. Wir fahren!«

»Dann fährst du ohne mich – ich bleibe«, erwiderte die Mutter und verschränkte entschlossen die Arme vor der Brust.

An der Feuerstelle vor dem Wagen war es mucksmäuschenstill. Nur das Lodern der Flammen und das Knacken von Holz waren zu hören. Kajetan hielt vor Spannung den Atem an. Was würde der Vater darauf sagen? Es kam so gut wie nie vor, dass ihm die Mutter widersprach. –Der Vater sagte erst mal nichts, nahm seine Geige und spielte eine traurige Melodie. Als diese zu Ende war, legte er die Geige sorgsam zur Seite, atmete tief durch und meinte: »Wenn es dir so wichtig ist, dann bleiben wir dieses Jahr hier.«

Kajetans Herz hüpfte vor Freude. So konnte er die ganzen Ferien mit Heiner verbringen. In der Schussen baden, am Binsenweiher Salamander fangen oder Frösche, sich in Sandlöchern verstecken und den Webers bei der Heuernte helfen. Es war immer spannend und schön gewesen, mit dem Wagen loszuziehen – vor allem in die Berge – aber hier bei Heiner war es noch besser.

Karl dagegen schnaubte enttäuscht und ballte die rechte Faust. Er hatte sich so sehr darauf gefreut, seinen Cousin, den Michel, wieder zu treffen. Mit dem wollte er boxen. Obwohl Karl nicht mehr im Verein boxte, trainierte er noch manchmal für sich allein. Auf einen Kampf gegen Vetter Michel hatte er sich die letzten Wochen vorbereitet. Schließlich wollte er Revanche. Michel hatte ihn im letzten Jahr besiegt.

Auch Hildegard war traurig. Sie hatte sich so gewünscht, den Hannes wiederzusehen. Hannes hatte ihr im letzten Jahr ins Ohr geflüstert, dass sie das schönste Mädchen auf der ganzen Welt sei. Hildegard war rot geworden und hatte fortan jeden Tag an Hannes mit seinen wunderschönen braunen Augen gedacht. Trotz der Sehnsucht nach Hannes war Hildegard ein klein wenig froh, dass sie in Ravensburg blieben. Ihre Hauswirtschaftsschule war beendet, sie hatte Arbeit im Stadtwald, in der Baumschule, gefunden. Wie hätte sie ihrem Chef erklären sollen, dass sie den Sommer über nicht zur Arbeit kommen konnte? Hildegard jätete Unkraut zwischen den jungen Bäumen, beschnitt die Bäume oder setzte sie um. Es war harte, anstrengende Arbeit, aber Hildegard konnte zupacken. Die Arbeit im Wald gefiel ihr. Im Wald fühlte sie sich trotz des strengen Vorarbeiters beschützt und frei.

Hubert hätte so gerne Theresia wiedergesehen, die

Tochter vom Korbmacher Johann Seible aus Würzburg. Theresia war so klug wie Hubert, dazu noch wunderschön und eine begabte Sängerin und Tänzerin. Sie trat manchmal in Würzburg im Stadttheater auf. Wenn am Lagerfeuer die Musik erklang und sie zu tanzen begann, glaubte Hubert zu erkennen, wie frei und voller Hingabe ihr Herz war. Sie gewann jedes Wetttanzen und Wettsingen. Theresia, das wäre ein Mädchen nach Huberts Geschmack.

Es war ungewöhnlich still am Lagerfeuer, denn jeder hing seinen Gedanken nach. Karl, der die Stille nur schwer ertrug, nahm die Gitarre und spielte erneut diese ganz besondere Melodie.

»Klingt schön, aber auch speziell«, meinte Hubert.

Karl nickte. »Die hat mir ein Freund vorgespielt. Das Stück ist von einem Sinto aus Paris, von Django Reinhardt. Sind wir vielleicht verwandt mit ihm?«

Der Vater zuckte die Schultern. »Wer weiß das schon? Es gibt so viele Reinhardts.«

»Jedenfalls dieser Django aus Paris ist ein unglaublicher Gitarrist und Banjospieler«, fuhr Karl begeistert fort. »Er verdient sein Geld bei Tanzvergnügen und in Cafés. Wie wir hat er im Wohnwagen gelebt. Eines Tages ist der Wagen in Brand geraten, Django kam nicht rechtzeitig raus. Er hatte schlimme Verletzungen. Seither ist ein Bein gelähmt und seine linke Hand schrecklich verbrannt.«

»Ein Gitarre-Spieler mit einer verbrannten Hand, das geht doch nicht«, protestierte Hubert.

»Dachte ich auch. Und das haben auch die Ärzte gesagt, sie wollten sogar seinen Arm abnehmen«, bekräftigte Karl. »Aber Django hat sich geweigert und so lange geübt, bis er mit seiner verkrüppelten Hand wieder spielen konnte. Er spielt hauptsächlich mit Zeige- und Mittelfinger. Ich glaub, er muss einfach spielen, er kann gar nicht anders. – Django hat diese jazzige Art zu spielen, die klingt so modern und wunderbar.« Karl spielte das Stück gleich noch einmal.

Auch Kajetan war ganz begeistert. »Wie heißt das Stück denn?«

»Irgendwas mit Swing«, sagte Karl und Kajetan nahm sich vor, nach den Sommerferien so wie Django Reinhardt spielen zu können. Zumindest das Swing-Stück.

Die Sommerferien verliefen herrlich: Kajetan half den Webers und bekam dafür reichlich zu essen. Die restliche Zeit verbrachte er mit Heiner. Sie erkundeten den Lauf der Schussen, kannten bald jede Böschung, jede Biegung und jeden noch so kleinen Strudel, nicht nur in der Umgebung, sondern auch weiter flussabwärts, wo sie sonst nie hinkamen. Ganze Tage verbrachten sie damit. Die Freunde wussten, wo sich die meisten Krebse tummelten und wo der Sand am feinsten war, um barfuß, wie auf einem Teppich, durch die Schussen zu waten. Sie spielten Forscher auf Entdeckungsreise. In ihrer Fantasie wurde aus der kleinen Schussen ein mächtiger Strom voller Krokodile und Nilpferde. Die beiden mussten tausend Abenteuer bestehen, gegen Menschenfresser und Bären kämpfen, Schatzkarten entziffern und Spuren lesen. Wenn sie zwischendurch Marianne ein Marmeladenbrot abluchsen konnten, waren sie mit sich und der Welt sehr zufrieden. Nur manchmal, wenn sie mit der Pistole spielten, dachte Kajetan an den gebrochenen Schwur. Aber er wollte Heiner nicht davon erzählen. Er konnte nicht. Außerdem war es jetzt schon so lange her, dass er Fritz mit der Pistole bedroht hatte, dass er es selbst kaum noch glauben konnte.

Es war heiß. Der Himmel war von strahlendem Blau. Nur ein paar Schönwetterwolken zogen wie große Wattebäusche gemächlich dahin. Die Vögel schwiegen in der Mittagshitze. Außer Kajetan dachten alle Reinhardts mit Wehmut daran, wie schön es gewesen wäre, mit dem Wagen loszuziehen.

»Kajetan, kommst du mit zur Schussen? Wir könnten ein bisschen baden.«

»Nein, Heiner, ich kann nicht.«

»Warum nicht? Wir haben doch Sommerferien, schon vergessen?«

»Ich muss noch die Hasen füttern.«

»Wenn ich dir helfe, kommst du dann mit?«

Kajetan nickte.

Ruckzuck waren die Hasen versorgt. Herr Weber, der langsam die Stufen herunterkam, lächelte. »Ihr seid gute Jungen, alle beide.« Zum Dank schenkte er jedem einen der frühen, sauren Kläräpfel.

»Wir wollen zum Baden zur Schussen, Herr Weber«, erzählte Heiner und hoffte, dass dem alten Mann nicht noch eine Arbeit für seinen Freund einfallen würde.

»Ist eine gute Idee bei der Hitze. Aber ist das Wasser im Binsenweiher nicht wärmer?«

»Wärmer schon. Aber dort ist es schlammig, die Binsen wuchern überall und es ist so viel Grünzeug im Weiher«, meinte Kajetan. Das letzte Mal, als die Freunde dort waren, kamen sie aus dem Wasser und waren mit einer grünen Schicht überzogen.

»Ist schon lange her, dass ich das letzte Mal am Binsen-

weiher war. Im Sommer hat's mich nur als Bub zum Weiher gezogen. Aber im Winter war ich dort oft mit dem
Andres zum Binsenschneiden. Wisst ihr noch, wie er
einmal eingebrochen ist?«

Heiner und Kajetan schauten angestrengt an Herrn Weber
vorbei. Automatisch dachten beide an Kröten mit abge-
bissenen Köpfen und Eimer voller schleimiger Schnecken.

Die Zeiten ändern sich

Dann war die unbeschwerte Zeit zu Ende – mittlerweile
konnte Kajetan das Swing-Stück von Django Reinhardt
fast so gut wie Karl spielen. Der erste Schultag begann
an einem außergewöhnlich schwülheißen Tag. Es war so
drückend, als hätte man im Hochsommer den Ofen an-
geheizt und ein nasses Tuch darüber gehängt. Das Blau
des Himmels war trügerisch. Ein Gewitter lag bleischwer
in der Luft.
Schon auf dem Schulweg schwitzten die Freunde. Es war
ein neuer Schulweg, denn die katholische Kuppelnauschule war geschlossen worden. Warum der Affenkasten
zugesperrt worden war, das wussten sie nicht. Nun mussten alle Kinder der Kuppelnauschule in die Möttelinschule gehen. Wie im letzten Jahr setzte sich Kajetan neben Heiner in die erste Reihe. Frau Merlin war nicht mehr
ihre Lehrerin, sondern Oberlehrer Bucher. Er war ein großer Mann mit wabbelnden Fettbäckchen und stechenden
Augen, die keine Widerrede duldeten. Auch Oberlehrer
Bucher bestimmte rigoros: »Zigeuner sitzen hinten. Da
gehörst du hin, Reinhardt. Los, Marsch!«
»Aber in der Kuppelnauschule konnte ich doch auch …«,
versuchte Kajetan den Lehrer umzustimmen.
»In der Kuppelnauschule, in diesem Affenkasten – ist

mir völlig egal, was ihr dort gemacht habt. In der Mötte-linschule wird im Geiste des Nationalsozialismus unter-richtet. Darum sitzen bei mir und in der ganzen Schule Zigeuner und Juden hinten.« Oberlehrer Bucher sprach sehr laut und energisch. Wenn er redete, spitzte er die Lippen, sodass Spucke aus seinem Mund spritzte. Dabei tanzte das winzige, nur zwei Finger breite Bärtchen auf seiner Oberlippe. Kajetan versuchte sich auf das Bärtchen zu konzentrieren. Das sah albern aus, war aber modern. Wenn er das läppische Bärtchen anstarrte, würde es ihm gelingen, die Tränen zu unterdrücken.

»Herr Oberlehrer Bucher«, meldete sich Heiner, »der Kajetan und ich, wir sind Freunde. Wir wollen so gerne nebeneinandersitzen. Wir ...«

Der neue Lehrer schnitt ihm das Wort ab. »Papperlapapp! Was musst du mit einem Zigeuner befreundet sein, Hei-ner Geißler«, rief er empört. »Das ist eine Schande! Eine Schande ist das! Wahrscheinlich hat der Reinhardt so gute Noten, weil du ihn immer abschreiben lässt. Die Zeiten sind vorbei. Und du brauchst erst gar nicht deine Mutter in die Schule zu schicken. Die wird hier nichts er-reichen. Bei mir nicht und bei unserem Rektor auch nicht. Wir sind eine deutsche Schule, keine Zigeuner- oder Judenschule. Die Zeiten haben sich geändert!«

Es hatte sich herumgesprochen, dass Frau Geißler im letzten Jahr den Schulleiter der Kuppelnauschule über-zeugen konnte, dass die Jungs zusammensitzen durften. In der »deutschen Schule« mussten Zigeunerkinder nun hinten sitzen. Außerdem wurden die Schreib- und Le-sekurse für Erwachsene umgehend eingestellt. Immer-hin hatten die Eltern von Theres ein bisschen Lesen und Schreiben gelernt.

Es donnerte, das Gewitter kam näher. Die Spannung des herannahenden Gewitters und Kajetans Anspannung waren fast mit Händen zu greifen. Kajetan saß in der letzten Bank und ballte die Faust. Nur mit viel Anstrengung und dem konzentrierten Blick auf das läppische Bärtchen konnte er die Tränen zurückhalten. Es schmerzte ihn, dass er als Einziger auf den Plätzen der Dummen sitzen musste, aber fast schlimmer war, dass der Bucher dachte, er würde bei Heiner abschreiben. Er hatte nie bei seinem Freund abgespickt. Kajetan war genauso gut wie sein Freund. Im Rechnen sogar besser, da hatte der Heiner schon mal bei ihm abgekupfert. Doch das würde der Bucher sowieso nicht glauben. Immerhin etwas Gutes hatte es, in der letzten Reihe zu sitzen, tröstete sich Kajetan. Hinten bekam man Buchers nasse Aussprache nicht zu spüren. Als er so einsam und verlassen in der letzten Reihe saß, leistete Kajetan einen Schwur: Ich werde ein sehr guter Schüler sein. Der Bucher wird nur so staunen. Mit einem Ruck setzte Kajetan sich aufrecht in die Schulbank. Sein Blick fing den von Fritz auf, der längst wieder der Alte war und ihn gehässig angrinste. Kajetan streckte ihm die Zunge raus, ballte seine Fäuste, legte sie aufeinander und drehte die Fäuste in entgegengesetzte Richtungen. Das Grinsen wich kurz aus Fritz' Gesicht, bevor er sich mit dem Zeigefinger quer über den Hals fuhr.

Endlich kam der erlösende Regen. Prasselnd klopfte er gegen die Fensterscheiben und wusch die drückende Schwüle aus der Luft. Das Gewitter stand direkt über ihnen. Es blitzte und donnerte, so schnell und so laut, dass sich keiner auf den Unterricht konzentrieren konnte. Das Gewitter tobte mindestens fünfzehn Minuten. Als es weiterzog, war die Spannung gewichen, die Luft wieder angenehm klar.

Beide, Oberlehrer Bucher und Kajetan, behielten Recht. Bucher, weil kein Zureden, kein Schreien oder Toben und nicht einmal die Dose mit Leberwurst, die Frau Weber dem Lehrer vorbeibrachte, erreichte, dass Kajetan wieder neben Heiner sitzen durfte.

Und Kajetan, weil er bei seinem Schwur blieb. Er lernte gut, kapierte schnell und meldete sich oft. Das missfiel dem Bucher, darum übersah er Kajetan immer wieder. Selbst das hinderte Kajetan nicht daran, meistens einer der ersten zu sein, deren Finger nach oben schnellte, wenn der Lehrer eine Frage stellte. Einmal genoss er es richtig, als er der einzige war, der eine knifflige Frage beantworten konnte. Nur sein Handzeichen war zu sehen. So blieb dem Bucher nichts anderes übrig, als Kajetan an die Tafel zu bitten. Er konnte die schwierige Rechenaufgabe problemlos lösen.

Sorgen bereitete ihm nicht die Schule, sondern sein Klassenkamerad Fritz. Fritz, der kleine Fritz mit den Sommersprossen, hatte es wieder darauf angelegt, Kajetan das Leben schwer zu machen. Es schien, als habe der Hosenpisser die Drohung mit der Pistole vergessen. Er ärgerte, hänselte und piesackte Kajetan, wo immer es ging. Um Kajetan weh zu tun, musste er ihn nicht mal verprügeln. Zielsicher entdeckte Fritz die wunden Punkte seines Mitschülers. »Guckt mal, der Zigeuner, der hat nicht mal einen richtigen Schulranzen. Da fehlen die Riemen«, sagte Fritz besonders laut zu seinen Freunden, die betont lässig über den Schulhof schlenderten.

Dass Fritz ausgerechnet über den Schulranzen sprach!

Hatte er tatsächlich alles vergessen? Kajetan konnte es nicht glauben. Er drehte sich zu Fritz um und zielte mit dem Zeigefinger auf ihn, so, als hätte er die Pistole in der Hand. Doch außer einem kurzen, irritierten Blinzeln kam von Fritz keine Reaktion. Warum fühlte der Kerl sich nur so sicher?

»Wahrscheinlich ist der Ranzen geklaut. Zigeuner klauen doch immer. Sein Vater war bestimmt zu faul zum Arbeiten, dann hat das Geld für die Riemen nicht mehr gereicht. Weiß doch jeder, wie arbeitsscheu die Zigeuner sind«, setzte Fritz noch eins drauf.

Vor Zorn schoss Kajetan das Blut in den Kopf.

»Ich schlag ihn zu...« Kajetan schnaubte vor Wut.

»Der Kerl will dich doch wütend machen. Wenn du ihm eine reinschlägst, dann kann er zum Bucher rennen und petzen. Und du bekommst todsicher richtige Schererei-en.« Heiner versuchte seinen Freund mit Vernunft und Logik umzustimmen.

»Mir doch egal«, knurrte Kajetan und blickte drohend zu Fritz, der ihm herausfordernd die Zunge rausstreckte. »Er beleidigt meinen Vater. Das kann ich nicht auf mir sitzen lassen.«

»Ach was, der kennt doch deinen Vater überhaupt nicht. Der schwätzt bloß dummes Zeug, mit dem er dich ärgern kann. Fritz ist blöd. Saublöd und gemein. Lass ihn doch schwätzen.«

Das Läuten der Schulglocke rettete Fritz vor einer Tracht Prügel – oder Kajetan vor den Folgen einer Prügelei. In der folgenden Stunde konnte sich Kajetan nicht konzentrieren. Es war ihm egal, dass sein Schulranzen alt und ohne Trageriemen war. Es war ihm auch egal, woher der

Schulranzen kam. Er dachte noch immer, dass Fritz ihn vor den Wagen gelegt hätte. Vielleicht stimmte das gar nicht. Jedenfalls tat es so weh, dass die Leute ihn und seine Familie schlecht behandelten, nur weil sie Sinti waren. Was ist daran so schlimm, fragte er sich wieder und wieder: Ich gehe zur Schule wie die anderen, ich mache meine Hausaufgaben wie die anderen; anders ist nur, dass wir in einem Wagen schlafen. Und dass alle in unsere Familie nicht blonde, sondern dunkle Haare und Augen haben. Aber das hat Otto auch und zu dem ist Fritz nett.

»Was ist nur so schlimm daran?«, wiederholte Kajetan, dieses Mal laut. Er war so in Gedanken, dass er alles um sich herum vergaß.

»Was hast du uns mitzuteilen, Reinhardt?«, giftete Oberlehrer Bucher ihn an, sodass seine Backen wabbelten.

Kajetan war automatisch aufgesprungen, wie immer, wenn er eine Antwort geben sollte. Aber ihm fiel keine ein. »Ich, ich, ich…«

»Hör auf zu stammeln«, befahl der Oberlehrer. »Hast vor dich hingeträumt. – Mein Unterricht ist nicht zum Träumen da, auch nicht für Zigeuner. – Vorkommen!«

Der Junge zögerte einen Moment. Er wusste zu genau, was jetzt passieren würde. Auf dem Weg nach vorne zeigte Fritz ihm sein fiesestes Grinsen.

Tatze oder Hosenriss? – überlegte Kajetan, während er zum Lehrer ans Pult trottete. Hosenriss wäre schmerzhafter.

»Streck deine Hand aus«, kommandierte Bucher.

Also Tatze – Kajetan hielt ihm die rechte Hand mit der Innenseite nach oben entgegen. Der Lehrer nahm die Handfläche, holte mit dem Stock aus und ließ ihn dann blitzschnell auf Kajetans Hand niedersausen. Vor Schmerz sog Kajetan die Luft hörbar ein. Gleichzeitig zwang er sich, das zwei Finger breite Bärtchen des Oberlehrers anzustarren. Um sich abzulenken. Keinen Laut wollte er von sich geben. Nach drei Tatzen war der Bucher zufrieden. Kajetans Hand brannte schlimmer, als wäre sie durch ein Brennnesselfeld geschleift worden.

Beim Hosenriss hätte der Bucher noch kräftiger ausgeholt, hätte Kajetan, der über der Bank gelegen hätte, mit voller Wucht den Stock auf den Hintern geknallt. Nach drei, vier Hosenrissen war es für den Rest des Vormittags unmöglich zu sitzen.

Als er zu den Webers kam, nahm ihn Herr Weber zur Seite und sagte: »Meinst du nicht auch, dein Schulranzen könnte ein paar Riemen vertragen? Ist doch schlecht fürs Kreuz, wenn du den Ranzen immer auf einer Seite trägst. Ein Schulranzen gehört auf den Rücken.«

Kajetan blieb die Spucke weg. War das Zufall? Er schluckte vor Glück zweimal trocken. Ausgerechnet heute, nachdem Fritz wieder mal so gemein zu ihm war, sprach Herr Weber die Riemen an. »Ich geb dir Geld, nachher gehst du zum Schuhmacher Hiller, der macht dir ordentliche Riemen an den Ranzen.«

Kajetan strahlte den alten Mann an. Mehr noch als dem Rücken taten die neuen Trageriemen seiner Seele gut.

Nachdem er seinen Schulranzen beim Schuhmacher abgegeben hatte, marschierte er – trotz Regen und Wind – zur Schussen. Er wollte die Pistole fühlen, vielleicht würde er sie sogar mitnehmen, um dem Fritz nochmal eine Lektion zu erteilen. Der Schwur war ihm gerade schnurzpiepegal. Den Hang zum Schussenufer schlitterte er runter. Irgendwie sah das Brennnesselfeld anders aus als sonst.

Kein Wunder bei dem Wind, beruhigte er sich selbst. Er wuchtete den Stein zur Seite und begann mit den Händen zu graben. Doch da war keine Pistole. Hektisch grub er in alle Richtungen – vergeblich. Die Pistole war weg! Hatte Fritz sie gefunden? Das wäre zumindest eine Erklärung dafür, dass er wieder frech und unverschämt war. Oder hatte jemand beobachtet, wie er mit Heiner damit gespielt hat? Gab es tatsächlich einen Bankräuber, der die Pistole gesucht und aufgespürt hatte? Trotz aller Grübelei: Die Waffe blieb verschollen.

Dennoch marschierte Kajetan am nächsten Tag stolz mit seinem Ranzen auf dem Rücken ins Klassenzimmer. Fritz staunte nicht schlecht. »Wer hat die Riemen geklaut, dein Vater oder du?«, fragte er gehässig und schaute zu seinen Freunden, die über den Spruch lachten.
Kajetan ballte seine Faust. Bevor er zuschlagen konnte, zog Heiner ihn auf seinen Platz.
»Lass dich von dem nicht reizen«, mahnte er.
»Den versohl ich, dass er nicht mehr weiß, wie er heißt«, zischte Kajetan laut genug, dass es Fritz hören konnte. Dieser streckte den Zeigefinger seiner Faust nach vorne und den Daumen nach oben, so zielte er auf Kajetan und grinste. Hatte er die Pistole?

»Heute lernen wir etwas über die verschiedenen Rassen«, erklärte Bucher in der ersten Stunde. »Unter den Menschen gibt es verschiedene Gruppen: schwarze, braune, rote, weiße. Diese Gruppen werden Rassen genannt, davon gibt es auch noch Untergruppen. Die allerbeste Rasse ist natürlich die weiße und davon die arische, die auch nordische Rasse genannt wird. Darunter sind die

Deutschen die hochwertigsten, die Herrenmenschen. Alle anderen sind Untermenschen.«

»Wie unser Zigeuner«, rief Fritz dazwischen.

Viele kicherten, die ganze Klasse drehte sich nach ihm um, und Kajetan lief blutrot an.

Normalerweise hasste es der Bucher, wenn jemand seinen Unterricht störte, doch dieses Mal sagte er nichts.

»Wir wollen natürlich nicht, dass die Rasse der edlen Herrenmenschen gefährdet ist. Das wäre sie, wenn sie sich mit den Untermenschen vermischen würde. Das darf auf gar keinen Fall geschehen. Darum muss man die Untermenschen aus der Gesellschaft ausschließen, vor allem die Juden«, fügte der Lehrer noch hinzu.

»Aber auch die Zigeuner«, mischte sich Fritz wieder ein und streckte Kajetan die Zunge heraus.

Der Lehrer widersprach nicht.

Fritz meldete sich. »Woher weiß ich, dass einer ein Herrenmensch ist?«

»Wenn er seine Vorfahren über Generationen verfolgen kann und sieht, dass es keine Vermischung mit Untermenschen gab«, erklärte Bucher.

Doch das verstand Fritz nicht.

Darum ergänzte der Lehrer: »Die Herrenmenschen sind groß und blond und blauäugig.«

Darauf meldete sich der blonde Heiner: »Fritz ist klein, Sie, Herr Bucher sind dunkelhaarig und der Hitler ist auch dunkelhaarig. Heißt das, dass sie alle vermischt sind?«

Jetzt war es der Lehrer, der rot anlief. Für ein paar Augenblicke wusste er nicht, was er sagen sollte, er schnappte nach Luft, dann brüllte er: »Das heißt nicht ›der Hitler‹, das heißt: ›unser Führer Adolf Hitler‹!«

Heiners Frage blieb unbeantwortet.

Kajetan freute sich über seinen mutigen Freund. Aber die Rassenlehre war ein gefundenes Fressen für Fritz. Wann immer es ihm in den Sinn kam, nannte er Kajetan jetzt einen Untermenschen. Außerdem schien sich Fritz so sicher zu fühlen. Hatte das etwas mit der verschwundenen Pistole zu tun?

Zwangsarbeit

Die Luft war im Oktober schon kalt und roch nach abgestorbenem Laub. Nebel lag auf den Hügeln vor der Stadt. Der Landregen sorgte dafür, dass die Schussen anschwoll. Die Freunde waren fasziniert vom Anblick der Strömung, die mitriss, was nicht genug Halt hatte.

»Wir müssen nach der Pistole schauen«, meinte Heiner. »Vielleicht brauchen wir bei dem Hochwasser ein neues Versteck für sie.«

Wortlos ging Kajetan mit zum Brennnesselfeld, das die Wassermassen fast verschluckt hatten. »Oje, das sieht nicht gut aus«, sagte Heiner nur.

Für die Winzigkeit eines Wimpernschlages überlegte Kajetan, ob er Heiner die Wahrheit beichten sollte. Doch so wie es jetzt war, war es sehr praktisch für ihn. Darum schwieg er.

Als Kajetan bei Einbruch der Dunkelheit an diesem Abend verfroren zum Wagen kam, hörte er seine Mutter stammeln: »Wo, wo, schicken sie dich denn hin, zur, zur, zur Zwangsarbeit?« Sie war kreidebleich. Obwohl sie ihre Hände gefaltet hatte, konnte Kajetan erkennen, dass sie zitterten.

»In den Steinbruch muss ich – ab morgen«, antwortete der Vater.

»Das ist Schwerstarbeit«, entgegnete die Mutter, deren Stimme jetzt genauso zitterte wie ihre Hände. »Hast du denen nicht gesagt, dass du magenkrank bist?«

»Doch.«

»Und du musst trotzdem in den Steinbruch?«

Der Vater nickte. »Gelacht haben sie, als ich das mit dem Magen gesagt habe. Gelacht und gesagt, das käme wohl davon, weil wir Zigeuner so viel geklaute Sachen essen.«

»Kannst du nichts dagegen machen?«, fragte Karl.

»Nein. Wenn ich die Arbeit nicht annehme, dann müssen wir Ravensburg verlassen. Das ist ein Beschluss vom Bürgermeister Walzer und seinem Gemeinderat.«

»Dann packen wir eben unsere Siebensachen und fahren in eine andere Stadt«, brauste Karl auf.

Die Mutter schüttelte energisch den Kopf. »Wo sollen wir denn hin? In anderen Städten wird's uns nicht besser ergehen.«

»Sogar noch schlechter. In den meisten Städten darf man sich als fremder Zigeuner nicht mehr niederlassen. Hier in Ravensburg übrigens auch nicht. Die sagen dann einfach, es sei zu wenig Platz. Dem Anton ist das passiert. Seine Verwandten wollten hierherkommen und den Winter bei Anton verbringen, aber die Polizei hat sie schnurstracks weggeschickt. Die mussten weiterziehen, wussten aber gar nicht wohin. – So würde es uns dann auch ergehen. Keiner will Zigeuner bei sich haben. Wir bleiben in Ravensburg und ich werd ab morgen im Steinbruch arbeiten. Basta!«, sagte der Vater energisch. Die Familie saß schweigend am Tisch und löffelte die dünne Kartoffelsuppe.

Fortan schleppte sich der Vater jeden Morgen in den Steinbruch. Über die Arbeit sprach er nie, aber sie musste sehr schwer sein, denn abends kam er völlig erledigt nach Hause. Anfangs war er zum Essen zu müde und sogar zu schwach, den Löffel zu halten. Erschöpft und zusammengesunken, wie ein Boxer, der zu Boden gegangen ist, saß er am Tisch. Aus dem aufrechten, stolzen Mann war ein Häufchen Elend geworden.

»Behandeln sie euch einigermaßen gut?«, wollte die Mutter besorgt wissen.

»Es geht«, antwortete der Vater. Er hatte nie viele Worte gemacht, aber so wortkarg wie jetzt war er noch nie.

»Ist der Anton auch dabei?«

Der Vater nickte. »Den hat's auch erwischt. Alle Ravensburger Zigeuner schuften im Steinbruch. Oder sie müssen den neuen Sport- und Eisplatz ausheben – mit dem Spaten.«

»Ist das leichtere Arbeit?«, fragte die Mutter, die es nicht mit ansehen konnte, wie kaputt und völlig entkräftet ihr Mann abends nach Hause kam.

»Ich glaub nicht.« - Seine Magenbeschwerden nahmen zu, aber er wagte nicht zum Arzt zu gehen. »Die Aufpasser würden doch nur sagen, ich will mich vor der Arbeit drücken«, meinte er, als seine Frau zum Arztbesuch drängte.

»Wer sind denn die Aufpasser?«

»Die Polizei überwacht uns.«

»Du meinst, die Polizisten stehen den ganzen Tag rum und schauen euch bei der Schufterei zu?«

»Manchmal. An manchen Tagen stürmen sie ganz unverhofft zum Steinbruch, und wehe einer von uns ruht sich gerade ein bisschen aus.«

»Was dann?«

»Ach nichts.«

Das abweisende ›ach nichts‹ bedeutete nichts Gutes. Auf

gar keinen Fall bedeutete es wirklich ›ach nichts‹, sondern eher Prügel, Tritte, Drohungen und Demütigungen. Der Vater wollte seiner Familie die eigenen Sorgen ersparen, darum blieb er beharrlich beim ›ach nichts‹. Auch das hartnäckige Nachfragen seiner Frau war zwecklos.

Der Treppensturz

Es schüttete wie aus Kübeln. Heiner und Kajetan spielten bei den Geißlers. Sie hörten das Klingeln der Türglocke, gleich darauf marschierte jemand in schweren Stiefeln die Stufen zur Wohnung hinauf. Doch wer es war, interessierte sie nicht. Viel spannender war für die Freunde, ob die Schanze, die sie aus zwei Buchdeckeln gebaut hatten, funktionierte. Kajetan versuchte das Schanzen als erster. Doch sein Auto hatte zu wenig Schwung, es erreichte nicht mal die Bücher-Schanze.

»Es ist mir egal, was Sie hier wollen. Solange mein Mann nicht daheim ist, kommen Sie nicht in die Wohnung.« Frau Geißlers Stimme hörte sich sehr energisch an. So streng kannte Kajetan die nette Frau Geißler nicht. Heiner und Kajetan schauten von ihrem Spiel auf und lauschten. »Aber, Frau Geißler, das ist eine Anordnung…«, sagte eine tiefe Männerstimme.
»Ach, lassen Sie mich mit Ihrer Anordnung in Frieden«, erwiderte Frau Geißler barsch.

Neugierig öffneten die Jungs die Kinderzimmertür einen Spalt. Sie konnten Frau Geißler sehen, die an der Wohnungstür stand. Und sie sahen einen Mann in Uniform und schweren Stiefeln. Als Kajetan den Mann erkannte, erstarrte er. Es war der Ortsgruppenleiter der Nationalsozialisten, einer der mächtigsten Männer von Ravensburg. Mit diesem einflussreichen Mann redete Frau Geißler in so einem barschen Ton? Frau Geißler war mutig.

»Ich möchte, dass Sie jetzt gehen und – wenn überhaupt – dann heute Abend wiederkommen«, sagte Frau Geißler etwas leiser, aber immer noch sehr bestimmt. Heiner kannte diese Stimmlage seiner Mutter, die keinen Widerspruch duldete, nur zu gut.

Doch der Ortsgruppenleiter ließ sich nicht so leicht abwimmeln. »Anordnungen sind …«, schrie er empört. Er war es nicht gewohnt, dass man sich ihm und seinen Befehlen widersetzte.

Frau Geißler wollte diesen Menschen unter keinen Umständen in die Wohnung lassen. Blitzschnell stemmte sie die Arme an seine Brust. Energisch und kraftvoll schob sie den Nazi ein paar Schritte zurück und schloss sofort die Wohnungstür. Mit solch einem Schub hatte der Ortsgruppenleiter nicht gerechnet. Er taumelte rückwärts, verlor das Gleichgewicht, dann war nur noch Gepolter zu hören. Der Ortsgruppenleiter fiel die Treppe hinunter. Das konnten Frau Geißler und die Jungs, die zu ihr gerannt kamen, durch die Glastüre beobachten. Erschrocken drückte Frau Geißler die Hände auf ihren offenen Mund. Entsetzen stand in ihren Augen. Sie hatte einen der wichtigen Nazis von Ravensburg die Treppe hinuntergestoßen. Unabsichtlich zwar, aber das konnte Ärger geben. Frau Geißler zog die Jungs von der Türe weg, alle drei lauschten. Zum Glück hörten sie, wie sich der Ortsgruppenleiter schimpfend aufrappelte und ging. Es war ihm also nichts Schlimmeres passiert.

»Ab ins Kinderzimmer mit euch.« Frau Geißler schob die beiden durch die Zimmertür.

Kajetan und Heiner schauten sich an. Plötzlich konnten sie nicht anders als lachen. Heiner war sehr stolz auf seine Mutter. Das geschah dem Ortsgruppenleiter nur recht, schließlich hatte er vor ein paar Tagen seinen Vater auf der Straße angebrüllt.

»Ist das sehr schlimm, was deine Mutter getan hat?«, fragte Kajetan nach einer Weile besorgt.

Heiner zuckte mit den Schultern.

»Bekommt sie Ärger?«

Heiner zuckte erneut mit den Schultern.

Aus dem Wohnzimmer drangen Klaviertöne ins Kinderzimmer. Frau Geißler versuchte sich abzulenken – oder zu beruhigen.

Kajetan musste die ganze Zeit daran denken, was Frau Geißler mit dem Ortsgruppenleiter gemacht hatte. Abends erzählte er die Neuigkeit im Wagen. Karl und Hubert klatschten vor Freude. Und die Mutter ließ – seit langem mal wieder – ihr ansteckendes Lachen hören. Allen gefiel es, dass der Ortsgruppenleiter einen Denkzettel verpasst bekommen hatte. Auch der Vater hob mit einem anerkennenden Nicken den Kopf. Nur die ängstliche Zäzile drückte, wie am Nachmittag Frau Geißler, erschrocken die Hand vor den Mund.

»Hoffentlich passiert ihr nichts«, sagte Hildegard. Sie mochte Frau Geißler, weil diese ihrem Bruder Kleidung geschenkt hatte und ihm jeden Tag ein Vesperbrot gab.

»Ist der Ortsgruppenleiter noch einmal bei euch gewesen?«, fragte Kajetan seinen Freund am nächsten Morgen besorgt.

Heiner nickte. Er wirkte sehr blass.

»Was hat er gesagt? Was ist passiert?«

»Ich weiß es nicht. Sie haben mich ins Kinderzimmer geschickt. Mein Vater und der Ortsgruppenleiter wurden laut, aber ich hab trotzdem kein Wort verstanden. Später wollten mir die Eltern nichts erzählen. Es sei alles in Ordnung, haben sie gesagt. Aber ich glaub ihnen nicht.«

Wissend verzog Kajetan das Gesicht. Er kannte dies nur zu gut, auch seine Eltern erzählten ihm oftmals nicht die ganze Wahrheit. Oder sie sagten, er sei zu klein dafür, er würde es nicht verstehen.

Keine Zukunft für Hubert

In diesem feuchten Herbst bekam Herr Weber starke Herzschmerzen. Er musste ins Krankenhaus. Frau Weber besuchte ihn täglich, Kajetan begleitete sie oft. Aber noch häufiger kümmerte er sich um die Hasen und was sonst noch an Arbeit anfiel.

»Kajetan, ist der Gemüsegarten umgegraben? – Sind die Hasenställe ausgebessert?«, fragte Herr Weber von seinem Krankenbett aus. »Ist denn der Garten schon umgegraben?«, wiederholte er.

Kajetan nickte. Er nickte immer, damit sich Herr Weber zufrieden in sein Kissen fallen lassen konnte und nicht aufregen musste, wenn das ein oder andere noch nicht erledigt war. Aufregung sei Gift für ihn, trichterte ihm Frau Weber jedes Mal auf dem Weg zum Krankenhaus ein. In der Zeit entdeckte Kajetan einige Veränderungen an Herrn Weber. Sein sonst so tadellos rasiertes Kinn zeigte viele graue Stoppeln. Auf seinen Händen kamen mehr und mehr braune Flecken zum Vorschein. Herr Weber wurde dünner und irgendwie wirkte er in dem großen, weißen Bett kleiner und unscheinbarer als daheim beim Mittagessen am Küchentisch. Aber das Auffälligste war, dass seine Nase bei jedem Besuch spitzer aussah. Kajetan musste unentwegt auf die Nase starren.

Seitdem er so viel bei den Webers half, wollte Kajetan Bauer werden. Ihm gefiel die Arbeit auf dem Hof und den Feldern. Es war schön zu ernten und zu säen; die Ställe auszumisten gehörte zwar nicht zu seinen Lieblingsaufgaben, aber die Hasen zu füttern und zu sehen, wie sie heranwuchsen, machte ihm Freude. Hasenbraten war immer noch sein Lieblingsessen. Hubert hatte zwar neulich verwundert gefragt, wie das zusammenpasse, dass Kajetan die Hasen pflege und später Hasenbraten essen könne. Kajetan hatte nur mit den Schultern gezuckt, denn für ihn passte das zusammen. Vielleicht musste man als Bauer so denken.

Huberts Fähigkeiten gingen in eine andere Richtung. Sein Lehrer hatte bereits früh erkannt, dass Hubert sehr intelligent war. Immer wieder meinte der Lehrer, dass Hubert doch weiter lernen und die Mittlere Reife machen sollte. Nichts wollte Hubert lieber als lernen und einen höheren Schulabschluss erreichen. Tagelang lag er damit seinen Eltern in den Ohren.

Die Mutter meinte: »Ich hab noch nie gehört, dass ein Sinto die Mittlere Reife gemacht hat. Und schon gar nicht in diesen schlechten Zeiten.«

»Doch, der Herr Lehrer hat mir sogar von Sinti erzählt, die das Abitur geschafft und Rechtswissenschaften studiert haben.«

Ungläubig schüttelte die Mutter den Kopf.

Hubert hatte einen großen Traum – er wollte Arzt werden. Sein Lehrer klärte ihn auf, dass er dafür erst mal die Mittlere Reife und danach das Abitur bestehen müsse. Dann könne er Medizin studieren. Nachts träumte Hubert oft davon, wie er in einem weißen Kittel im Krankenhaus von Bett zu Bett ging und Kranke heilte.

Der Vater, der von der schweren Arbeit im Steinbruch völlig erledigt am Tisch saß, sagte: »Er kann's doch probieren. Ist doch tausend Mal besser, als im Steinbruch zu schuften.«

»Das heißt, ich darf mich anmelden?« Hubert war aus dem Häuschen, schaute aber vorsichtshalber zur Mutter. Seit der Vater sich abends todmüde nach Hause schleppte und seit seine Magenbeschwerden immer schlimmer wurden, überließ er fast alle Entscheidungen seiner Frau.

»Von mir aus«, lenkte die Mutter ein. »Musst aber fleißig lernen.«

Hubert war aufgesprungen und fiel seinen Eltern glücklich um den Hals.

Am nächsten Tag berichtete er seinem Lehrer voller Freude von der Zusage der Eltern. »Sie erlauben es! Sie erlauben es wirklich.«

Das Gesicht seines Lehrers sah überhaupt nicht fröhlich aus.

»Freuen Sie sich gar nicht?«, meinte Hubert verwirrt.

Langsam schüttelte der Lehrer den Kopf.

»Sind meine Noten doch zu schlecht?«

»Deine Noten sind ausgezeichnet, Hubert. Du würdest die Mittlere Reife mit links schaffen. Es ist etwas anderes. Auf dem Schulamt haben sie gesagt, dass ein Zigeuner heutzutage keine Mittlere Reife braucht. Und Abitur schon gar nicht.«

»Was?« Hubert hatte das Gefühl, jemand hätte ihm einen Schlag in den Magen versetzt.

»Es tut mir so leid, Hubert«, erwiderte der Lehrer.

»Was, was soll ich dann machen?« Alle Hoffnungen, alle Träume vom Arztberuf waren mit einem Mal zerstört. Ohne Mittlere Reife kein Abitur, ohne Abitur kein Studium.

»Zurzeit gibt es nur eine Möglichkeit für Zigeuner.« Die Stimme des Lehrers war kaum noch hörbar. Er flüsterte: »Zwangsarbeit.«

»In den Steinbruch – wie mein Vater?« Hubert musste sich setzen.

Der Lehrer zuckte resigniert mit den Schultern. »Es tut mir sehr, sehr leid.«

Tränenüberströmt und mit hängendem Kopf saß Hubert abends im Wagen.

»Scheiß Nazis! Scheiß Hitler!«, rief sein Bruder Karl und ballte die Fäuste. Heute hätte er diesen Hitler zu gerne zu einem Boxkampf herausgefordert.

»Sei still, Junge«, zischte die Mutter entsetzt. »Denken darfst du das, aber aussprechen solltest du es nie. Hörst du? Niemals! Das ist zu gefährlich!«

Wieder einmal herrschte im Wagen große Traurigkeit. Weder der Vater noch sonst einer aus der Familie hatte die Kraft, seine Geige hervorzuholen und zu spielen. Hubert, die frühere Leseratte, die sich ständig Bücher aus der Bücherei geliehen hatte, nahm kein Buch mehr in die Hand. Er hatte nie besonders viel geredet, da ähnelte er seinem Vater. Jetzt sprach er fast kein Wort mehr.

Abschied für immer?

Kajetan und Oberlehrer Bucher hatten ein stillschweigendes Abkommen: Solange der Junge ohne zu murren in der letzten Schulbank saß, ließ der Lehrer ihn in Ruhe. Kajetan hatte gelernt, dass es so etwas wie ein ungeschriebenes Gesetz gab: Er durfte sich viel weniger erlauben als alle anderen in der Klasse.

Fritz verlor zunehmend das Interesse an Kajetan. Seit er in den Ravensburger Fußballverein FV 1893 eingetreten war und dort in den ersten beiden Spielen gleich drei Tore geschossen hatte, schien er sich nicht mehr für Zigeuner zu interessieren. Wie ein König, der seinen Hofstaat bei sich hatte, stolzierte Fritz mit seinen Freunden über den Schulhof. Er schenkte Kajetan höchstens mal einen abschätzigen Blick oder schimpfte ihn einen Untermenschen, sonst war er damit beschäftigt, wieder und wieder von seinen Toren zu schwärmen. Andernfalls wäre es sicherlich ein gefundenes Fressen für Fritz gewesen, hätte er erfahren, dass der kluge Hubert nun im Steinbruch schuften musste.

An diesem Nachmittag, Anfang November, trafen sich Heiner und Kajetan vor dem Brunnen in der Hindenburgstraße. Ein eisiger Wind fegte das Laub vom Bürgersteig.

Die Luft prickelte kalt in Heiners Gesicht. Er zog den Kragen seiner Jacke hoch und wartete ungeduldig auf Kajetan, der Frau Weber noch beim Abtrocknen half. Frau Weber hatte es nämlich eilig, sie wollte ihren Mann im Krankenhaus besuchen.

Heiners schmales Gesicht wirkte heute noch schmaler. Er war bleich und seine hellblonden Haare waren zerzaust.
»Was ist los?« Kajetan erkannte sofort, dass mit seinem Freund etwas nicht stimmte. »Bist du krank?«
»Ich muss dir was sagen. – Aber nicht hier.«
Kajetan schaute seinen Freund fragend an. So verstört hatte er Heiner noch nie gesehen.
»Jetzt fängt es auch noch zu regnen an«, meinte dieser mit weinerlicher Stimme und hob hilflos die Arme.
»Lass uns in die Scheune gehn. Bei den Kartoffelsäcken haben wir Ruhe«, schlug Kajetan vor. Sie rannten zur Scheune. Einerseits platzte Kajetan fast vor Neugier, andererseits hatte er das Gefühl, dass Heiner etwas Unerfreuliches zu berichten hatte. Etwas sehr Unerfreuliches, das er gar nicht hören wollte.
In der Scheune roch es nach fauligen Äpfeln, die Herr Weber sonst einmal in der Woche sorgfältig aussortierte. Kajetan hatte diese Arbeit zwar übernommen, aber in irgendeiner Ecke versteckte sich immer ein fauliger. Zu den Äpfeln kam der Geruch von lehmiger Erde und Kartoffeln. Für die Buben duftete es nach Heimat. Im Schneidersitz setzten sie sich auf die rauen, leeren Kartoffelsäcke. Heiner sog die Luft ein, als müsse er mit dem Atemzug Energie und Mut einatmen, um die Neuigkeit zu verkünden.
»Wir ziehen um«, presste er hervor. »Nach Tuttlingen. – Ich will da nicht hin. Ich will hierbleiben. Bei dir.«

Kajetans Augen weiteten sich. Er musste mehrmals hintereinander schlucken. Sofort schoss ihm ein Gedanke in den Kopf. »Hat das was mit dem Ortsgruppenleiter zu tun?«

»Ich weiß nicht. Die Eltern erzählen mir nichts. Sie sagen, es ist besser, wenn ich nichts weiß. Neulich aber hab ich an der Tür gelauscht, da hab ich das Wort ›strafversetzt‹ gehört. Ich weiß nicht, ob das damit zu tun hat«, entgegnete Heiner kleinlaut. »Ist ja auch egal. – Wir ziehen in dieses Tuttlingen. Ich weiß nicht mal, wo das ist.«

»Ich auch nicht.« Mehr konnte er nicht sagen. Kajetans Kopf weigerte sich, die Vorstellung aufzunehmen, dass sein bester Freund nicht mehr mit ihm die Tage verbringen sollte. Auf einmal fühlte er sich miserabler, als hätte ihm Heiner gesagt, es würde nie wieder Weihnachten geben.

»Wann, wann ist es denn soweit?«

»In ein paar Wochen oder ein paar Tagen. Bald. Genau weiß ich's nicht. Sie sagen ja nichts.« Heiner schaute verwirrt und traurig drein, dann flossen die Tränen. Ein paar Sekunden später musste auch Kajetan weinen. Beide hatten das Bedürfnis, die Nähe des anderen zu spüren. Sie legten sich eng nebeneinander auf die Kartoffelsäcke. Zwei Körper aneinandergeschmiegt, die sich unter Tränen schüttelten. Das Kratzen der Säcke war unangenehm, aber es passte zu der furchtbaren Nachricht. Mit jeder Minute, die sie länger zusammen lagen, kapierte Kajetan die Neuigkeit ein bisschen mehr, als könnte sein Verstand diese traurige Mitteilung nur häppchenweise verarbeiten. Mit wem, wenn nicht mit Heiner, sollte er in Zukunft spielen? Mit wem, wenn nicht mit Heiner, sollte er zur Schule gehen? Mit wem, wenn nicht mit Heiner, sollte er seine Ferien verbringen? Von wem sollte er in Zukunft sein Pausenbrot bekommen? Mit wem, wenn nicht mit Heiner, konnte er alles besprechen? Wie sollte ein Leben ohne Heiner überhaupt funktionieren? Es konnte nicht funktionieren!

»Vielleicht ist Tuttlingen gar nicht so weit. Vielleicht kann ich mir ein Fahrrad ausleihen und dich besuchen.« Kajetan suchte nach einem winzigen Hoffnungsschimmer.

»Es ist weit – das haben sie mir gesagt, und du kannst doch gar nicht Fahrrad fahren«, flüsterte Heiner.

»Vielleicht wenn wir in die Kirche gehen und beten, vielleicht musst du dann doch nicht weg.«

»Wir können es versuchen«, willigte Heiner ein. Aber so richtig wollte er nicht daran glauben, dass es etwas nützen würde. Kajetan auch nicht, doch er hatte das Verlangen, irgendetwas zu unternehmen, um den Umzug zu verhindern. Und an irgendetwas wollte er sich klammern, damit das Schreckliche doch nicht eintreten würde.

»Ich warte nicht bis zum Gottesdienst am Sonntag. Ich werd gleich nachher dafür beten«, sagte er bestimmt.

Sie überlegten noch eine Weile, ob sich nicht noch eine andere, eine richtig gute Möglichkeit fände, den Umzug zu verhindern. So sehr sie sich auch den Kopf zermarterten, eine wirklich zündende Idee war nicht dabei.

»Wir müssen es uns ganz fest wünschen«, schlug Kajetan fast schon verzweifelt vor. Es war das Einzige, was ihm noch einfiel.

Sein Freund schloss die Augen, um sich auf den Wunsch zu konzentrieren. Kajetan tat es ihm gleich: Heiner soll in Ravensburg bleiben! Nichts auf der Welt wünsche ich mir mehr! – Schweigend wiederholte er die beiden Sätze noch einige Male. Er konzentrierte sich völlig auf den

Wunsch. Als er wieder die Augen öffnete, konnte er in Heiners Blick so etwas wie Zuversicht aufblitzen sehen. Trotzdem schlurften sie traurig durch den Regen zur Kirche. Sie war geschlossen.

»So ein verfluchter Mist aber auch! Dann bete ich vorm Einschlafen. Und morgen früh gleich noch einmal«, sagte Kajetan entschlossen. »Und fortan jeden Tag.«

»Ich auch.«

Pitschnass verabschiedeten sich die Freunde voneinander. Heiner wackelte noch einmal mit den Ohren. Kajetan musste – wie jedes Mal – grinsen.

»Bis morgen.«

»Ja, bis morgen, Heiner.«

Auf dem Weg zum Wagen überlegte Kajetan, was er noch mit Heiner unternehmen wollte. Ihm fiel nichts Besonderes ein. Er wollte einfach so wie immer mit seinem Freund zusammen sein. Bei dem Gedanken, dass das bald nicht mehr möglich wäre, konnte Kajetan das Weinen nicht mehr unterdrücken. Tränenüberströmt kam er daheim an. Doch er war vom Regen so durchnässt und tropfte von oben bis unten, dass niemand die Tränen erkennen konnte. Selbst wenn sie es gesehen hätten, hätte keiner davon Notiz genommen. Denn im Wagen herrschte ein wahres Durcheinander.

»Da bist du ja endlich, Banzari«, empfing ihn die Mutter ungeduldig.

Kajetan sah, dass auch sie geweint hatte. Genauso wie Hildegard und Zäzilie.

»Was ist denn los?«, fragte er verstört.

»Pack deine Sachen zusammen. Wir müssen umziehen«, meinte die Mutter und kämpfte erneut mit den Tränen.

»Was?« Kajetan kam sich vor, als würde er den heutigen

Nachmittag noch einmal erleben. Doch dieses Mal war es nicht Heiner, der von Umzug sprach, sondern die Mutter. »Wohin?«

»Nun steh nicht so rum und frag blöd, sondern raff deine Siebensachen«, meinte Hildegard ungewöhnlich barsch.

Kajetan schaute sie verwirrt an. Ein winziger Hoffnungsschimmer keimte in Kajetan auf. »Ziehen wir auch nach Tuttlingen?«

»Tuttlingen? Was ist denn in dich gefahren?«, fragte Karl, dessen sonst so bleiches Gesicht vor Ärger und Angst gerötet war.

»Ich dachte, weil der Heiner …«

»Nein, Banzari, wir ziehen nicht nach Tuttlingen. Sie schicken uns an den Rand von Ravensburg, zum Ummenwinkel«, sagte die Mutter nun mit sanfter Stimme. Sie wollte ihren Jüngsten nicht noch mehr beunruhigen und verunsichern. »Dort haben der Bürgermeister, der Gemeinderat und der Ortsgruppenleiter Hütten für uns bauen lassen. Unseren Wagen können wir nicht mitnehmen. Alle Sinti aus Ravensburg und Umgebung sollen in Zukunft dort wohnen.«

»Aber, du wolltest doch nie bei den anderen sein«, erwiderte Kajetan fassungslos. »Deshalb wohnen wir doch in der Hindenburgstraße – und nicht beim Lagerplatz der anderen Sinti. Das hast du immer gesagt.«

Die Mutter nickte betrübt und berichtete mit leiser Stimme. »Man hat uns nicht gefragt. Der Ortsgruppenleiter und seine Helfer haben es befohlen. Morgen bei Tagesanbruch müssen wir dort sein, sonst kommt die Polizei und sperrt uns ins Gefängnis.«

»Aber wir wohnen doch schon immer hier. Warum darf der Ortsgruppenleiter bestimmen, wo wir wohnen? Ich muss doch den Webers helfen. Wer soll denn sonst die Hasen versorgen?« Hunderte von Fragen schossen Kajetan gleichzeitig durch den Kopf.

»Bitte Banzari, mach es nicht noch schwerer«, bat die Mutter.

Es klopfte. Im Wagen wurde es totenstill, alle schauten sich ängstlich an. Und alle hielten die Luft an. Der Vater öffnete die Wagentür.

»Entschuldigen Sie die späte Störung«, sagte Frau Weber zur Begrüßung.

Die Erleichterung auf den Gesichtern war den Reinhardts anzusehen. Jeder hatte mit dem Schlimmsten gerechnet. Was das Schlimmste wäre, das hätte allerdings keiner von ihnen sagen können. Es war ein unbestimmtes, aber schreckliches Gefühl, wie eine sich anbahnende Katastrophe.

Kajetan stürzte sich in Frau Webers Arme. Schnell bugsierte der Vater sie in den Wagen. Bevor er die Türe zuzog, schaute er nach draußen, ob jemand sie beobachten würde. Vielleicht wäre es für Frau Weber gefährlich, sich bei den Reinhardts blicken zu lassen. Wer wusste das heutzutage schon?

»Wir müssen umziehen. Und der Heiner auch«, berichtete Kajetan aufgeregt, während er noch immer in Frau Webers Armen lag und sein Herz gegen ihren Bauch pochte.

»Ich weiß, mein Junge. Darum bring ich ein paar Sachen«, sagte Frau Weber. Auch sie hatte Tränen in den Augen. Zur Mutter gewandt meinte sie: »Ich hab ein paar Wolldecken mitgebracht und ein paar Sachen von meinem Mann. Er hat im Krankenhaus so abgenommen, die werden ihm nicht mehr passen. Wenn Sie wollen, können Sie auch ein Schränkchen von uns mitnehmen und das weinrote Sofa.«

»Vielen Dank, Frau Weber. Sie waren immer so gut zu uns«, sagte die Mutter. »Das vergessen wir Ihnen nie.«

Frau Weber schaute voller Kummer zu Kajetan.

»Ist der Ummenwinkel weit weg?«, fragte er.

»Am anderen Ende der Stadt. Der Ummenwinkel liegt direkt am Ufer der Schussen, dort bist du doch so gern«, erwiderte Frau Weber traurig.

»Aber wie soll ich denn dann die Hasen füttern?«

»Du guter Junge, du. Denkst sogar jetzt noch an die Hasen.« Frau Weber zog geräuschvoll die Nase hoch. »Es wird sich schon eine Lösung finden.«

Der Vater hatte bislang kein Wort gesagt.

Frau Weber bot ihm nun an: »Ich kann Ihnen unseren Karren für den Umzug geben.«

»Vergelt's Gott«, sagte der Vater. »Wir haben schon hin- und herüberlegt, wie wir unser Hab und Gut zum Ummenwinkel schaffen können.«

»Ich wünsch euch alles Gute.«

»Das können wir gebrauchen«, sagte der Vater zum Abschied. Er nahm die rechte Hand der alten Frau in beide Hände und drückte sie herzlich. »Ich werd nie vergessen, was Sie und Ihr Mann für unseren Jungen getan haben.«

»Ist schon recht, Herr Reinhardt. Er ist ein guter Junge, und wir hatten viel Freude mit ihm.«

Mit diesen Worten stellte Frau Weber einen Sack auf den Tisch, den sie gleich an der Tür abgestellt hatte. Der Sack bewegte sich. Kajetan wusste sofort, was im Sack war: »Hasen, Sie bringen uns Hasen«, rief er freudig aus.

Frau Weber nickte. »Bitte nehmen Sie die zwei mit in den Ummenwinkel. Im Frühjahr gibt's sicherlich Junge.«

»Ihr Hasenbraten hat uns immer vorzüglich geschmeckt, liebe Frau Weber«, bedankte sich der Vater erneut.

Kajetan schmiegte sich an Frau Weber. Am liebsten würde er die alte, etwas gebrechliche Frau, die er so sehr mochte, nie wieder loslassen. »Frau Weber, sehen wir uns wieder?«, fragte Kajetan vorsichtig.
Er hörte, wie sie tief einatmete: »Aber ja, mein Junge. Natürlich. Du ziehst doch nur in den Ummenwinkel und nicht auf den Mond.«
Das beruhigte Kajetan ein klein wenig.
»Hier, das ist für dich«, sagte Frau Weber dann mit feierlicher Miene und zog die Uhr mit dem schwarzen Lederarmband und dem weißen Ziffernblatt heraus, die Kajetan damals, als er sich mit Webers Schmuck behängte, übergestreift hatte. Vor Überraschung brachte Kajetan kein Wort heraus.
»Pass gut auf sie auf. Sie soll dich an uns erinnern. Und ich soll dich von meinem Mann grüßen. Er freut sich, wenn du die Uhr trägst.«
Kajetan spürte die Tränen hochsteigen. Frau Weber umarmte Hildegard und Kajetan, drückte allen anderen zum Abschied die Hand, versuchte sich vergeblich an einem aufmunternden Lächeln, schniefte und winkte noch einmal. Dann öffnete der Vater die Tür, schaute, ob niemand in der Nähe war, gleich darauf war Frau Weber in der Dunkelheit verschwunden.

Als er zwischen seinen Eltern im Bett lag, kuschelte er sich eng an die Mutter und war gerade am Einschlafen, als ihn etwas kerzengerade im Bett sitzen ließ.
»Was ist los, Banzari?«, fragte die Mutter flüsternd. Sie

war entsetzlich müde, an Schlaf war trotzdem nicht zu denken. Sie machte sich große Sorgen um die Zukunft ihrer Familie.

»Der Heiner weiß noch nicht, dass wir umziehen. Mutter, ich muss es unbedingt dem Heiner sagen«, bat er eindringlich.

»Der Heiner schläft«, entgegnete die Mutter. »Und das solltest du nun auch tun.«

»Dann muss ich's ihm morgen sagen. Wenn ich ihn zur Schule abhole.«

»Das wird nicht gehen, kleiner Banzari«, sagte die Mutter leise und streichelte sanft seinen Rücken. »Du wirst in eine andere Schule gehen. Die Möttelinschule ist zu weit vom Ummenwinkel entfernt.«

Kajetan wurde ärgerlich. »Ich möchte aber nicht in eine andere Schule. Ich will beim Heiner sein. Wir gehören zusammen.«

Dann fiel ihm ein, dass Heiner auch nicht mehr lange in die Möttelinschule gehen würde. Einen Augenblick dachte er nach. »Mutter, dann muss ich es dem Heiner morgen früh sagen. Er muss doch erfahren, wohin wir gehen. Unbedingt.«

Die Mutter streichelte ihren Sohn immer noch, gab aber keine Antwort. Nur durch das Zucken ihres Körpers ahnte Kajetan, dass sie weinte. Er schmiegte sich noch enger an sie. Der Vater lag auf dem Rücken, die Hände unterm Kopf verschränkt. Er starrte in der Dunkelheit. Obwohl er durch die schwere Arbeit im Steinbruch erschöpft war, fand er in dieser Nacht, der letzten Nacht im Wagen, keinen Schlaf.

Sehr früh am Morgen, eigentlich noch mitten in der Nacht, wurde Kajetan geweckt. Der Vater, Hubert und

Karl hatten bereits die wenigen Möbel, die sie in den Ummenwinkel mitnehmen konnten, auf den Karren der Webers geladen. Kajetan schnappte seinen Ranzen, stopfte zu den Schulsachen noch seine wenigen Kleider, zog die Armbanduhr auf, hängte sich die Gitarre um und war bereit.

»Hier, trink noch einen Schluck.« Hildegard reichte ihm eine Tasse mit Wasser.

Gehorsam leerte Kajetan die Tasse und fühlte sich danach etwas munterer. Kajetan schaute sich ein letztes Mal im Wagen, in seinem Zuhause, um. So ohne Matratze sah die Bettstatt leer und unbequem aus. Die Bank, die am Wagen festgeschraubt war, ragte einsam aus der Wand. Der Tisch, die zwei Stühle, das Wäscheschränkchen und sogar der kleine Ofen waren bereits auf dem Karren verstaut. Selbst das Ofenrohr nahmen sie mit. Ob es in den Baracken einen Ofen gab, das hatte man ihnen nicht gesagt. Nur mit Bettstatt und Bank wirkte der Wagen viel größer als noch vor einer Stunde. Dann löschte die Mutter die Petroleumlampe und sperrte die Tür zu.

Die Luft draußen war schneidend kalt wie das Wasser eines Gebirgsbaches. Kajetan fror, schnell knöpfte er seine Jacke zu und schlug den kleinen Kragen hoch.

»Los, du packst hinten mit an«, bestimmte Karl.

Hubert und Vater zogen vorne am Karren, Karl und Kajetan schoben hinten. Die Mutter und die Schwestern gingen mit Taschen beladen neben ihnen her. Zäzilie trug die beiden Hasen. Sie drückte sie fest an sich. Die Hasen wärmten die dünne Zäzilie ein bisschen. Kajetan war froh, dass er den Karren schieben konnte, so wurde ihm wenigstens warm.

»Ich muss es dem Heiner sagen«, murmelte Kajetan vor sich hin.

»Was sagst du?«

»Karl, ich muss dem Heiner sagen, dass wir fortgehen. Er wartet doch, dass ich ihn nachher abhole.«

»Der Heiner schläft bestimmt noch«, entgegnete der große Bruder.

»Aber, verstehst du nicht, mein Freund muss das doch wissen.« Kajetan war verzweifelt.

Als sie nach ein paar Minuten am Haus der Geißlers vorbeikamen, wusste sich Kajetan nicht anders zu helfen. »Heiner, wir müssen fort. In den Ummenwinkel. Ich kann dich nicht abholen«, brüllte er so laut er konnte. »Heiner, wir müssen fort!«

»Sei still, du weckst ja alle auf!«

Genau das wollte er. Alle, vor allem aber Heiner sollten hören, dass sie wegmussten.

»Auf Wiedersehen, Heiner«, brüllte er in den zweiten Stock hinauf. »Ich besuch dich bald. Auf Wiedersehen!«

Alles blieb still und dunkel.

»Er hat es nicht gehört«, sagte Kajetan enttäuscht.

»Bestimmt hat er's gehört. Du hast so laut gebrüllt wie ein Löwe.« Karl wollte seinen kleinen Bruder trösten.

»Aber dann wäre er doch ans Fenster gekommen.«

»Vielleicht war er zu müde oder zu faul, oder er hat das Fenster nicht aufbekommen«, entgegnete Karl.

Kajetan glaubte ihm nicht.

Der Ummenwinkel - ein Lager für Zigeuner

Mit jedem Meter, den sie sich aus der Hindenburgstraße entfernten, wurde Kajetan trauriger. Er dachte an seinen Wunsch, den er gestern noch unbedingt erfüllt haben wollte: Heiner soll in Ravensburg bleiben! – Was nützte dieser Wunsch nun? Was nützten alle Gebete? Selbst wenn Heiner in Ravensburg bleiben würde – was er natürlich nicht tat – selbst dann wäre nichts mehr so, wie es noch gestern war.

Kurz bevor der Morgen dämmerte, kamen sie am Ufer der Schussen an. Sie zogen und schoben den Karren noch einen Kilometer den matschigen Feldweg entlang. Kajetan hatte immer noch die Gitarre umhängen, er musste aufpassen, dass sie beim Schieben nicht gegen den Wagen stieß und beschädigt wurde. Hier am Fluss war es feuchtkalt. Was Kajetan in der beginnenden Dämmerung erkennen konnte, waren die Büsche des Schussenufers, Brennnesseln und ein Platz, groß wie ein Fußballfeld. Als sie näherkamen, entdeckte er auf dem Platz Holzbaracken, die aus einzelnen Brettern zusammengenagelt waren – nebeneinander aufgereiht wie Perlen an einer Schnur. Zu den Hütten, die alle gleich aussahen, führten jeweils drei

Stufen hinauf. Das war der Ummenwinkel. Hier würden sie wohnen müssen.

Vor einer der Hütten hatte sich eine Schlange gebildet. Sinti-Familien, die alle mit Sack und Pack warteten, bis man ihnen eine Hütte zuwies. Geduldig stellten sich die Reinhardts ans Ende der Schlange.

»Von mir aus kann's ewig dauern, bis das hier weitergeht«, sagte Hubert. »Dann müssen wir heute nicht mehr zum Steinbruch.«

»Hast Recht, mein Junge«, sagte der Vater nur. Dann wandte er sich zur Seite. Kajetan wusste, dass den Vater wieder diese entsetzlichen Magenschmerzen plagten. Doch er wusste auch, dass niemand ihn darauf ansprechen durfte. Jeder musste so tun, als hätte er nichts bemerkt, sonst wurde er fuchsteufelswild.

Trotzdem schlug die Mutter vor: »Nutz doch die Wartezeit, leg dich ein bisschen auf den Karren und ruh dich aus. Es gibt nichts zu tun, außer warten.«

Der Vater schüttelte nur den Kopf, sein Schnurrbart zuckte. Trotz der Kälte des Novembermorgens standen Schweißperlen auf seiner Stirn. Kajetan wollte dem Vater gerne helfen, aber er wusste nicht wie. Hilflos lächelte er ihn an. Außerdem beschäftigte ihn noch ein Gedanke: So langsam müsste Heiner auf ihn warten. Was würde sein Freund denken, wenn er nicht aufkreuzte?

»Kann ich schnell in die Hindenburgstraße flitzen und dem Heiner Bescheid sagen?«, bat er seine Mutter eindringlich.

Die schüttelte energisch den Kopf. »Banzari, zur Hindenburgstraße ist es weit. Bis du dort bist, ist der Heiner längst in der Schule.«

»Dann lauf ich eben zur Schule. Die warten doch auch auf mich.«

»Ach, Banzari, lieber, süßer Banzari«, antwortete die Mutter nur.

Mit so einer Antwort wusste Kajetan überhaupt nichts anzufangen. Seine Mutter schien nicht zu verstehen, wie wichtig es war, Heiner zu treffen.

»Weißt du, Banzari. Die Nazis wollen sehen, dass die ganze Familie hier einzieht«, fuhr die Mutter fort.

»Aber wir sind doch sowieso nicht vollzählig«, trumpfte Kajetan auf. »Emilie und Valentin fehlen.«

»Sie werden bald hier sein. Karl war gestern schon bei ihnen. Sie werden wieder bei uns wohnen«, entgegnete die Mutter.

Kajetan wusste nicht, ob er sich freuen sollte. Er hatte seine Geschwister so selten gesehen, dass es ihm eigentlich egal war, wo sie wohnten. Sie waren fast wie Fremde. Sein Blick fiel auf Zäzilie. Im Moment beneidete er seine Schwester. Zäzilie war ein stilles, verschlossenes Mädchen. Sie hatte keine Freundinnen, darum musste sie sich auch von niemandem verabschieden. Sie trug ihren olivgrünen Rock und den grauen Rollkragenpulli, darüber den abgetragenen hellbraun-tannengrünkarierten Mantel, der Hildegard zu eng geworden war. Zäzilie saß auf einem der Stühle, die beiden Hasen auf dem Schoß, streichelte und liebkoste sie. Das Mädchen schien die Welt um sich herum vergessen zu haben, sie sah zufrieden aus.

»Geschafft!«

Kajetan drehte sich um. Hinter ihnen reihte sich eine Frau mit vielen Kindern in die Schlange ein. Sie hatten zwei

Handkarren und ein paar Taschen dabei. Die Frau atmete ein paarmal hörbar aus, dann lächelte sie Kajetan zu.

»Ich bin Anna Schneck – und das hier sind meine Kinder: Mathilde, Hyacintha, Ewald, Roman, Edmund, Waltraud und der kleine Paul. Und wer bist du?«

»Kajetan Reinhardt – und das hier sind meine Eltern und meine Geschwister«, antwortete er. Dabei zeigte er mit dem Finger auf die einzelnen Familienmitglieder.

»Vielleicht werden wir Nachbarn, Kajetan«, sagte Frau Schneck. »Wo habt ihr denn bisher gewohnt?«

»In der Hindenburgstraße.«

»Ach darum kenn ich euch nicht. Wir waren meistens in Berg. Seit mein Mann gestorben ist, leben wir dort. Äh, lebten wir dort«, verbesserte sie sich.

Mathilde, das größte Schneck-Kind, entdeckte Zäzilie. Sofort stand sie neben ihr.

»Darf ich die auch mal streicheln?«

Zäzilie zuckte zusammen, als hätte sie jemand aus tiefen Träumen geweckt, dann nickte sie.

»Kannst du Fußball spielen?«, wurde Kajetan gefragt.

»Und ob«, antwortete er.

Vor ihm stand ein Junge, der etwas kleiner war als er. Er hatte ein schmales Gesicht, genauso wie Heiner, und auch dieselben abstehenden Ohren. Nur waren seine Haare pechschwarz und die Haut hellbraun.

»Kannst du mit den Ohren wackeln?«, fragte Kajetan zurück.

»Kannst du?«

»Nein, aber mein Freund, der Heiner kann's. Und der hat solche Ohren wie du.«

»Dann kann er's mir mal zeigen«, erwiderte der Junge.

»Kann er nicht. Er wohnt nicht hier in dem blöden Ummenwinkel«, antwortete Kajetan mit weinerlicher Stimme. »Er wohnt da, wo wir bis heute Morgen auch noch gewohnt haben.«

»Ich heiß Roman«, sagte der Junge, den Kajetans Klagen nicht so sehr interessierten, und streckte ihm die Hand entgegen, so wie es die Erwachsenen machten.

»Ich hab einen Ball – sollen wir kicken?«

Kajetan nickte. Ihm war inzwischen wieder kalt geworden – und die Warterei war langweilig.

»Das soll ein Ball sein?«, fragte er mit hochgezogenen Augenbrauen.

Roman hatte ein Knäuel aus Stofffetzen hervorgekramt, die mit Schnüren zusammengebunden waren. »Hast einen besseren?«

Kajetan schüttelte den Kopf und versuchte dann Roman den Ball abzujagen.

»Banzari, komm, wir sind dran«, rief die Mutter nach einer Weile. Sie musste dreimal rufen, bis Kajetan reagierte. Er war völlig ins Spiel mit Roman vertieft. »Ist gar nicht so schlecht, dein Ball«, meinte Kajetan mit Kennermiene.

Als Kajetan in die Baracke kam, hörte er Polizeimeister Glöckler in strengem Ton und mit wichtiger Miene sagen: »Da fehlen doch noch welche von euch Reinhardts.«

»Emilie und Valentin, die kommen demnächst«, antwortete der Vater mit fester Stimme. »Die waren beim Bauer Auermann untergebracht – zum Arbeiten.«

Polizeimeister Glöckler murmelte etwas Unverständliches vor sich hin. Es klang wohlwollend, schließlich fanden es alle Nazis gut, wenn die deutschen Bauern bei der

Arbeit unterstützt wurden. Die Zigeuner waren gern gesehene Arbeitskräfte, denn sie bekamen nur wenig Lohn und mussten dafür hart arbeiten. »So, so, beim Auermann«, sagte Glöckler nur. Dann blätterte er eine Weile in seinen Unterlagen, ohne aufzusehen sagte er tonlos: »Sie bekommen von der Stadt die Nummer zehn zugewiesen. Halten Sie die Hütte tadellos in Ordnung. Und noch was: Es gibt einen Brunnen im Lager, daraus können sie ihr Wasser pumpen. Bestes Wasser aus der Schussen. – Die nächsten.«

Kajetan rannte voraus und suchte die Nummer zehn. Die Hütte lag am Ende der zweiten Barackenreihe. Vor der Hütte, neben der Treppe, war ein Gartenzaun, für den kleinsten Garten der Welt. Er war höchstens einen Meter lang und einen halben breit.

»Hier ist es«, rief er den anderen winkend zu. Dann rannte er zurück, um beim Schieben des Karrens zu helfen.

Der Vater, als Familienoberhaupt, betrat als Erster die neue Unterkunft, gleich hinter ihm die Mutter. Danach drängelten sich alle, bis auf Zäzilie, die sich auf die Treppe setzte und die Hasen streichelte.

Die Hütte hatte zwei winzige Zimmer. Der Boden bestand aus Brettern, genauso wie die Wände und die Decke. In jedem Raum gab es ein kleines Fenster nach hinten und eins nach vorne.

»Es gibt einen Ofen«, sagte Karl als erstes.

»Unserer kommt trotzdem mit rein«, entschied der Vater und klopfte an die Bretterwände. »Sieht mir nicht so aus, als würden die Bretter gut gegen Kälte schützen.«

Die Männer luden die Habseligkeiten vom Karren ab, besonders achtsam waren sie bei den beiden Geigen, während die Frauen mit dem Einrichten beschäftigt waren. Nach zwanzig Minuten war alles erledigt.

»Wir müssen zum Steinbruch«, mahnte der Vater.

»Sollen wir zuvor nicht den Karren zurückbringen«, schlug Hubert vor. Er wollte die Schinderei so lange wie möglich hinauszögern. Sicherlich wussten die Aufseher, dass sie heute umziehen mussten.

»Mhm«, erwiderte der Vater einsilbig, auch er war nicht erpicht, sofort wieder ans Steine Klopfen zu gehen.

»Kann ich mitgehen?«, fragte Kajetan.

»Banzari, du gehst zur Schule«, ordnete die Mutter an.

»Aber ich weiß doch gar nicht, wo die neue Schule ist«, gab Kajetan zurück.

»Das finden wir raus«, meinte die Mutter und lächelte.

»Aber ich komm doch sowieso zu spät. Dann ist es doch besser, ich geh erst morgen hin.«

Die Mutter verstand, dass ihr Jüngster nach all den Veränderungen nicht sofort in die neue Schule wollte. »Na gut, morgen. Dann suchen wir jetzt den Brunnen.« Sie drückte Kajetan zwei Eimer in die Hand und nahm selbst zwei Schüsseln. Damit war seine Frage beantwortet: Er durfte nicht mit zu den Webers, um den Karren zurückzubringen.

Zäzilie saß immer noch auf der Treppe. »Der Hasenstall ist hinter der Baracke, Zäzilie«, sagte die Mutter sanft. Sie freute sich, dass ihr fast schon scheues Mädchen so viel Gefallen an einem Hasen fand.

Am Brunnen gab es eine Pumpe, die das Wasser in einen Trog beförderte. Die Mutter stellte ihre Schüsseln in den Trog. Kajetan griff die Metallstange der Pumpe und bewegte sie rauf und runter. Wie beim Brunnen in der

Hindenburgstraße, dachte er. Bei »Hindenburgstraße« dachte er sofort an Heiner. Heiner! Ob er schon wusste, dass sie jetzt hier im Ummenwinkel wohnen mussten? Vielleicht hatte es ihm Frau Weber gesagt. Und ob es Herr Weber im Krankenhaus schon wusste? Kajetan pumpte mit aller Kraft, es tröstete ihn in seinem Kummer. Beim Pumpen bildete er sich ein, Heiner würde gleich um die Ecke biegen.

»Grundgütiger!«, riss ihn die Mutter aus seinen Vorstellungen. »Im Wasser schwimmen rote Würmer. Das können wir doch nicht trinken!«

»Es ist das einzige Wasser, das es gibt«, erwidert eine Frau neben ihr. »An manchen Tagen sind halt Würmer drin, aber das ist nicht schlimm«, erklärte sie und fügte hinzu: »Wenn Sie sich bitte beeilen. S'ist zu kalt, um lang zu warten. Und s'gibt nur diesen Brunnen für uns alle.«

Die Mutter nickte erst der Frau besänftigend, dann Kajetan auffordernd zu. Der pumpte so schnell er konnte. Angeekelt schleppten sie das Wasser zur Baracke.

Roman winkte ihnen schon von weitem, rannte zur Mutter und nahm ihr eine der schweren Schüsseln ab. Die war hoch erfreut.

»Wir sind Nachbarn«, sagte Roman strahlend.

Und auch Kajetan war zufrieden. Roman war in Ordnung. Zwar nicht so nett wie Heiner, so nett konnte keiner sein, aber ganz nett.

»Kommst du nachher mit zur Schussen, Banzari?«, fragte er stattdessen.

Kajetan stutzte, außer seiner Familie hat ihn bisher noch niemand Banzari genannt, nicht einmal Heiner. Doch warum sollte Roman Schneck das nicht tun?

»Hörst das auch, Schneckle?«, fragte Kajetan grinsend statt einer Antwort.

Roman verdrehte die Augen, ihm gefiel dieser Spitzname überhaupt nicht. Doch die meisten nannten ihn ›Schneckle‹. Dabei konnte er pfeilschnell rennen und hatte nichts mit einer Schnecke oder gar einem Schneckle gemein. Aber der Name hielt sich hartnäckig.

Stacheldraht und Lagerleben

Es war ein dumpfes Geräusch, wie ein Klopfen auf Holz. Die Buben schauten sich kurz an und rannten gemeinsam in die Richtung, aus der das Geräusch zu hören war. Mit einem riesigen Holzhammer rammten zwei Männer Pflöcke in den Boden. Einer hielt den Pflock, der andere holte mit dem Hammer aus. Nach ein paar Schlägen wechselten sie. Trotz der Kälte trugen sie nur dünne Hemden. Und selbst darauf bildeten sich Schweißflecken ab.

»Entschuldigung, was machen Sie da?«, fragte Roman forsch und freundlich zugleich. Frau Schneck trichterte ihren Kindern seit Jahren ein, dass Höflichkeit wichtig sei.

»Wir hauen Pflöcke in den Boden. Für den Stacheldraht«, antwortete einer der Männer und wischte sich mit dem Handgelenk den Schweiß von der Stirn.

»Damit ihr Zigeuner nicht abhauen könnt«, fügte der andere hämisch grinsend hinzu.

»Wir, wir werden eingesperrt?«, stammelte Kajetan.

»Ist doch nur zu eurem Besten, Jungchen«, meinte der immer noch hämisch Grinsende. »Wenn der Ummenwinkel mit Stacheldraht gesichert ist, dann kann auch niemand zu euch und euch was wegnehmen. Spätestens in zwei Tagen ist es soweit.«

Roman und Kajetan fanden das überhaupt nicht komisch. Beide beschlich ein Gefühl, dass dieser Umzug erst der Anfang von etwas Schrecklichem war. Etwas, das sie unruhig machte und ihnen Angst einflößte.

»Was ist eigentlich mit deinem Vater?«, wollte Kajetan wissen, als sie Steine in die Schussen warfen.
»Tot.«
Kajetan wusste nicht, was er sagen sollte.
»Die Polizei hat gesagt, dass sie meinen Vater am Hasenbach erwischt hat. Ohne Angelschein. Aber mein Vater hat nie geangelt, er mochte keine Fische«, berichtete Roman mit sehr leiser Stimme. »Auf dem Polizeirevier haben sie ihn angeschrien und beschuldigt. Mein Vater hat immer wieder gesagt: Ich war das nicht! Doch die Polizisten glaubten ihm nicht. Wer glaubt schon einem Zigeuner? Dann ist er zusammengebrochen. Hatte einen Herzschlag. Die Polizisten haben das nicht kapiert, sie haben weiter geschimpft. Erst später merkten sie, dass Vater tot war.«
Kajetan schluckte und stammelte. »Woher ... woher weißt du denn das so genau?«
»Weil meine Mutter dabei war. Vater ist in ihre Arme gesunken. Und sie konnte nichts machen. Aber sie hat uns alles genau erzählt, damit wir es nie vergessen.« Roman liefen Tränen über die Wangen.
Kajetan hatte das Gefühl, als ob sich sein Hals zuschnüren würde. »Ich hasse die Nazis«, presste er hervor und drückte mitfühlend Romans Arm.
»Ich auch – und wie!« Schweigend trotteten sie zum Ummenwinkel zurück.

»Bekanntmachung! Alle herhören!« Aus einem Megafon
schepperte die Stimme von Polizeimeister Glöckler. »Erstens: Das Lager darf nur verlassen, wer zur Arbeit oder
zur Schule muss. Schulpflichtige Kinder gehen in die
Wilhelmschule.
Zweitens: Es wird häufige Kontrollgänge der Polizei
geben.
Drittens: Es ist fortan verboten, Hunde zu halten. Bis in
vier Tagen sind alle Hunde verschwunden, sonst werden
sie von uns erschossen. Wer dies nicht einhält, wird mit
Gefängnis bestraft.
Viertens: Der Zigeuner Franz Guttenberger wird zum
Wohnältesten ernannt. Er sorgt für Ordnung und Rein-
lichkeit und meldet uns sofort jede Unregelmäßigkeit
und jeden Verstoß.«

Die Mutter, die neben Kajetan stand, blieb nach den Bekanntmachungen wie angewurzelt stehen. Auch als
Glöckler längst mit seiner Bekanntmachung geendet und
die Menschenansammlung sich zerstreut hatte. »Das
können sie doch nicht machen! Sie zwingen uns eng an
eng in diesen schlecht gebauten Baracken zu hausen, die
so hellhörig sind, dass man hört, wenn sich der Nachbar
am Kopf kratzt. Sie kontrollieren uns, jetzt haben sie mit
dem Guttenberger sogar einen Spion hier. Wir werden behandelt wie Verbrecher!« Händeringend schaute sie zum
Himmel, als wäre von dort oben Hilfe zu erwarten.
Kajetan hatte seine Mutter noch nie so verzweifelt und
gleichzeitig so wütend gesehen. Nicht einmal in Weingarten, wo sie als Hühnerdiebin beschimpft wurde. Erst
der einsetzende Nieselregen konnte die Mutter dazu bewegen, in die Baracke zurückzugehen. Sie hatte Recht. Die

Baracken waren so hellhörig, dass man sogar laute Unterhaltungen der übernächsten Nachbarn mitbekam.

Kajetan lag auf dem geschenkten weinroten Sofa und atmete tief ein, er wollte den vertrauten Geruch der Webers schnuppern.

»Nein, nicht unseren Struppi. Warum denn den Struppi?«, war eine Mädchenstimme zu hören.

»Du hast doch gehört, was der Polizist gesagt hat, Maria«, erwiderte eine Männerstimme, die alt und zittrig klang.

»Aber der Struppi hat doch nichts getan. Er stört niemanden. Mein Struppi ist der liebste Hund auf der ganzen Welt.«

»Ich weiß Maria, aber der Polizist ...«

Nun hörte Kajetan nur noch lautes Schluchzen und den vergeblichen Versuch der Männerstimme, das Mädchen zu trösten. »Wir haben noch vier Tage Zeit, liebe kleine Maria. Da fällt uns bestimmt noch eine gute Lösung für deinen Struppi ein.«

Kajetan brauchte auch eine Lösung. Angestrengt überlegte er, wie er Heiner wiedersehen konnte. Er musste ihn sehen. Schnellstens. Am besten bevor der Stacheldraht fertig war. Kajetan warf einen Blick durch das kleine Fenster. Der Nieselregen kam aus Wolken, die eine graue, undurchdringliche Masse bildeten. Obwohl es erst früher Nachmittag war, war es im Zimmer fast dunkel. Kajetan zog seine Jacke an. Die Mutter goss siedendes Wasser in die alte, blecherne Teekanne. Über die Kanne hatte sie ein Geschirrtuch gelegt, um das Wasser zu filtern. Unter keinen Umständen wollte sie rote Würmer trinken.

»Wo willst du hin, Banzari?«

Fast flüsternd antwortete Kajetan: »Zu Heiner.«

Energisch stellte die Mutter den Wasserkessel auf den Ofen zurück. »Nein, Banzari. Du bleibst hier. Das ist zu gefährlich. Schon die ganze Zeit beobachte ich, wie dieser Polizist und der Guttenberger im Ummenwinkel herumstreunen und alles überwachen. Du hast selbst gehört, dass niemand das Lager verlässt – außer zur Schule und zur Arbeit. Nicht heute, Banzari. Hörst du, nicht heute. Ich möcht nicht schon am ersten Tag Schwierigkeiten bekommen.«

»Aber der Stacheld...«, wollte er einwenden.

»Hast du mich verstanden?« Der Ton der Mutter ließ keine Widerrede zu.

Enttäuscht zog Kajetan seine Jacke aus. Die Mutter drückte ihm einen Becher Tee in die Hand. Kajetan zog sein Rechenheft aus dem Ranzen. Obwohl er nicht mehr in die Möttelinschule ging, erledigte er nun die restlichen Hausaufgaben, die er gestern vor lauter Aufregung vergessen hatte. Niemand würde die Aufgaben kontrollieren, aber er machte sie trotzdem. Einfach so, weil ihm Rechnen gefiel. Und damit er sich ablenken konnte.

Alle paar Minuten schaute die Mutter aus dem Fenster. »Wo sie nur bleiben? Sie müssten längst hier sein«, murmelte sie jedes Mal vor sich hin. Ihre Geduld wurde noch eine weitere Stunde strapaziert. Dann wurde die Türe aufgerissen und bepackt mit Taschen standen Valentin und Emilie im Zimmer.

»Da seid ihr ja«, sagte die Mutter zur Begrüßung und umarmte ihre schon erwachsenen Kinder.

Kajetan blickte von seinen Aufgaben auf. Die Schwester und der Bruder waren ihm fremd. Sie kamen meistens spät abends zu Besuch, wenn Kajetan schon schlief, oder sonntags, wenn er in der Kirche war. Er war der Einzige der Familie, dem der Gottesdienst sehr wichtig war. Manchmal begleitete ihn Hildegard, meistens ging er aber allein oder mit den Geißlers. Natürlich saß er dann neben Heiner. Die Webers gingen nicht mehr zur Kirche, der Weg war für ihre alten Beine zu weit und zu beschwerlich geworden.

Manchmal malte sich Kajetan im Gottesdienst aus, wie es wäre, wenn er Heiners Bruder wäre. Wenn er sich nach der Messe bei den Geißlers an den Tisch setze würde. Dann könnte er immer mit seinem Freund, der sein Bruder wäre, zusammen sein. Und es wäre piepegal, ob sie in Ravensburg, in Tuttlingen, in Kleinkleckersdorf oder in Buxtehude wohnen würden. Heiner als Bruder zu haben, das wäre das Beste, was er sich vorstellen konnte. Besser noch als hitzefrei mitten im November.

»Grüß Gott, Kajetan. Wir haben uns lang nicht gesehen. Du bist gewachsen«, stellte Emilie fest.

»Mutter hat auf euch gewartet«, entgegnete Kajetan. Er konnte es sich nicht erklären, aber er wollte zu den Geschwistern gerade nicht nett sein.

»Der Bauer wollt uns nicht fortlassen. Er sagte, wir seien für ihn unentbehrlich. Er ist mit uns sogar zum Ortsgruppenleiter. Ihm hat er gesagt, dass er nicht noch mal so gute Arbeiter finden würde. Er gab uns Brot und Speck, Kartoffeln und Wein mit«, erzählte Valentin nicht ohne Stolz.

»Jetzt können wir weiter beim Bauer arbeiten. Aber schlafen müssen wir im Ummenwinkel«, fügte Emilie hinzu.

»Jetzt müssen wir morgens anderthalb Stunden zum Bauern laufen und wieder anderthalb Stunden zurück.«

»Hildegard ist auch lange unterwegs«, meinte Kajetan bissig und versuchte sich wieder auf die Rechenaufgaben zu konzentrieren.

Die Mutter packte die Lebensmittel aus den Taschen in das kleine Schränkchen. Sie war erleichtert, denn die Sorge ums Essen fiel damit für heute weg.

Lange sollten Emilie und Valentin nicht im Ummenwinkel wohnen. Ihr Bauer wollte starke Arbeitskräfte und keine, die morgens schon eine Wanderung hinter sich hatten. Er wusste, dass der Glöckler gerne Schnaps trank. Darum schenkte er ihm drei Flaschen von seinem Selbstgebrannten, dafür brauchten Emilie und Valentin wochentags nicht im Ummenwinkel zu übernachten. Nur den freien Sonntag verbrachten sie fortan im Lager.

Am Abend kamen alle später als bisher von der Arbeit. Durch den Umzug hatten sie einen viel weiteren Weg. Wortlos legte sich der Vater aufs Sofa. Er rollte sich zusammen und stöhnte fürchterlich. Beunruhigt stellte die Mutter einen Becher Tee vor ihm auf den Tisch. Sie machte sich große Sorgen um ihren Mann, der trotz seiner schrecklichen Schmerzen nicht zum Arzt ging. Nachts waren das Stöhnen und Herumwälzen des Vaters besonders gut zu hören.

Die neue Schule

»Banzari, kommst du mit zur Schule?«, rief es am Morgen
durch die Wand.
Kajetan lachte. Er fand es lustig mit Roman durch die
Wand zu sprechen. »Ja, Schneckle, bin gleich fertig.«
Dank der Großzügigkeit des Bauern bekam er heute sogar
ein Vesperbrot. Er zog noch schnell seine Armbanduhr
auf, dann war er bereit. Roman kannte den neuen Schulweg bereits. Zusammen mit Zäzilie und den Schneck-Kin-
dern machten sie sich auf den Weg. Er und Roman führten
die Gruppe an. Der Schulweg dauerte eine Stunde.

»Die Zigeuner sind da!«
Kajetan hörte das Gemurmel hinter seinem Rücken. Der
Schulhof war voll von neugierigen Kindern. Alle tuschelten. Kajetan fühlte sich unwohl. Er hatte schon herausgefunden, dass er in seiner Klasse der einzige aus dem Ummenwinkel sein würde. Er war ganz allein – ohne Heiner,
der ihm immer geholfen hatte. Es klingelte. Kajetan ließ
sich von der Schülerschar in den Flur des Schulgebäudes
hineintreiben. Er hatte keine Ahnung, welches sein Klassenzimmer sein würde. Alle anderen waren in irgend-
welchen Klassenzimmern verschwunden. Gerade war
der Flur noch voll von Kindern, von Lachen und Reden,

plötzlich stand Kajetan ganz allein da. Hilflos und sehr einsam sah er sich in dem großen Flur mit dem glänzenden Steinboden und den hohen Wänden um.

»Warum bist du nicht in deinem Klassenzimmer?« Ein großer, stattlicher Mann mit einem grauen Schnauzbart, wie der Vater einen schwarzen trug, einer Halbglatze und durchdringendem Blick, vor dem man nichts verbergen konnte, stand vor ihm.

»Weil, weil, weil ich nicht weiß, wo das ist«, stotterte Kajetan erschrocken. Der Mann flößte ihm Angst ein.

»Bist neu oder blöd?«, wollte der streng wissen.

»Neu«, wisperte Kajetan.

»Besser als blöd. – Bist ein Zigeuner?«

Kajetan nickte. »Ich heiße Kajetan Reinhardt.«

Der Mann kratzte sich am Haarkranz hinterm rechten Ohr, zog die Augenbrauen zusammen und meinte: »Komm mit.«

Gleich darauf riss er eine Tür auf, sofort schnellten alle Kinder aus den Bänken.

»Guten Morgen, Herr Bossert«, riefen sie im Chor.

»Setzen«, polterte der Lehrer in scharfem Befehlston. Und zu Kajetan gewandt: »Du weißt, wo dein Platz ist, Zigeuner.«

Er schlich mit hängendem Kopf in die letzte Reihe. Dieses Mal wehrte er sich nicht. Ohne Heiner war es ihm sowieso egal, wo er saß.

»Ein bisschen zackig, wenn ich bitten darf«, rief ihm der Lehrer hinterher.

»In welcher Schule warst du vorher?«

»In der Möttelinschule, beim Oberlehrer Bucher.«

»So so, beim Bucher«, sagte sein neuer Lehrer und zwirbelte am Schnurrbart. »Dann will ich doch mal sehen, was du beim Kollegen Bucher gelernt hast. Vorkommen, Reinhardt.«

Kajetan ging wieder nach vorne zur Tafel. Der Lehrer stellte ihm zwei Rechenaufgaben, die er ohne Probleme lösen konnte.

»Hm, ganz ordentlich – setzen!«, brummte Lehrer Bossert. Dieses Mal marschierte Kajetan zügig zurück. Er wollte bei seinem neuen Lehrer unter keinen Umständen in Ungnade fallen. Er hatte einen Heidenrespekt vor Lehrer Bossert. Darum beschloss Kajetan, genau wie bei Oberlehrer Bucher, viel zu lernen und bloß nicht weiter aufzufallen.

In der Pause wollte er Roman suchen, doch seine neuen Klassenkameraden umzingelten ihn.

»Von wem hast du so eine schöne Armbanduhr? Die ist bestimmt geklaut. Zigeuner klauen ja immer«, meinte ein Rothaariger.

»Nein, ist sie nicht. Ist geschenkt«, verteidigte sich Kajetan.

»Wer sollte denn einem dreckigen, ungewaschenen Zigeuner so eine schöne Armbanduhr schenken?«, konterte der Rothaarige. Alle Umstehenden nickten zustimmend und grinsten ihn gemein an.

»Der Herr Weber hat sie mir geschenkt. Der Herr Weber aus der Hindenburgstraße.« Kajetan schluckte, der Ring der Mitschüler zog sich enger um ihn. Er spürte bereits ihren Atem im Nacken.

»Willst du mir die Armbanduhr nicht schenken?«, fragte ihn nun der Rothaarige, der der Anführer der Klasse war.

»Nein!«, rief Kajetan mit klarer Stimme, aber einem Herzen, das pochte, als hätte er den Umzugskarren ganz alleine zum Ummenwinkel gezogen.

»Das ist ein Fehler, Zigeuner. Ein großer Fehler«, zischte der Rothaarige.

»Buben, ab in die Pause, zack, zack«, brüllte Lehrer Bossert, der noch einmal ins Klassenzimmer zurückgekommen war, weil er den Zettel mit dem Namen des Neuen vergessen hatte. Der Lehrer blieb so lange an der Türe stehen, bis alle Schüler draußen waren.

Auf dem Schulhof atmete Kajetan erleichtert auf und hielt nach Roman Ausschau. Sie sprachen nicht über die Schule, beide konnten sich vorstellen, wie es dem anderen ergangen war. Stattdessen wollte Roman auf einmal wissen: »Wie ist denn dein Freund, der Heiner? Erzähl mir von ihm, Banzari.«

Zuerst berichtete Kajetan, dass er Heiner unbedingt treffen müsse. »Er weiß doch nicht, wo ich jetzt wohne.«

»Dann besuch ihn doch einfach nach der Schule«, schlug Roman augenzwinkernd vor.

Während des Unterrichts tüftelte Kajetan an einem möglichen Treffen mit Heiner. In der letzten Schulstunde stand für ihn fest: Heute würde er zur Hindenburgstraße gehen und Heiner und Frau Weber besuchen. Vielleicht war sogar Herr Weber aus dem Krankenhaus entlassen. Kajetan würde rennen, so schnell er konnte. Zwar wusste er den Weg nicht genau, aber die Richtung kannte er so ungefähr. Zwischendurch würde er nach dem Weg fragen. Vielleicht hatte er auch Glück und die Männer hatten den Stacheldraht noch nicht um das ganze Lager gezogen. Und wenn sie ihn anmeckerten, wieso er so spät käme, würde er sagen, dass er den Weg nicht gefunden hätte.

Ein unerwartetes Treffen

Mit dem Klingeln sprang er sofort auf und rannte aus der Klasse.

»Der Zigeuner hat's aber eilig«, sagte der Rothaarige grinsend. »Egal. Den kriegen wir schon noch.«

Als Kajetan über den Schulhof flitzte, rief ihm jemand nach: »Kajetan, nicht so schnell! Kajetan, warte doch!«

Die Stimme kannte er. Kajetan drehte sich um und traute seinen Augen nicht. An der Mauer des Schulhofes lehnte Herr Weber.

»Was machen Sie denn hier?« fragte Kajetan verdutzt.

»Komm mit rüber zu der Bank, mein Junge«, sagte Herr Weber. Langsam gingen die beiden über die Straße. Kajetan hatte den Eindruck, dass Herr Weber humpelte.

»Seit wann sind Sie wieder daheim? Was ist mit Ihrem Bein, Herr Weber?«

»Seit gestern, mein Junge. Ich bin fast in Ohnmacht gefallen, als ich hörte, dass ihr weg seid. Mit dem Bein, ach, das ist nichts«, tat der alte Mann die Sache ab.

Kajetan kannte dieses ›ach nichts‹ allzu gut von seinem Vater.

»Ich wollt grad in die Hindenburgstraße. Zu Heiner und zu den Hasen und zu Ihnen und Ihrer Frau«, sagte Kajetan.

»So was dachte ich mir schon, mein Junge. Darum bin ich hier.«

Kajetan schaute verständnislos drein.

Herr Weber begann zu berichten: »Weißt du, mein Junge, der Heiner, der macht sich große Sorgen um dich. Erst dachte er, du hättest verschlafen oder wärst krank. Er hat einen Riesenschreck gekriegt, als er vor eurem leeren Wagen stand. Ich hab ihm gesagt, dass ich keine Ahnung habe, wo ihr seid.«

»Das war gelogen! Sie wussten's doch ganz genau. Ihre Frau wusste es doch auch.« Kajetan war über das Verhalten des alten Mannes entsetzt.

»Frau Geißler wollte, dass wir dem Heiner nichts verraten. Sie wusste, dass er alles anstellen würde, um dich zu sehen und dich aus dem Ummenwinkel zu holen. Die Geißlers haben aber schon genug Probleme.«

Kajetan nickte wissend und dachte dabei an das Wort ›strafversetzt‹, das ihm so gut im Gedächtnis geblieben war.

Nach einer kurzen Pause fügte Herr Weber hinzu: »Die Geißlers ziehen heute um. Heiner ist nicht mehr in der Schule. Er ist schon auf dem Weg nach Tuttlingen.«

»Heute schon?«

Herr Weber nickte. »Die Geißlers wollten es Heiner erst kurz vor dem Umzug sagen. Frau Geißler weiß doch, wie sehr ihr aneinanderhängt.«

Kajetan fühlte sich, als hätte man ihm einen dicken Felsbrocken an die Beine gebunden und ihn damit an die tiefste Stelle des Binsenweihers geworfen. Dort, wo er längst nicht mehr stehen konnte. Wie ein Ertrinkender schnappte er nach Luft. Stoßartig atmete er ein. Doch je mehr Luft er einsog, desto schwindliger wurde ihm.

»Ist dir nicht gut, mein Junge?«

Die besorgte Frage von Herr Weber drang wie aus weiter Ferne zu ihm. Nur mit Mühe konnte Kajetan nicken, ohne zu wissen, was er tat. Herr Weber zog ihn an sich und hielt ihn fest.

Heiner – Heiner – Heiner – Heiner war das Einzige, was Kajetan in den nächsten Minuten denken konnte. Bisher hatte er sich an die Vorstellung geklammert, dass er seinen Freund bald treffen würde. Weiter hatte er nicht denken wollen. Nun musste er sich damit abfinden, dass er Heiner nicht mehr sehen würde. Vielleicht nie wieder. Er war voller Schmerz. Doch zu der grenzenlosen Trauer, die er empfand, gesellte sich ein anderes Gefühl: Hass. Er hasste die Nazis abgrundtief. Nun hatten sie ihm auch noch seinen besten Freund genommen.

»Jungchen, der Bus fährt gleich.« Mit diesen Worten holte Herr Weber ihn wieder in die Gegenwart zurück. »Es freut mich, dass du die Armbanduhr trägst.«

»Die Buben in meiner Klasse sind neidisch. Sie sagen, ich hätt die Uhr geklaut«, brach es aus Kajetan raus. »Sie wollen sie mir wegnehmen.«

Herr Webers Gesicht war voller Kummer. Sein Unterkiefer zitterte leicht. »Dann bewahre die Uhr gut auf, bis die Zeiten besser werden.« Mühsam rappelte sich der alte Mann auf. Kajetan stützte und begleitete ihn zur Bushaltestelle. Sie kamen gerade rechtzeitig, als der Bus vorfuhr.

»Musst stark sein in diesen verrückten Zeiten, mein Junge.«

»Ich besuch Sie bald.«

»Bist ein guter Junge.«

Umständlich und mühevoll stieg Herr Weber in den Bus, setzte sich in die erste Sitzreihe und winkte Kajetan noch lange, auch als er ihn schon längst nicht mehr sehen konnte. Tränen flossen über seine eingefallenen Wangen. Kajetan stand noch ein paar Minuten wie benommen an der Bushaltestelle. Er wusste nicht, was er machen sollte. Sein ganzes Leben war aus den Fugen geraten. Erst jetzt, da nichts mehr war wie zuvor, erkannte Kajetan, wie gut ihm das Leben mit Heiner in der Hindenburgstraße gefallen hatte. Er vermisste Heiner sehr, als wäre mit dem Umzug sein Lieblingsbruder gestorben. Die Kälte des nebligen Novembertages kroch durch seine beigefarbene Jacke, den dunkelblauen Pullover und das karierte Hemd – alles Geschenke von Frau Geißler. Kajetan zitterte vor Kälte und aus Kummer. Schweren Herzens rannte er zum Ummenwinkel.

Die Männer hatten ganze Arbeit geleistet, der Stacheldraht war bereits um das gesamte Lager gezogen. Mit zitternden Knien stand Kajetan hundert Meter vor dem Tor. Es stand offen. Kajetan schickte ein Stoßgebet zum Himmel: Bitte, bitte, lieber Gott, lass das Tor nicht bewacht sein. – Er kam näher und suchte hektisch mit den Augen die Gegend ab.

»Augen zu und durch«, sagte er zu sich selbst und rannte los, ohne nach links oder rechts zu schauen. Er hatte Glück, denn die Polizisten waren bei dem schlechten Wetter daheim geblieben.

»Wo warst du denn so lange? Die Schule ist doch längst aus. Ich hab mir große Sorgen gemacht«, empfing ihn die Mutter.

Kajetan hatte keine Lust, seiner Mutter von dem Treffen

mit Herrn Weber zu erzählen, darum sagte er nur: »Ich hab mich verlaufen.«

Die Mutter sah ihn forschend an. Sie glaubte ihm nicht, doch drang sie nicht weiter in ihn. Sie wusste, dass Kajetan große Probleme mit der Umstellung hatte. Alle hatten große Probleme damit.

Hundeverbot im Lager

Drei Tage später blieb das Tor für Zigeuner geschlossen. »Achtung, Achtung! Bekanntmachung! Alle herhören!«, brüllte Polizeimeister Glöckler wieder durch sein Megafon. »Erstens: Es gibt jetzt einen Fußweg, der durch den Wald in die Stadt führt. Einen anderen Weg dürft ihr nicht benutzen.

Zweitens: Ab heute sind hier keine Hunde mehr erlaubt.«

Kajetan, der sich wie viele andere in der Nähe des Polizeimeisters eingefunden hatte, um die Bekanntmachungen zu hören, suchte Maria unter den Anwesenden. Längst hatte er herausgefunden, wer das Mädchen war, das seinen Struppi nicht hergeben wollte. Maria war kreidebleich, hastig griff sie nach der Hand des Großvaters. Hand in Hand gingen sie zur Baracke zurück.

Kajetan blieb noch einen Moment stehen und sah, wie das Tor geöffnet wurde. Ein Mann in brauner Uniform mit einem Schäferhund an der Leine marschierte ins Lager. Kajetan versteckte sich hinter der nächsten Baracke und beobachtete das Geschehen. Ohne anzuklopfen stapfte der Uniformierte in die erste Hütte. Kajetan hörte empörte Ausrufe und das Bellen des Hundes. Nach einer Minute waren Mann und Hund schon wieder draußen, der Uniformierte riss die Tür zur nächsten Behausung auf.

Die übernächste Baracke ist die von Maria, durchfuhr es Kajetan. Ob er sie warnen sollte? Unmöglich, die Zeit würde nicht ausreichen. Außerdem waren die Baracken so hellhörig, dass Maria längst wusste, was sie erwartete. Noch eine Baracke... Kajetan hielt den Atem an. Der Uniformierte riss auch bei Maria die Tür auf und gleich darauf bellten zwei Hunde.

»Raus, los raus«, brüllte der Uniformierte.

Mit einem Fußtritt beförderte er den süßen Struppi aus der Baracke. Der kleine weiß-graue, wuschelige Hund jaulte kläglich auf. So eine rüde Behandlung war er nicht gewohnt. Der Uniformierte stand mit versteinertem Gesicht vor dem Hündchen, zog seinen Revolver und schoss ohne mit der Wimper zu zucken.

Maria schrie auf. Der Großvater legte seine Hand vor ihre Augen. Der Uniformierte polterte: »Wem gehört das Hundevieh?«

Maria hob zitternd ihre Hand. Sie schluchzte und wollte zu Struppi, doch der Großvater hielt sie fest.

»Zigeunermädchen, das kostet dich vier Reichsmark Strafe wegen Ungehorsam.«

»So viel haben wir nicht«, erwiderte der Großvater mit gebrochener Stimme.

»Dann musst du oder einer aus deiner Sippe zwei Tage ins Gefängnis. Polizeimeister Glöckler wird das veranlassen.« Als er schon auf der Treppe stand, drehte sich der Uniformierte noch einmal um und schrie: »Schafft mir den toten Köter weg, aber dalli!«

Kajetan rutschte die Bretterwand entlang in die Hocke. Ihm war schlecht. Sein Hass auf die Nazis wuchs mit jeder Minute. »Diese Schweine«, keuchte er, »jetzt ermorden sie schon kleine süße Hunde.«

Der Denkzettel

Aus der übernächsten Baracke war abends immer noch heftiges Schluchzen zu hören. Die Reinhardts saßen flüsternd am Tisch. Längst waren die Tage Vergangenheit, an denen die Familie freudig debattierend und lustig erzählend zusammensaß. Sie hatten Angst, dass einer der Polizisten sie belauschen würde oder dass Franz Guttenberger, der Lagerälteste, etwas aufschnappte, das er den Nazis weitertragen konnte. Niemand traute dem Guttenberger. Er war zwar ein Sinto, wie alle hier, aber er arbeitete mit den Nazis zusammen. Das machte ihn automatisch zum Gegner.

»Wir sollten dem Guttenberger einen Denkzettel verpassen«, raunte Karl zwischen zwei Bissen Brot.

»Untersteh dich«, herrschte die Mutter ihn an. »Ich möchte keine Schwierigkeiten bekommen.«

»Aber er ist der Spion der Nazis. Wegen denen sitzen wir hier und trauen uns nicht einmal laut zu reden«, entgegnete er flüsternd.

»Ich find auch, dass wir dem Guttenberger zeigen müssen, dass er auf der falschen Seite steht«, mischte sich Hubert ein. In seinen Augen flackerte Zorn.

»Ihr werdet nichts unternehmen, habt ihr verstanden«, mahnte die Mutter leise, aber eindringlich. Doch sie konnte spüren, dass ihre Großen ihr nicht mehr gehorchten. Längst hatten sie ihre eigenen Köpfe und Ideen. Um das Thema zu wechseln, fragte sie ihren Mann: »Wo steckt eigentlich dein Freund Anton? Ich habe ihn noch nicht im Ummenwinkel gesehen.«

Alle beugten sich vor, denn die Stimme des Vaters war kaum hörbar, als er berichtete: »Anton ist nicht im Lager. Als die Nachricht kam, dass wir in den Ummenwinkel müssen, packte er seinen Rucksack und ging in die Wälder. Er sagte, lieber möchte er draußen erfrieren, als eingesperrt unter der Fuchtel der Nazis leben.« Dem Vater fiel das Sprechen schwer. Nach einer Pause fuhr er fort: »Anton weiß, dass die Nazis ihn suchen. Er weiß auch, was passiert, wenn sie ihn erwischen. Aber Anton ist zäh, er wird überleben, ganz bestimmt wird er es schaffen!«

Eine Woche später, es war bereits Anfang Dezember und sehr regnerisch, hatte sich das Lager in einen Sumpf verwandelt. Sobald man vor die Tür trat, stand man fünf Zentimeter tief im Morast. Seit sie ihre Decken nicht mehr verkaufen durfte, ging die Mutter nur noch selten aus der Baracke. Nun schrubbte sie den Holzboden.

Kajetan kam von der Schule und rief freudig aus: »Hast du ihn schon gesehen?«

Die Mutter legte mahnend den Zeigefinger auf den Mund.

»Hast du den Guttenberger gesehen?«, wiederholte Kajetan flüsternd.

Sie schüttelte den Kopf.

»Er hat ein blaues Auge und eine blutige, dicke Lippe.«

»Jesus Maria«, entfuhr es der Mutter lauter, als ihr lieb war. »Wenn das bloß keine Schwierigkeiten gibt! Wenn das bloß keine Schwierigkeiten gibt!« Sie war sich sicher, dass Hubert und Karl etwas damit zu tun hatten. Von da an rechnete sie jeden Tag damit, dass ihre Söhne abgeholt werden würden. Sobald es an der Tür klopfte, schreckte sie zusammen wie ein Einbrecher, der auf frischer Tat ertappt wurde. Aber nichts geschah. Franz Guttenberger erzählte jedem, der es hören wollte, dass er gestürzt sei. Nur die Nazis glaubten ihm.

Wurstbrot gegen Armbanduhr?

Seit Kajetan nicht mehr bei den Webers zu Mittag essen konnte, war er ständig hungrig. Zwar schufteten Hubert und Vater den ganzen Tag im Steinbruch, sie verdienten aber sehr wenig. Es reichte gerade, um die Miete für die Baracke zu zahlen. Manchmal gab der Bauer, bei dem Valentin und Emilie fast ohne Bezahlung arbeiteten, ein paar Kartoffeln mit, einen Laib Brot oder ein Stück Speck. Ab und zu konnte auch die Mutter beim Bäcker Frommlet in der Oberen Breiten Straße eine Häkeldecke gegen Brot eintauschen. Doch dies versuchten auch Frau Schneck und die anderen Frauen aus dem Ummenwinkel. Selbst Hildegard verdiente jetzt im Winter kaum Geld bei der Waldarbeit.

Kajetan wachte bereits mit knurrendem Magen auf. In der Nacht hatte er von dampfenden Schüsseln voller knuspriger Bratkartoffeln, leckerem Sauerkraut, gesüßten Pfannkuchen und Grießbrei mit Kirschen geträumt. Und sogar ein knuspriger Hasenbraten stand im Traum auf dem langen Tisch mit der sauberen weißen Decke. Er saß mit Heiner an der herrlichen Tafel und aß, bis er keinen Bissen mehr runterbrachte. Beim Schlemmen lachten die beiden unbeschwert und erzählten Witze. Obwohl die Freunde pappsatt waren, begannen sie in seinem Traum zu schweben. Sanft und leicht, wie eine Feder in der Sommerbrise, schwebten sie erst über den Binsenweiher, über den Wagen der Reinhardts, dann ergriff sie eine stärkere Windströmung und sie landeten auf einem hohen Berggipfel, von dem die Welt unten klein wie Spielzeug aussah. – Leider war dies nur ein Traum. Nach dem Aufwachen gab es keinen Heiner, keinen Berggipfel und auch keine Bratkartoffeln. Ohne Frühstück, nur mit etwas warmem Wasser im Bauch, ging er an diesem Morgen den langen Weg zur Schule. Ob Heiner jetzt, in diesem Moment, auch zur Schule ging? Bestimmt, denn auch in Tuttlingen mussten Kinder zur Schule. Kajetan war in Gedanken mit seinem Freund unterwegs, wenn auch nicht auf demselben Weg. Der Gedanke tröstete ihn ein wenig. Doch der Schmerz, dass er seinen besten Freund verloren hatte, steckte tief in ihm, viel tiefer als der spitze Holzsplitter, der sich gestern unter den Fingernagel gebohrt hatte.

An diesem feucht-kalten Morgen war der Hunger in der Deutschstunde besonders schlimm. Sein Magen rumorte so laut, dass er befürchtete, Lehrer Bossert würde schimpfen, ihm eine Tatze oder einen Hosenriss verpassen, weil er mit dem Knurren seinen Unterricht störte. Wenn der Magen besonders laute Geräusche von sich gab, starrte Kajetan angestrengt auf die Schulbank. Seine Mitschüler in den Reihen vor ihm drehten sich kichernd zu ihm um. Bossert schien nichts zu bemerken.

Der Rothaarige und die meisten seiner Klassenkameraden hatten Vesperbrote dabei. Natürlich hatte der Rothaarige auch einen Namen. Da er aber immer nur ›Zigeuner‹ zu Kajetan sagte, nannte der ihn nur den ›Rothaarigen‹.

In der Pause standen Kajetan und Roman in einer windgeschützten Ecke und unterhielten sich über Guttenbergers Veilchen, als der Rothaarige mit zwei seiner Freunde zu ihnen schlenderte. Genau wie Fritz aus der alten Klasse war auch der Rothaarige nie alleine unterwegs. »Na, Zigeuner, hast wohl Hunger?«, fragte er und biss genussvoll in sein Schinkenwurstbrot.

Kajetans Magen krampfte sich zusammen.

»Ich könnte dir jeden Tag ein Vesperbrot bringen, wenn ...«

»Wenn, was?« Kajetans Hunger war so riesig, dass er sich auf alles einlassen würde.

»Wenn du mir die Armbanduhr gibst.« Der Rothaarige hielt das Wurstbrot direkt unter Kajetans Nase. Er müsste nur die Hand des Rothaarigen festhalten, seinen Kopf zwei Zentimeter vorbeugen und könnte dann das dicke Vesperbrot verschlingen. Vor Verlangen wurde ihm beinahe schwarz vor Augen.

»Worauf wartest du noch, Zigeuner. Beiß rein, das Brot gehört dir – wenn du mir morgen die Armbanduhr bringst.« Kajetan wünschte sich nichts sehnlicher als dieses dick belegte Schinkenwurstbrot. Er nickte zustimmend.

Roman starrte genauso sehnsüchtig auf das Schinkenwurstbrot. Man konnte sehen, wie ihm vor Begierde das Wasser im Mund zusammenlief. Auf einmal wurde aus Kajetans Nicken ein Kopfschütteln. Ein Brot jeden Tag würde zwar seinen Hunger ein wenig stillen, aber Roman und den übrigen Kindern aus dem Ummenwinkel würde weiterhin der Magen knurren. Wie sollte er sich an einem Stück Brot erfreuen, wenn er wusste, dass die anderen nichts zu beißen hatten? Wie konnte er auch nur eine Sekunde daran denken, das wertvolle Geschenk von Herrn Weber gegen ein paar Wurstbrote einzutauschen?

»Nein, ich will dein Brot nicht«, sagte Kajetan mit fester Stimme.

»Spinnst du, Zigeuner. Ich hör jeden Tag, wie dein Magen knurrt«, erwiderte der Rothaarige fassungslos. Er hätte seine rechte Hand verwettet, dass der Zigeuner für ein Brot alles machen würde.

»Behalt dein Brot. Ich behalt meine Uhr«, meinte Kajetan nur und zog Roman in eine andere Ecke. Der war sprachlos. Das Hungern ging weiter.

Auf ihrem Heimweg, kurz bevor der Weg durch das Wäldchen führte, lag eine Obstbaumwiese. Die Früchte waren jetzt im Winter längst geerntet, nur ein paar verschrumpelte Äpfel und verhutzelte Zwetschgen hingen an den kahlen Bäumen. Die Buben nickten sich zu, dann schauten sie sich vorsichtig um, ob irgendjemand zu sehen war. Denn es war strengstens verboten, Früchte von den Bäumen zu holen. Das hatte Polizeimeister Glöckler in einer seiner unzähligen Bekanntmachungen verkündet.

»Der meinte bestimmt nur reife, schöne Äpfel, keine verschrumpelten«, sagte Kajetan, um Roman und sich selbst zu beruhigen. Niemand war zu sehen, die Luft war rein. In Windeseile kletterten die beiden auf die Bäume, hangelten sich sogar an den dünnen Ästen entlang, um auch noch den winzigsten Apfel an der äußersten Spitze des Baumes zu erhaschen. Ihre Ernte blieb trotzdem mager: neun kleine faltige Äpfel und fünf halb verfaulte Zwetschgen.

In Windeseile verschlangen die zwei ihre Ausbeute. Kajetan stopfte die alten Früchte – aus Angst, dass ihn jemand beobachten könne – so schnell in sich hinein, dass er nicht einmal hätte sagen können, wie Äpfel und

Zwetschgen schmeckten. Die Früchte beruhigten den knurrenden Magen eine Weile.

Leider nicht allzu lange. Kajetan war gerade zur Baracke gelangt, da musste er schon entsetzlich dringend aufs Klo. Es gab nur ein Klohäuschen im ganzen Lager – für beinahe 100 Personen. Die Chance, dass das Häuschen besetzt war, war ziemlich groß. Meistens wartete eine lange Schlange ungeduldig davor. Doch dieses Mal hatte Kajetan riesengroßes Glück, niemand wartete. Er riss die Tür auf, konnte gerade noch rechtzeitig die Hose runterlassen, dann floss der Dünnpfiff nur noch so aus ihm heraus. Gleichzeitig trat ihm der Schweiß auf die Stirn. Er zitterte. Nur mit Mühe konnte sich Kajetan zur Baracke schleppen.

»Jessas! Wie siehst du denn aus, Banzari?«, rief die Mutter entsetzt.

»Mir ist schlecht«, keuchte Kajetan und warf sich aufs Sofa.

Die Mutter brachte ihm eine Tasse mit warmem Wasser. »Hast du Hunger?«

Kajetan schüttelte den Kopf. Schon bei dem Gedanken an Essen schlug sein Magen Purzelbäume. Von der anderen Seite der Bretterwand hörte Kajetan heftiges Stöhnen. Roman ging es genauso jämmerlich. Am nächsten Morgen war Kajetan immer noch blass und er fühlte sich schwach wie ein Boxer nach dem K.o.

»Du gehst heut nicht zur Schule«, entschied die Mutter.

Kajetan nickte gehorsam und trank drei Schluck Kamillentee, den die Mutter aufgetrieben hatte.

»Soll ich dich beim Bossert entschuldigen?«, fragte Roman durch die Bretterwand. Ihm ging es heute schon wieder besser.

»Mach das«, antwortete die Mutter für Kajetan. Er dämmerte vor sich hin. Im Halbschlaf bemerkte er, wie sie die Baracke verließ, vielleicht um Wasser zu holen oder Essen aufzutreiben.

»Was liegst du so faul auf dem Sofa rum? Brauchst du eine Extraeinladung für die Schule?«

Kajetan schaute den Uniformierten, der vor ihm stand, verwirrt an.

»Bin krank«, erklärte er ihm.

»Krank? Dass ich nicht lache! Faul bist du. Wenn ich in einer Stunde auf meinem Kontrollgang wieder hier vorbeikomme, will ich dich nicht mehr in der Baracke sehen, sonst zieh ich dir deine dürren Hammelbeine lang.« Der Uniformierte brüllte so laut, dass er davon einen roten Kopf bekam.

Mühsam setzte sich Kajetan auf. Er fühlte sich matt, kraftlos, wie ein halbvoller Sack, der jeden Moment umfallen konnte. Wo soll ich denn hin? Eine Antwort wusste er nicht. Erschöpft ließ der Junge sich aufs Sofa zurückfallen.

»Jungchen, komm mit.« Plötzlich stand Marias Großvater neben ihm. Er hatte alles mitgehört. »Wir haben ein Versteck bei unserem Hasenstall. Da finden sie dich nicht, wenn sie ohne ihre Hunde kommen«, flüsterte der alte Mann ihm zu. »Aber zieh dich warm an.«

Marias Großvater hatte Recht. Draußen war es so kalt, dass der schlammige Boden zu einer braunen Eisfläche gefroren war. Auf wackeligen Beinen folgte er dem alten Mann, den er in seinen Gedanken ›Großvater‹ nannte. Kurz darauf standen sie vor einem kleinen Verschlag.

»Hier hatte sich auch Maria versteckt, weil wir Angst

hatten, dass der Glöckler sie einsperren könnte. Bei den Nazis weiß man nie. Würd mich nicht wundern, wenn die sogar Kinder ins Gefängnis schicken. Lieber saß ihr Vater die Gefängnisstrafe für sie ab«, raunte er Kajetan zu, dann schob er ihn in den niedrigen Verschlag. »Ich sag deiner Mutter Bescheid.«

»Vergelt's Gott, Großvater«, konnte Kajetan gerade noch sagen, bevor die Tür geschlossen wurde. Das Lächeln des alten Mannes sah Kajetan schon nicht mehr.

Nach 15 Minuten fror Kajetan so sehr, dass er sich den Mund zuhalten musste. Seine klappernden Zähne hätten ihn sonst verraten können. Wie bereits am letzten Morgen auf dem Schulweg, als er intensiv an Heiners Schulweg gedacht hatte, erinnerte sich Kajetan jetzt an die gemeinsam verbrachten Sommer, als sie zusammen in der Schussen badeten, in der warmen Sonne faul am Binsenweiher Lakritze naschten, Sandkuhlen gruben, Fußball spielten und sich am Schussenufer ein Lager bauten. Kurz dachte er auch an die Pistole. In seiner Fantasie sah er den blanken blauen Himmel und das Flussufer von Helligkeit und Wärme durchflutet. Er konnte sogar den heißen Sand unter seinen Füßen spüren.

Als der Verschlag wieder geöffnet wurde, wurde Kajetan zurück ins Hier und Jetzt befördert.

»Die Luft ist rein.«

Kajetan kroch aus seinem Versteck, seine Gelenke waren ganz steif.

»Danke, Großvater.«

Die Mutter war entsetzt und erleichtert zugleich, als sie Kajetan vor sich stehen sah. Kummervoll schlug sie die Hände vor dem Gesicht zusammen. »Grundgütiger! Was sind das für herzlose Menschen, vor denen sich sogar Kranke verstecken müssen?«

»Nicht so laut, Mutter«, sagte Kajetan zu ihr, die sonst immer nur flüsterte.

»Ist doch wahr«, rief sie zornig aus.

Sie steckte ihren Sohn, der vor Kälte zitterte, unter zwei Decken und fütterte ihn wie ein kleines Kind mit ein paar Löffeln dünner Suppe, in der drei kleingehackte Blätter Kohl, eine Kartoffel und ein paar Karottenstückchen schwammen.

Ein tränenreiches Wiedersehen

Zwei Tage vor Weihnachten gab es immer noch keinen Schnee. Kajetan und Roman hatten an der Böschung zur Schussen ein Loch gebuddelt, sodass sie unter dem Stacheldraht hindurchkriechen konnten. Sie mussten allerdings sehr vorsichtig sein, denn sogar dort an der steilen Böschung patrouillierten manchmal die Polizisten mit ihren scharfen Hunden. Heute war der ideale Tag! Heute, nachdem er seine Hausaufgaben erledigt hatte, wollte Kajetan unterm Stacheldraht durchkriechen und die Webers besuchen. Die Sehnsucht nach den alten Leuten war fast so groß wie seine Sehnsucht nach Heiner.

Nebel lag über dem Ummenwinkel, es war kalt und nieselte. Bei so einem Wetter zog es die Polizisten selten aus ihrem warmen Wachhäuschen. Ohne Probleme kroch Kajetan unterm Stacheldraht hindurch und rannte auf der anderen Seite des Zauns los. Er wusste, welche Richtung er einschlagen musste, und je näher er zur Hindenburgstraße gelangen würde, umso besser würde er sich auskennen. Ohne nach links oder rechts zu schauen lief er durch die vorweihnachtliche Stadt. Außer Atem, aber ohne Probleme, fand er das Haus der Webers. Geradewegs ging er zur Küchentür und klopfte. Da sich nichts rührte, klopfte er stärker.

»Wer ist da?« Eine zittrige, sehr alt klingende Stimme war zu hören.

»Ich bin's – der Kajetan.«

Sofort wurde der Schlüssel im Schloss umgedreht. Und Kajetan fiel Frau Weber um den Hals.

»Mein Junge, mein lieber, lieber Junge.«

Kajetan atmete den vertrauten Geruch seiner Ersatzoma ein. Doch als er sie ansah, wurde er sehr traurig. Frau Weber sah uralt aus. Sie trug einen schwarzen Rock und eine schwarze Bluse, darüber eine schwarze Strickjacke. Ihr sonst so rosiges Gesicht wirkte grau, eingefallen und faltig. Und dabei war es gerade mal sechs oder sieben Wochen her, dass sie sich das letzte Mal gesehen hatten.

»Hast Hunger, mein Kajetan?«

Hunger hatte er unentwegt.

»Ich hab einen Eintopf mit Gemüse, Kartoffeln und Speck fertig, den mach ich dir warm.« Zärtlich streichelte sie über seinen Kopf. Er fühlte sich zu Hause. Seltsam war nur, dass Herr Weber noch nicht in die Küche gekommen war. Im Winter verbrachte er doch die meiste Zeit in der warmen Küche.

»Wo ist denn der Herr Weber? Bei den Hasen?«

Ein Zucken durchfuhr den Körper der alten Frau. »Unser Herrgott hat ihn zu sich geholt«, sagte sie mit leiser Stimme.

Kajetan musste sich setzen. »Er ist, er ist …« Er brachte die Worte nicht über die Lippen.

»Ja, er ist gestorben«, ergänzte Frau Weber. Sie setzte sich zu Kajetan und nahm seine Hände in ihre. »Erinnerst du dich noch an den Tag, an dem ihr euch getroffen habt?«

»Natürlich, wir saßen zusammen auf einer Bank vor der Schule.«

»Zwei Tage später ist er nicht mehr vom Mittagsschlaf auf-
gewacht. Friedlich lag er da. Es hatte ihn sehr mitgenommen, dass ihr ins Lager musstet. Du weißt ja, sein Herz
war nicht in Ordnung. Und jetzt gibt es nach 49 Jahren das
erste Weihnachtsfest, das ich ohne ihn begehen muss. Ich
weiß gar nicht, wie ich das überleben soll.«

»Wenn wir doch noch hier wohnen würden, dann könnten
Sie zu uns kommen«, ereiferte sich Kajetan.

»Wenn die Nazis euch nicht in den Ummenwinkel
geschickt hätten, vielleicht würde er dann noch leben …«
Kajetan spürte neben all der Trauer auch Hass und Wut
in sich aufsteigen. Einer der liebsten Menschen war tot.
Vor dem Essen saßen die zwei mit gefalteten Händen am
Tisch und beteten. Sie beteten für Herrn Weber, dass er
sich dort, wo er nun war, nicht mehr aufregen musste.
Erst danach flossen bei Kajetan die Tränen, ununterbrochen, als hätte jemand eine Schleuse geöffnet.

Es war schon dunkel, als Frau Weber sagte: »Kajetan, du
musst heim. Bestimmt warten sie schon auf dich.«

»Kann ich nicht hierbleiben? Oder im Wagen übernachten?«

»Der Wagen ist weg. Schon nach einer Woche kamen Männer und haben euren Wagen abgeholt. Die Weiden sind
auch weg. Im Frühjahr soll dort ein großes Haus gebaut
werden.«

Erst der Umzug ins Lager, dann der Fortgang von Heiner,
der Tod von Herr Weber und jetzt auch noch der fehlende
Wagen – Schritt für Schritt wurde Kajetans früheres Leben zerstört. Der Wagen war für ihn der Ort gewesen, zu
dem er hatte fliehen wollen, wenn es im Lager unerträglich geworden wäre. Nun gab es keinen Platz auf der Welt,
wo er hätte hingehen können. Außer zu Frau Weber, aber

die meinte entschieden: »Du kannst nicht hierbleiben, Kajetan. Ist zu gefährlich.«

Sie füllte ihm einen braunen, alten Rucksack mit Kartoffeln, Äpfeln und Mehl. Kajetan musste sich anstrengen, die schwere Last auf die Schultern zu hieven. Frau Weber schenkte ihm noch zwei Pullis von ihrem verstorbenen Mann und den karierten Schal, den er so gemocht hatte. Dann umarmte sie Kajetan innig und küsste ihn aufs Haar.

»Bis bald, Frau Weber. Ich besuch Sie wieder, so schnell ich kann. Und dann miste ich auch wieder die Hasenställe aus.«

»Behüt dich Gott, Kajetan.«

Den schweren, prall gefüllten Rucksack brachte Kajetan nur unter größter Anstrengung durch das Loch unterm Stacheldraht. Ständig verhakte sich einer der Stachel im Stoff und riss ihn ein stückweit auf. Obwohl es schon spät und stockdunkel war, bewegte sich Kajetan sehr vorsichtig. Es war zwar unwahrscheinlich, dass um diese Zeit die Polizisten einen Kontrollgang machten, aber genau wusste man das nie. Doch er hatte Glück und konnte unbemerkt in die Baracke schlüpfen. Kaum hatte er die Tür hinter sich zugezogen, schon klatschte eine Ohrfeige auf seine Wange.

»Wo kommst du denn her? Wir haben uns schreckliche Sorgen gemacht, Banzari!« Der Vater schrie ihn an, erst auf ein Zeichen seiner Frau hin wurde er leiser.

»Ich war bei den Webers«, flüsterte Kajetan, rieb seine Wange und stellte dann den schweren Rucksack auf den Tisch. »Bei Frau Weber«, korrigierte er sich unter Tränen. Dann erzählte er vom Tod des alten Mannes. Dem Vater tat die Ohrfeige bereits leid. Er setzte sich neben seinen

Sohn und drückte Kajetans Kopf sanft an sein Herz. Der gleichmäßige Rhythmus des Herzschlags beruhigte ihn. In dieser Nacht legte Kajetan den karierten Schal um den Hals, den er fortan nicht mehr ablegte. Dann holte er die Armbanduhr aus dem Versteck, zog sie auf und streichelte sie zärtlich. Der Rothaarige könnte ihm eine Million Wurstbrote bieten, er würde die Uhr niemals bekommen.

Weihnachten

Dank der Gaben von Frau Weber und vom Bauern war der Heilige Abend nicht ganz so trostlos wie befürchtet. Aber es war trotzdem kein Vergleich zu dem schönen, ausgelassenen Fest vom vorigen Jahr. Geschenke gab es für niemanden. Das eigentliche Geschenk war das Essen, von dem alle mal wieder satt wurden. Nur Zäzilie litt unter dem Weihnachtsfest, denn der Vater hatte zur Feier des Tages einen Hasen geschlachtet. Sie schrie und heulte, als der Hasenbraten auf den Tisch kam. Sie weigerte sich, auch nur einen Bissen davon zu essen.

»Erinnert ihr euch noch an das letzte Weihnachten?«, fragte Hildegard, auch um Zäzilie abzulenken. Alle nickten. Wie sollten sie das vergessen? *In der Nacht hatte es zu schneien begonnen. Der Schnee fiel so dicht, dass er jedes Geräusch verschluckte. Zwei Tage vor dem Fest hütete Kajetan wegen Übelkeit das Bett. Vater und Hubert mussten trotz des Schnees in den Steinbruch, und die Mutter versuchte – so kurz vor Weihnachten – noch einige ihrer gehäkelten Decken und Umhängetücher zu verkaufen. Trotz der Kälte und des Schneefalls musste Hildegard im Wald arbeiten, Tannen fällen, die dann als Christbäume verkauft wurden. Kajetan war alleine im Wagen, es ging ihm schon besser, er langweilte sich schrecklich.*

Er versuchte ein bisschen zu schlafen. Aber richtig müde war er nicht. Der Ofen sorgte für mollige Wärme. Kajetan brauchte Unterhaltung, darum stand er auf und suchte, nach etwas, aber er wusste nicht wonach. Er öffnete das Geschirrschränkchen, sah unter die Bettstatt und unter die Bank. Dort entdeckte er die alten Heftchen, aus denen Hildegard vorgelesen hatte. Er begann zu lesen. Obwohl er die Räubergeschichten schon oft gehört hatte, kam es ihm vor, als läse er manche Stellen zum ersten Mal. Er war so in seine Geschichten vertieft, dass er erschrak, als es an der Tür klopfte. Wer konnte das sein? Die Webers nicht, bei Schnee verließen sie das Haus nicht. Sie hatten Angst zu stürzen. Heiner war in der Schule. Räuber klopften nicht an. Wer konnte es also sein? Er schlang sich die Bettdecke um die Schultern, neugierig und ein bisschen ängstlich öffnete er die Tür. Ein großer, schlanker Mann stand auf den Treppen. Er hatte seine Strickmütze tief ins Gesicht und den Schal übers Kinn gezogen. Das, was Kajetan von dem Mann sehen konnte, war ihm unbekannt.

»Hier, ich hab was für euch«, sagte der fremde Mann mit tiefer Stimme und stellte einen Korb auf die oberste Stufe.

Kajetan starrte auf den Korb. »Was ist da drin?«

»Was für Weihnachten. – Und bestell deinen Eltern schöne Grüße. Es kommen auch wieder bessere Zeiten.«

Kajetan nickte. Der Mann drehte sich um und sprang mit einem Satz die Stufen hinab.

»Aber, aber von wem denn? Von wem soll ich schöne Grüße bestellen?«

»Sag ihnen, von Onkel Fritz.« Der Mann drehte sich noch einmal um, winkte und stapfte davon. Schon nach wenigen Minuten waren seine Spuren zugeschneit.

Nur mit Mühe konnte Kajetan den schweren Weidenkorb in den Wagen und auf den Tisch hieven. Gerade als er das Tuch heben und schauen wollte, was dieser unbekannte Onkel Fritz ihnen beschert hatte, hörte er Heiners schrillen Pfiff. »Ich bringe dir Suppe von meiner Mutter – und die Hausaufgaben«, sagte er zur Begrüßung. »Was ist das denn?«

»Ein geflochtener Weidenkorb.«

»Das seh ich auch«, erwiderte Heiner. »Was ist da drin?«

»Vielleicht Weihnachtsgeschenke.«

»Ein ganzer Korb voller Geschenke. Was denn für welche?«

»Keine Ahnung«, entgegnete Kajetan.

»Bist du nicht neugierig?«

»Ich platze fast, aber …«

Kajetan stellte die Suppe auf den Ofen, damit sie heiß blieb, und legte noch etwas Holz nach. Dann hoben sie vorsichtig das Tuch vom Korb.

»Uih, das sind wirklich alles Geschenke«, freute sich Kajetan.

»Wer schenkt euch denn so viel?«

»Onkel Fritz.«

»Wer ist Onkel Fritz? Von einem Onkel Fritz hast du noch nie erzählt«, meinte Heiner.

Kajetan zuckte mit den Schultern. »Ich kenn auch keinen Onkel Fritz, aber der Vater wird's schon wissen.«

Die Freunde trauten sich nicht, die Geschenke auszupacken. Aber sie nahmen eines nach dem anderen aus dem Korb, befühlten es, schnupperten auch daran und versuchten zu erraten, was sich hinter dem Geschenkpapier verbarg.

Als Heiner sich zum Klavierunterricht aufmachte, aß Kajetan die dampfende Suppe. Die hatte er in der Aufregung vollkommen vergessen. Am Abend waren alle erst sprachlos, dann wollten alle auf einmal die Geschenke befühlen. Karl hätte sie am liebsten sofort ausgepackt.

»Wer hat den Korb gebracht?«, wollte der Vater immer wieder wissen.

»Onkel Fritz«, sagte Kajetan jedes Mal.

»Onkel Fritz? Ich kenn keinen Onkel Fritz. Sag schon – für Späßchen bin ich zu müde.«

»Vater, es war wirklich ein Mann, der gesagt hat, die Geschenke seien von Onkel Fritz.« Kajetan sprach langsam, betonte jedes Wort. »Das ist die Wahrheit.«

»Ist doch wunderbar«, rief Hildegard begeistert. »Irgendein lieber Fritz hat an uns gedacht und uns Weihnachtsgeschenke gebracht.«

»Ich würde schon gerne wissen, wer dieser Onkel Fritz ist. Schließlich sollten wir uns bei unserem Wohltäter bedanken«, meinte der Vater.

Aber Onkel Fritz blieb verschollen. Er tauchte nicht wieder auf und die Reinhardts erfuhren nie, wer sich hinter Onkel Fritz verbarg.

Tagelang wollte es nicht aufhören zu schneien. Die Menschen jubelten über die Aussicht auf weiße Weihnachten. Die Weiden, unter denen der Wagen stand, bogen sich unter der Last des Schnees, einige Zweige brachen mit einem trockenen Knacken. Hubert und Karl mussten auf das Wagendach klettern und die übrigen Äste vom Schnee befreien. Sonst hätte ein abgebrochener Ast auf das Wagendach donnern und es womöglich durchschlagen können.

Herr Weber schenkte den Reinhardts drei Hasen. Frau Weber stellte fünf Kilo Kartoffeln, zwei Gläser eingeweckte Bohnen und zwei Kilo Äpfel für ihr Weihnachtsessen bereit. Marianne gab im Namen von Frau Geißler zehn Kerzen, Nüsse und eine Dose mit selbstgebackenem Weihnachtsgebäck bei den Reinhardts ab. Hildegard brachte einen wunderschönen Tannenzweig mit kleinen Zapfen von der Arbeit mit. Sie stellte ihn auf den Tisch.

Zäzilie hatte in der Schule Strohsterne gebastelt. Die baumelten nun am Tannenzweig. Und vom unbekannten Onkel Fritz gab es Schokolade, Handschuhe, Schals, gestrickte Socken, Bonbons, zwei Flaschen Wein, ein Stück Speck und einen Christstollen. Es wurde ein wunderbares Weihnachtsfest mit gutem Essen, mit Musik, mit viel Gelächter, mit einer ausgelassenen Schneeballschlacht, mit Geschenken und mit einer feierlichen Christmette, die die ganze Familie am Heiligabend besuchte.

Für Kajetan war die Christmette mit das Schönste am Weihnachtsfest. Die Reinhardts saßen in der vorletzten Bankreihe. Kajetan sog den Weihrauchduft ein. Der Weihnachtsbaum erstrahlte. Der Herr Pfarrer erzählte die Weihnachtsgeschichte und zum Schluss sangen alle ›O du fröhliche …‹ Kajetan schmetterte sein Lieblingsweihnachtslied so laut wie möglich mit. Es war schon weit nach Mitternacht, als er müde, aber sehr glücklich unter die Bettdecke kroch.

Dieses Jahr war Weihnachten anders.

»Hildegard, gehst du nachher mit mir zur Christmette?«, fragte Kajetan seine Lieblingsschwester, die er kaum noch zu Gesicht bekam. Seit sie im Ummenwinkel wohnten, musste Hildegard in aller Herrgottsfrühe aufstehen, um rechtzeitig zur Arbeit zu kommen. Sie kam nie vor acht, halb neun abends nach Hause und war dann so müde, dass sie sich oftmals sofort schlafen legte.

Zu seiner Überraschung schüttelte Hildegard den Kopf. »Banzari, wir dürfen nicht zur Christmette. Wir dürfen um diese Zeit nicht aus dem Lager, das weißt du doch.«

»Was? Wir dürfen nicht einmal an Weihnachten in die Kirche! Was wollen sie uns denn noch alles verbieten? Wahrscheinlich dürfen wir bald nicht mehr atmen.«

Kajetan brauste auf.

»Banzari, nicht so laut«, mahnte Hildegard.

»Ist doch wahr«, entgegnete Kajetan trotzig. Dann hatte er eine Idee: »Ich glaube nicht, dass an Heiligabend die Polizisten das Lager kontrollieren. Die feiern doch lieber daheim. Und wir können zur Kirche schleichen.«

»Wahrscheinlich sind die Polizisten auch in der Christmette«, entgegnete Hildegard.

»Aber wenn wir in der letzten Reihe stehen, später kommen und früher gehen?« Kajetan gab noch nicht auf.

»Nein, Banzari, die Christmette ist jedes Jahr so voll, da gibt es immer jemanden, der uns erkennt und es dem Glöckler verraten würde. Viel zu gefährlich.« Hildegard ließ sich nicht erweichen.

»Lasst uns Weihnachtslieder singen«, schlug die Mutter vor.

Das erste Mal, seit sie im Ummenwinkel gelandet waren, holten Vater und Hubert ihre Geigen hervor. Kajetan nahm die Gitarre. Mittlerweile war aus ihm ein ganz passabler Gitarrenspieler geworden, wenn er es auch nie zu einem Django bringen würde. Sogar Zäzilie, die bisher trauernd in der Ecke saß, gesellte sich zu ihnen und sang mit ihrer schönen, klaren Stimme mit. Nachdem sie ›O du fröhliche …‹ gesungen hatten, fragte es von der anderen Bretterseite. »Das war so schön, dürfen wir zu euch kommen?«

Gleich darauf quetschten sich die acht Schneckles zu den Reinhardts. Roman setzte sich sofort neben Kajetan und Mathilde zu Zäzilie auf den Boden. Alle begannen ›Stille Nacht, heilige Nacht‹ zu singen. Frau Schneck erzählte die Weihnachtsgeschichte, von Maria und Josef, die keine Herberge fanden und ihr Kind in einem Stall zur Welt bringen mussten.

Kajetans Gedanken wanderten zu Herrn Weber, dessen Schal er immer wieder streichelte – und zu Heiner. Mit aller Kraft dachte er an seinen Freund, und für einen kurzen Moment hätte er schwören können, dass Heiner neben ihm saß.

Kontrolle!

Zwei Tage vor Silvester hatte es in der Nacht leicht zu schneien begonnen. Das Weiß lag wie Puderzucker über dem Lager und nahm ihm etwas von der Trostlosigkeit.

»Los, aufstehen, Kontrolle. Wird's bald!«

Kajetan wurde unsanft von einem Tritt in den Rücken geweckt. Er rieb sich die schmerzende Hüfte, dann die Augen und schaute auf Herrn Webers Armbanduhr, die nachts neben ihm lag. Was wollen die denn um 5 Uhr in der Früh kontrollieren, fragte er sich.

»Appell! Alle vor der Tür aufstellen – und zwar sofort«, hörte er Polizeimeister Glöckler brüllen.

Schlaftrunken stolperte Kajetan mit seiner Familie nach draußen. Einen kurzen Augenblick freute er sich über den Neuschnee, dann sah er, dass die Leute frierend vor ihren Behausungen standen. In jeder Hütte machte sich ein Polizist zu schaffen, während Glöckler die Personen abzählte. Wie alle Bewohner des Ummenwinkels hasste Kajetan diese Schikane ganz besonders. Meistens in aller Herrgottsfrühe trampelten die Polizisten ungefragt in die Baracken, für die es keine Schlüssel gab, rissen alle Bewohner aus dem Schlaf, ließen sie draußen antreten und suchten irgendwas. Oder auch nichts. Manchmal ließen sie die Leute einfach so in der Kälte stehen.

Die Armbanduhr! Hoffentlich entdeckt er die Armbanduhr nicht! – Kajetan konnte an nichts anderes denken. Wenn der Polizist die Armbanduhr fände, würde er denken, sie sei gestohlen. Niemand würde ihm glauben, dass er die Uhr von Herrn Weber geschenkt bekommen hatte. Keiner würde sich die Mühe machen, bei Frau Weber nachzufragen. Er hatte die Uhr nur nachlässig unter den Ofen geschoben. Das war kein gutes Versteck, aber auf die Schnelle war ihm nichts Besseres eingefallen. Wenn sie die Uhr erwischen, stecken sie mich bestimmt ins Gefängnis! Oder prügeln mich grün und blau! Auf jeden Fall ist die Uhr dann futsch.

»In Ordnung, wieder reingehen«, brüllte der Polizist. Kajetan stand vor Erleichterung regungslos da.

»Brauchst du eine Extraeinladung?« Der Polizist versetzte ihm einen Stoß, sodass er zwei Schritte nach vorne stolperte und auf die Stufen fiel. Schnell rappelte er sich auf und mit einem Satz war er in der Tür. Sofort lief er zum Ofen, unter altem Zeitungspapier lag die Uhr. Kajetan atmete erleichtert und glücklich auf.

»Bekanntmachung! Alle herhören!«, dröhnte es kurz darauf aus dem Megafon.

»Erstens, wir haben bei der Kontrolle heute Morgen keinerlei Diebesgut gefunden, es waren auch keine Hunde mehr im Lager und auch keine fremden Zigeuner. Gut so. Zweitens, gestern Abend wurde der Zigeuner Anton Brandner in einem Waldstück bei Weingarten gefasst. Da er sich bei der Verhaftung gewehrt hatte, wurde er an Ort und Stelle erschossen ...«

Mehr hörten die Reinhardts nicht.

»Anton, Anton, lieber, starker Anton. Wie konnten sie

dich nur erwischen?« Der Vater raufte sich aus Verzweiflung die Haare. Er sank in die Knie und weinte um seinen Freund.

»Immerhin war er nie eingesperrt. Er hat bis zum Schluss in Freiheit gelebt«, versuchte die Mutter ihren Mann zu trösten. Vergebens. Den Vater schüttelten neue Weinkrämpfe. »Anton, Anton, mein Freund«, stammelte er.

»Er wusste, dass das Leben in den Wäldern riskant war«, fuhr die Mutter fort. »Er wusste, dass es seinen Tod bedeuten konnte.«

»Aber Anton, er wäre im Lager doch eingegangen. Er brauchte die Freiheit. Wir alle brauchen die Freiheit. Wieso kapieren die Nazis das nicht?«

Die Mutter stand hinter ihrem Mann, schlang zärtlich die Arme um ihn. »Lass uns für Anton beten – und für die Freiheit.«

Ein kaputter Knöchel

Das neue Jahr brachte viel Schnee. Jetzt wäre die ideale Zeit zum Binsen Schneiden. Kajetan hatte nicht vergessen, dass er Herrn Weber hatte helfen wollen. Aber jetzt brauchte Herr Weber keine Hilfe mehr. Er würde nie mehr Binsen schneiden. Die Erinnerung an den lieben Mann ließ Kajetan immer noch weinen. Sein Tod war zu viel für Kajetan.

Der Schnee war trotzdem herrlich. Auf dem Schulweg machten die Kinder des Ummenwinkels Schneeballschlachten. Sie lachten und klatschten vor Freude in die Hände, wenn ein Schneeball im Kragen oder im Gesicht des anderen landete.

»Eine Ladung für dich, Roman«, rief sein Bruder Ewald und zielte mit einem großen Schneeball. Als Roman ausweichen wollte, rutschte er auf dem glatten Gehweg aus, schlitterte auf die Straße und verdrehte sich dabei den Knöchel.

»Aua! Autsch«, stöhnte Roman voller Schmerz.

»Hat doch gar nicht getroffen.«

»Mein Knöchel.«

»Kannst du aufstehen, Schneckle?«, fragte Kajetan besorgt, der gleich kapiert hatte, dass etwas passiert war.

»Weiß nicht.«

Kajetan und Ewald, der ein schlechtes Gewissen hatte, stützten den ächzenden Roman. Zäzilie nahm seinen Ranzen.

»Wir bringen dich zurück in den Ummenwinkel«, beschloss Kajetan.

»Auf gar keinen Fall. Der Schmidberger bringt mich um, wenn er erfährt, dass ich wegen einer Schneeballschlacht nicht zur Schule komme.« Romans Lehrer Schmidberger war genauso streng wie Lehrer Bossert.

»Aber wenn wir so langsam gehen, kommen wir zu spät. Das ist genauso schlimm«, meinte Ewald, der sich ebenfalls vor seinem Lehrer fürchtete.

»Dann muss es eben anders gehen«, entschied Kajetan, und ehe Roman protestieren konnte, nahm er ihn auf den Rücken. So schnell es mit der Last ging, marschierten sie Richtung Schule. Nach 400 Metern dachte Kajetan, er würde gleich zusammenbrechen. Nach 500 Metern wunderte er sich, dass er überhaupt noch einen Schritt vor den anderen setzen konnte. Roman war zwar kleiner als er, und wahrscheinlich war er auch leicht. Kajetan war zwar noch einigermaßen kräftig, aber längst nicht mehr so stark wie früher. Durch das ewige Hungern hatte er an Kraft eingebüßt. Nur die Angst vor Lehrer Bossert trieb ihn an.

Zwei Minuten nach dem Klingeln setzte er Roman vor seinem Klassenzimmer ab. Dann rannte Kajetan den hallenden Flur zu seinem Klassenzimmer entlang. Völlig verschwitzt und außer Atem drückte er die Türklinke hinunter.

»Reinhardt, du kommst zu spät in meinen Unterricht«,

brüllte ihn Bossert zur Begrüßung an. Sein Schnauzer zuckte und seine Augen waren nur zwei schmale Schlitze. Jeder wusste, dass Lehrer Bossert Zuspätkommen nicht duldete.

»Herkommen«, kommandierte er.

»Ich hab doch nur ...« Kajetan wollte sich verteidigen.

»Interessiert mich nicht. – Runterbeugen.« Dann holte er mit dem Stock aus und verpasste Kajetan fünf Hosenrisse, die schmerzhaftesten seines Lebens.

»Es kann doch nicht sein, dass man für so eine gute Tat Prügel einstecken muss«, ereiferte sich Karl, als er von Kajetans Hosenrissen erfuhr. Noch am Abend fiel Kajetan das Sitzen schwer. »Das ist so ungerecht! Banzari hätte gelobt werden müssen.« Aufgebracht marschierte Karl in der Baracke hin und her. »Ich bin es leid, so leid, dass wir wie Menschen dritter Klasse oder als Untermenschen behandelt werden. Wenn ich schon das Nazi-Geschwätz höre, dass unser Blut nicht so gut sei wie das ihre, dann könnt ich kotzen! Ich möchte weg. Bloß weg!«

»Aber wohin?«, fragte Kajetan seinen Bruder.

»Vielleicht nach Österreich, vielleicht in die Berge. – Irgendwann muss diese schreckliche Zeit doch ein Ende haben. So lang könnten wir uns in den Bergen verstecken.«

»Aber in Österreich sind doch auch die Nazis. Der Hitler ist doch Österreicher – und Lager haben sie dort auch«, erwiderte Hubert, der wieder begonnen hatte zu lesen und sich für Politik zu interessieren.

»Ich mein auch nicht in eine Stadt oder in ein Dorf, ich mein richtig in die Berge«, entgegnete Karl.

»Und wo willst du schlafen? Und was essen?«, wollte Kajetan wissen, dem die Idee eigentlich ganz gut gefiel.

Karl zuckte die Schultern. »Das wird sich schon zeigen«, antwortete er.

»Papperlapapp, das wird sich nicht zeigen. In den Bergen ist's kalt und überall liegt meterhoch Schnee. Wenn du dort oben nicht verhungerst, dann erfrierst du«, machte Hubert den kurzen Traum zunichte.

»Und es ist in diesen Zeiten nicht einfach, in die Berge zu kommen«, ergänzte der Vater, der das geflüsterte Gespräch verfolgt hatte. »Überall gibt's Kontrollen. Das ist aussichtslos, Karl. Denk daran, was sie mit Anton gemacht haben.«

»Aber ist es nicht besser, in Freiheit zu sterben, als wie ein Gefangener zu leben? Gerade das hat doch der Anton auch getan.«

»Nein, Karl. Es ist besser zu leben und zu hoffen, dass sich die Zeiten ändern. Noch keine Regierung hat sich ewig gehalten. Es gab immer Veränderungen, warum sollten nicht auch die Nazis bald wieder verschwinden? – Und der liebe Anton, der ist jetzt tot. Wir aber leben und können hoffen, dass es besser wird.«

»Aber ich möchte nicht immer nur warten und hoffen. Und in der Zwischenzeit wie ein Aussätziger behandelt werden.« In Karl brannte die Ungeduld.

»Du bist noch jung, mein Sohn. Hab Geduld! Du wirst noch viele schöne Jahre vor dir haben. Und zwar in Freiheit. Daran musst du immer glauben.«

Karls Miene sah nicht aus, als hätte ihn der Vater überzeugen können.

Herr Pfarrer

Ab Februar besuchte der Herr Pfarrer den Ummenwinkel. Zwischen zwei Baracken bereitete er die frierenden Kinder auf die Heilige Kommunion vor. Mit einer Flasche Schnaps hatte er die Aufpasser bestechen können, sodass sie ihn auch ohne Genehmigung ins Zigeunerlager ließen. Kajetan war das älteste der Kommunionskinder, denn in den letzten Jahren war immer etwas dazwischengekommen, sodass es mit seiner Erstkommunion nicht geklappt hatte. Dabei hatte er immer genaue Vorstellungen von seiner Kommunion gehabt: Es wäre ein strahlend heller Tag, am blauen Himmel wären ein paar Schäfchenwolken zu sehen. Der Flieder würde blühen und die Amseln und Kohlmeisen zwitschern. Er würde angezogen sein wie ein vornehmer Herr, mit einem weißen Hemd, langen Hosen und Lackschuhen. Das dunkle Haar würde er sich zuerst waschen und dann ganz gewissenhaft nach hinten kämmen. Morgens gäbe es den feierlichen Gottesdienst, bei dem ihm der Herr Pfarrer zum ersten Mal die Hostie überreichen würde. Und am Mittag säßen alle fein rausgeputzt an einem großen Tisch mit weißem Tischtuch auf der frisch gemähten Wiese vor dem Wagen – die Webers, die Geißlers und die Reinhardts. Der ganze Tisch böge sich unter all den Köstlichkeiten, alle würden zugreifen, es sich schmecken lassen, würden lachen, Musik machen, fröhlich und zufrieden sein. So stellte sich Kajetan seine Kommunion vor. Nun würde es ganz anders kommen.

Aber Kajetan freute sich, dass er überhaupt zur Kommunion durfte. Roman war auch dabei und Maria und noch ein paar andere Kinder, die erst nächstes oder übernächstes Jahr Kommunion gehabt hätten. Denn der Pfarrer sagte, man wisse nie, was im nächsten oder übernächsten Jahr geschehen würde. Kajetan bekam eine Gänsehaut, wenn er solche Bemerkungen hörte. Ständig hatte er selbst das Gefühl, dass etwas Schreckliches bevorstand. Diese Angst war in ihm, sie begleitete ihn auf Schritt und Tritt, ohne dass er sagen konnte, wovor genau er Angst hatte.

Außer Geschichten aus der Bibel brachte der Herr Pfarrer oftmals kleine, rote Bonbons mit, die er an die Kinder verteilte. Maria wickelte ihr Bonbon sofort aus, biss hinein und kurz darauf hatte sie es geschluckt. Kajetan dagegen genoss zuerst die Zeit mit dem Pfarrer, den er genauso oder eigentlich noch mehr mochte als die roten Bonbons. Nach dem Ende der Religionsstunde wickelte er das Bonbon aus, legte es sich auf die Zunge und versuchte, nur wenig davon zu lutschen. Er wollte den süßen Geschmack so lange wie möglich im Mund behalten.

»Heut lernen wir einen Psalm aus der Bibel«, sagte der Herr Pfarrer.

Maria klatschte vor Begeisterung. Sie lernte gerne und schnell auswendig. Kajetan fand Geschichten besser.

Der Pfarrer begann:

»Der Herr ist mein Hirte,
nichts wird mir fehlen.
Er lässt mich lagern auf grünen Auen
und führt mich zum Ruheplatz am Wasser.

Er leitet mich auf rechten Pfaden,
treu seinem Namen.
Muss ich auch wandern in finstrer Schlucht,
ich fürchte kein Unheil,
denn du bist bei mir,
dein Stock und dein Stab geben mir Zuversicht.«

Die Kinder hatten nicht alles verstanden, aber sie fanden es schön, wie der Pfarrer mit tiefer, leiser Stimme die beruhigenden Worte sagte.

»Was bedeutet das alles?«, fragte Maria.

Der Pfarrer konnte Erwachsenen ausgezeichnet die Bibel erklären. Er tat sich aber schwer, sie den Kindern verständlich zu machen. Doch er versuchte es: »Das bedeutet, dass der liebe Gott dich immer beschützt, auch wenn es dir mal schlecht geht.«

»Das ist gut«, meinte Kajetan und lernte den Psalm auswendig. Die Stellen mit den grünen Auen und dem Ruheplatz am Wasser gefielen ihm besonders. Jedes Mal stellte er sich vor, wie er mit Heiner Löwenzahn pflücken und anschließend am Binsenweiher oder an der Schussen in der Sonne liegen würde.

Doch eine ganz andere Frage beschäftigte ihn schon lange. Da er nicht wusste, wie der Pfarrer reagieren würde, hatte er sich bisher nicht zu fragen getraut. Als er mit ihm allein war, wollte er wissen: »Herr Pfarrer, Sie erzählen immer, dass vor Gott alle gleich sind und dass unser Herr Jesus zu allen gleich nett war.«

Der Pfarrer nickte.

»Aber warum sagen dann die Nazis, dass es Herrenmenschen und Untermenschen gibt? So etwas steht doch nicht in der Bibel.«

»Da hast du Recht, Kajetan. Bist ein schlauer Bub.« Er zog Kajetan ganz nah zu sich heran und flüsterte kaum hörbar. »Die Nazis haben sich ihre eigene Welt zurechtgelegt. Es ist nicht dieselbe wie die in der Bibel, aber das interessiert die Nazis nicht.« Er machte eine kurze Pause. »Sie haben mir sogar schon mal aufgelauert und mich verprügelt, weil ich gepredigt hatte, was in der Bibel steht, nämlich: Liebe deinen Nächsten wie dich selbst. – Seither beobachten sie mich.«

»Aber Sie sind doch ein Herrenmensch, oder? Die Nazis müssen Sie doch mögen?«

»Aber für mich sind alle Menschen gleich. Das gefällt den Nazis nicht. Es passt ihnen auch nicht, dass ich zu euch komme. Darum kann ich auch nur heimlich bei euch sein. Darum treffen wir uns zwischen den Baracken und darum kann ich nicht lange bleiben.« Mit diesen Worten nickte der Pfarrer Kajetan zu und ging dann schnurstracks zum Ausgang. Die Aufpasser taten, als würden sie ihn nicht sehen.

»Der Herr Pfarrer riskiert viel für euch«, sagte die Mutter. Kajetan nickte. »Ich möcht später auch mal Pfarrer werden.« Pfarrer gefiel ihm noch besser als Bauer zu sein.

»Banzari, Banzari«, erwiderte die Mutter nur. Sie wusste, dass dies unmöglich war.

Angst

Im März taute der Schnee, er hinterließ kleine Seen im Ummenwinkel. Der Morast breitete sich wie ein Geschwür von Tag zu Tag weiter aus. Die Bewohner des Ummenwinkels beschafften Bretter und legten diese auf den aufgeweichten Boden, um mit einigermaßen trockenen Füßen durchs Lager zu kommen. Auf den Wiesen begann der erste Löwenzahn zu sprießen. Unwillkürlich dachte Kajetan an die Körbe voller Löwenzahn, die er noch vor einem Jahr gesammelt hatte. Jetzt war alles anders.
Trotzdem würde er nächste Woche wieder sammeln gehen. Heimlich. Er wusste nicht, ob Löwenzahn sammeln für Zigeuner erlaubt war. Er traute sich nicht zu fragen. Doch die Häsin, die bald Junge warf, sollte es sich schmecken lassen. Kajetan bekam Unterstützung, Zäzilie wollte unbedingt helfen und für das Häschen ein paar Leckerbissen sammeln. Das Mädchen war recht klein und schmal, sodass es problemlos unter dem Stacheldraht hindurchkriechen konnte. Die zwei sammelten nun bei jeder Gelegenheit. Nicht nur für die Häsin, auch für ihre hungrigen Mägen. Die Mutter bereitete dann Löwenzahnsalat zu, manchmal mischte sie auch Sauerampfer und Gänseblümchen dazu. Doch jedes Mal zupfte Kajetan die grünen Blätter mit zittrigen Fingern. Er hatte Angst,

erwischt und bestraft zu werden. Mit Angst zu leben gehörte mittlerweile zu seinem Alltag. Bei vielen Dingen
hatte er Angst: Wenn er zu spät zur Schule kam oder auch
nur ein bisschen zu spät ins Lager zurückkam. Wenn es
Kontrollen gab, hatte er Angst, dass sie seine Armbanduhr entdecken würden. Er fürchtete sich vor den schnüf-
felnden Hunden genauso wie vor Glöcklers Bekanntmachungen, die noch nie etwas Gutes gebracht hatten. Und
dann gab es noch die Angst, die er selbst nicht benennen
konnte. Diese Angst vor etwas Schrecklichem, das ihm
und seiner Familie zustoßen könnte. Er wusste nicht, woher diese Angst kam. Aber sie war da. Immer.

Die Tage wurden etwas wärmer, trotzdem legte Kajetan
den karierten Schal nicht ab. Wenn er schon nicht die
Armbanduhr tragen durfte, so wollte er wenigstens den
Schal als Erinnerung an Herrn Weber immer bei sich
haben. Auf den April freute sich Kajetan ganz besonders.
Nicht nur auf sein Zeugnis, das dieses Jahr wieder ziemlich gut ausfallen würde. Richtig aufgeregt wurde er,
wenn er an seine Erstkommunion dachte. Er wusste, dass
sie nicht so werden würde, wie er sich das Fest früher in
seiner Fantasie ausgemalt hatte. Er würde im Lager feiern
müssen, ohne Geißlers, ohne Webers. Trotzdem hoffte er
insgeheim, dass Frau Weber kommen würde. Vielleicht
erinnerte sie sich sogar an ihr Versprechen, dass sie ihm
einen schönen, neuen Anzug kaufen wollte. Längst war er
aus seinen Sachen herausgewachsen. Er trug mittlerweile
die abgetragenen Hosen seiner Brüder und die Pullis von
Herrn Weber. Aber damit konnte er unmöglich zur Kommunion gehen. Je näher der große Tag rückte, umso ner-
vöser wurde Kajetan. Frau Weber hatte sich immer noch

nicht gemeldet. »Sie wird bestimmt daran denken«, sagte sich Kajetan wieder und wieder. »Sie hat mich nicht vergessen. Sie weiß doch, wie wichtig die Erstkommunion ist.«

Aber mit jedem Tag sank seine Hoffnung. Und zwei Tage vor dem Fest hatte er sie endgültig aufgegeben. Völlig enttäuscht saß Kajetan auf den Stufen vor der Baracke. Frau Weber hatte ihn vergessen. Er hatte keine Lust mit den anderen zu kicken, er konnte sich nicht aufraffen, seine Hausaufgaben zu erledigen. Selbst als ihm die Mutter ein Scheibe Brot reichte, biss er nur geistesabwesend hinein. Er nahm nicht einmal Notiz davon, dass er aß. Kajetan zermarterte sich den Kopf, wie er am Sonntag ordentlich angezogen zur Kommunion gehen könnte. Vielleicht hatte noch irgendjemand im Lager einen guten Anzug, der ihm einigermaßen passen würde. In Gedanken ging er die Männer durch. Ihm fiel keiner ein, der in etwa seine Größe hatte und den er jemals mit einem guten Anzug gesehen hätte. Der schmächtige Roman hatte zumindest einen Matrosenanzug, aber das war Kajetans alter Anzug, den die Mutter verschenkt hatte, weil er ihm nicht mehr passte.

Wer ist Frau Zähringer?

»Was ist los? Du schaust so traurig aus der Wäsche.« Der Großvater von Maria stand vor ihm.

Kajetan erzählte ihm von seiner Sorge, dass er in alten Kleidern mit Flicken auf den Hosen zur Heiligen Kommunion gehen musste.

»Das ist schlimm, sehr schlimm. Ich hab auch keinen annehmbaren Anzug mehr, mit dem man dich zur Kommunion schicken könnte«, sagte der Großvater mit großem Bedauern. »Sonst würd ich ihn dir gerne geben.«

»Banzari, wir müssen los«, unterbrach die Mutter das Gespräch.

»Wohin denn?«

»Das erfährst du gleich.«

Gelangweilt trottete er neben seiner Mutter her. Er wunderte sich nur, dass sie ohne Probleme aus dem Lager kamen.

»Wir haben eine Sondergenehmigung«, antwortete die Mutter auf Kajetans fragenden Blick.

Sondergenehmigung? So langsam erwachte seine Neugier. Sie gingen nach Ravensburg. Kajetan versuchte sich zu erinnern, wann er das letzte Mal zusammen mit seiner Mutter in der Stadt gewesen war. »Wo gehn wir hin?« Kajetan gab keine Ruhe.

»Zu Frau Zähringer«, sagte die Mutter nur.

Noch nie hatte Kajetan etwas von einer Frau Zähringer gehört.

»Was machen wir dort?«

»Lass dich überraschen, Banzari. Wir sind bald da.« Die Mutter lächelte geheimnisvoll.

Kajetan war noch nie zuvor in dieser Gegend gewesen. Vor einem alten Haus, das einen neuen Anstrich vertragen konnte, blieben sie stehen. Die Mutter strich ihm noch einmal die Haare glatt, dann klingelte sie. »Grüß Gott, Frau Zähringer. Das hier ist der Kajetan, um den geht's.«

»Grüß Gott«, erwiderte eine schwangere Frau. Sie schob Kajetan in einen kleinen Raum, in dem es nur zwei Stühle und einen großen Spiegel gab. Frau Zähringer musterte Kajetan von unten bis oben. »Dann will ich mal schauen, was ich für dich habe«, sagte sie und verschwand hinter einem dunkelblauen Vorhang.

Kajetan schaute die Mutter fragend an, die lächelte zufrieden.

»So, das könnte passen.« Frau Zähringer kam hinter dem Vorhang hervor. Sie reichte ihm ein paar Schnürschuhe, einen dunklen Anzug und ein graublaues Hemd mit angeknöpftem schwarzem Kragen. Kajetan kapierte überhaupt nichts mehr.

»Hinterm Vorhang kannst du die Sachen anprobieren«, sagte Frau Zähringer und faltete die Hände über ihrem Bäuchlein.

Die Sachen waren nicht mehr neu, aber tipptopp. Die Hose war zu lang, die Schuhe mindestens zwei Nummern zu groß. Trotzdem fühlte sich Kajetan herrlich darin.

»Zeig dich«, forderte ihn Frau Zähringer auf.

Kajetan trat vor den Spiegel und betrachtete sich. Automatisch streifte er sein Haar zurück. Aus dem Spiegel schaute ihn ein junger Mann in einem guten Anzug an.

»Es müssen nur ein paar kleine Änderungen gemacht werden«, sagte Frau Zähringer, nestelte an dem Hemd herum und krempelte die Hosenbeine um.

»Wie sind die Schuhe?«

»Passen«, log Kajetan, denn er hatte Angst, dass Frau Zähringer ihm die Schuhe sonst wieder wegnehmen würde.

»Gut. Unterschreiben Sie hier, dann können Sie alles mitnehmen«, sagte sie zur Mutter und an Kajetan gewandt: »Ich wünsch dir eine schöne Kommunion.«

Kajetan nickte selig und hauchte ein »Vergelt's Gott«.

Draußen auf der Straße bekam Kajetan vor Aufregung und Freude rote Wangen. Er bemerkte nicht, dass es sehr kalt geworden war. »Wieso können wir einfach zu dieser Frau und sie gibt mir so was Schönes zum Anziehen?«, fragte Kajetan fassungslos.

»Frau Zähringer arbeitet bei der Armenhilfe«, erklärte die Mutter. »Manche Leute kaufen sich viele neue Kleider. Dann wollen sie ihre alten nicht mehr anziehen, obwohl die noch sehr gut sind. Manche bringen ihre alten Kleider dann zu Frau Zähringer.«

»Und du musstest dafür nichts bezahlen?« Kajetan konnte nicht glauben, was die Mutter erzählte.

»Nein Banzari, ich habe nur ein Formular ausfüllen müssen, dass wir die Sachen ganz dringend brauchen.«

Zuhause machte sich die Mutter sogleich an die Änderungen. Kajetan wich keine Sekunde von ihrer Seite. Er war so glücklich, dass er seine Mutter stürmisch umarmte.

»Vorsicht, Banzari, wir stechen uns noch mit den Nadeln«,

rief sie lachend. Auch sie schien glücklich, glücklich, dass sie ihrem Jüngsten eine Freude bereiten konnte.

Kajetan schaute seiner Mutter beim Abändern zu und betete dabei den Psalm: »Der Herr ist mein Hirte, nichts wird mir fehlen.« Heute war für ihn der Bibelspruch wahr geworden. Kajetan konnte es kaum bis Sonntag erwarten.

Heilige Kommunion

In der Nacht vor der Kommunion wurde es noch einmal sehr kalt. So kalt, dass sogar noch etwas Schnee fiel. Als Kajetan vor Aufregung schon früh am Morgen erwachte, konnte er es kaum glauben. Immer wieder rieb er sich verschlafen die Augen, und jedes Mal war der Schnee noch da. Gegen die Kälte hatte er nur seine alte, schon hundertmal geflickte braun-beige Jacke. Mit dem hässlichen Ding würde er niemals zur Kommunion gehen. »Lieber friere ich, dass mir die Zähne klappern«, beschloss er vor sich hin murmelnd.

Es dauerte noch vier Stunden, bis er endlich zur Kirche durfte. Ungeduldig taperte er in der Baracke auf und ab. Alle paar Minuten sah er auf die Armbanduhr, die er zur Feier des Tages am Handgelenk trug. »Die Uhr muss stehen geblieben sein«, meckerte er vor sich hin, denn die Minuten dehnten sich wie Gummi. Kajetan legte die Uhr ans Ohr und horchte. Doch sie tickte gleichmäßig. »Können wir bald los?«

»Es sind noch mehr als drei Stunden, bis der Gottesdienst beginnt«, meinte der Vater schmunzelnd. Die Aufregung seines Sohnes amüsierte ihn. »Wir gehen in zwei Stunden los.«

Noch zwei Stunden! Kajetan fiel nichts ein, wie er bis

dahin die Zeit totschlagen sollte. Er setzte sich aufs Sofa, nahm eines der zerfledderten Räuberheftchen und begann zu lesen. Eine Minute später legte er das Heft zur Seite, sprang auf und lief zum Fenster. Dort drückte er sich die Nase platt, ob etwas Interessantes zu erkennen wäre. Gleich danach marschierte er wieder im kleinen Wohnzimmer auf und ab.

»Das ist ja nicht auszuhalten«, sagte die Mutter schmunzelnd. »Banzari, du kannst mir beim Kartoffelschälen helfen.«

»Das geht doch nicht«, empörte sich Kajetan. »Ich hab doch die guten Sachen an.«

»Dann ziehst sie halt aus«, entgegnete die Mutter.

Kajetan schüttelte ernst den Kopf. »Ausgeschlossen, ich bekomme doch heute die Heilige Kommunion.«

»Das wissen wir, Banzari. Das wissen wir nur zu gut. Seit Wochen vergeht kein Tag, an dem du uns das nicht unter die Nase reibst«, meinte nun auch Hildegard mit fröhlicher Miene. »Kartoffeln schälen wird dich ablenken.«

»Ich kann jetzt keine Kartoffeln schälen.« Für Kajetan war es unvorstellbar, an diesem bedeutenden Tag etwas so Unbedeutendes zu machen wie Kartoffeln schälen.

»Na gut, gehn wir los«, erklärte sich Vater nach weiteren endlosen anderthalb Stunden bereit. Zäzilie kam auch mit. Hildegard und die Mutter bereiteten das Festessen vor. Es durften sowieso nur zwei Familienmitglieder mit zur Kirche, das hatte Glöckler angeordnet.

Kajetan hatte mit den neuen Schnürschuhen größte Schwierigkeiten. Sie waren zu groß und hatten keine Nägel an den Sohlen. Auf der dünnen Neuschneeauflage schlitterte er darin wie ein Schlitten auf der Rodelbahn.

Noch im Lager rutschte er das erste Mal aus und fiel auf die Knie. Zäzilie kicherte. Kajetan lachte, aber erst nachdem er sich vergewissert hatte, dass der Hose nichts passiert war. Dann erinnerte er sich, wie Heiner am Binsenweiher auf die Knie gefallen war. Heiner – seine Heilige Kommunion lag schon eine Weile zurück. Ob er heute an ihn dachte?

Sie hatten gerade das Lager hinter sich gelassen, als Kajetan erneut auf dem Boden landete. Dieses Mal unsanft auf dem Hintern.

»Hast du das Laufen verlernt, Banzari?«, rief die sonst so ernste Zäzilie lachend.

Zäzilie und der Vater zogen Kajetan wieder auf die Beine und hakten ihn unter. »Entweder fallen wir jetzt zu dritt oder gar nicht«, sagte der Vater gut gelaunt.

Endlich kamen sie in der bereits voll besetzten Kirche an. Ihre Gesichter glühten, besonders das von Kajetan. Die Kommunionkinder durften in der ersten Reihe sitzen. Der Pfarrer nickte Kajetan freundlich und erleichtert zu. Er hatte schon befürchtet, dass die Reinhardts nicht aus dem Lager kommen durften.

Während des Gottesdienstes drehte sich Kajetan immer wieder verstohlen um. Er hoffte, das Gesicht von Frau Weber zu entdecken. Aber egal in welche Richtung er spähte, Frau Weber konnte er nicht ausmachen. Enttäuscht wandte er sich dem Pfarrer zu. Sein Herz pochte vor Aufregung, als alle Kommunionskinder zum Altar kommen durften, um die Hostie zu empfangen.

»Der Leib Christi«, sagte der Pfarrer, als Kajetan an der Reihe war. Er schaute den Jungen dabei lange an, seine freundlichen Augen lächelten.

»Amen.«

Als Kajetan die Hostie im Mund schmeckte, war er enttäuscht. Sie klebte am Gaumen und schmeckte eigentlich nach nichts. Wie die Oblaten, die Frau Weber als Unterlage für ihr Weihnachtsgebäck benutzte. Trotzdem war ihm sehr feierlich zumute, als er wieder zu seiner Kirchenbank ging. Endlich gehörte er ganz der Christenfamilie an. Mit der Zungenspitze versuchte Kajetan die Hostie vom Gaumen zu lösen. Am Ende des Gottesdienstes marschierten die Kommunionkinder in Zweierreihen aus der Kirche. Kajetan ging neben einem Jungen, den er nicht kannte. Wie sehr hätte er sich gewünscht, neben Heiner durch die Kirche zu schreiten. Draußen suchte Kajetan Zäzilie und den Vater in der Menschenmenge. Sie standen abseits an der Kirchenmauer und schienen sich zwischen den anderen herausgeputzten Gottesdienstbesuchern unwohl zu fühlen. Zäzilie zog ständig die Ärmel ihres karierten Mantels herunter, die ihr längst zu kurz waren. »Das war schön«, seufzte die sonst so schweigsame Zäzilie trotzdem ergriffen. Der Vater nickte bestätigend. Kajetan hielt immer noch nach Frau Weber Ausschau.

»Sie wird nicht kommen.« Der Vater schien seine Gedanken zu erraten. »Das Wetter ist viel zu schlecht. Sie ist alt und die Kirche ist weit weg von der Hindenburgstraße. – Aber sie denkt ganz bestimmt an dich.«

Kajetan schluckte und nickte tapfer. Es fiel ihm schwer, die Tränen zurückzuhalten. Als er sah, dass die anderen Kinder von ihren Verwandten Schokolade bekamen, war es aus. Die Tränen rollten über seine Wangen. Wie gerne hätte auch er ein Stück Schokolade gehabt.

»Lasst uns gehen«, schlug der Vater vor, der die Situation nicht ertragen konnte. Mit hängendem Kopf schlich Kajetan über den Kirchplatz.

»Hier für dich, mein Junge«, sagte eine fremde Frau und steckte ihm ein kleines Stück Schokolade zu.

»Danke, herzlichen Dank«, erwiderten Kajetan und der Vater wie aus einem Mund. In ihren Augen glitzerten Tränen.

»Kajetan, warte doch.«

Er blieb stehen und drehte sich um.

»Wollt ihr schon gehen?«, fragte der Pfarrer.

Kajetan nickte. Das Sprechen fiel ihm schwer.

»Ich hab noch was für dich.« Der Pfarrer zog eine Postkarte heraus, auf der eine Marienfigur abgebildet war. »Hier für dich. Da denkt jemand ganz fest an dich.«

Der Pfarrer überreichte Kajetan die Postkarte und drückte ihm und Zäzilie einige Bonbons in die Hand. Die Hand des Vaters nahm er in beide Hände, hielt sie einen Moment und drückte sie herzlich. »Alles Gute für Sie und Ihre Familie, Herr Reinhardt.«

»Vergelt's Gott, Herr Pfarrer. Das können wir gebrauchen.«

Im Hintergrund war unzufriedenes Gemurmel zu hören.

»Schaut euch das an. Was gibt sich unser Herr Pfarrer so lange mit dem Zigeunerpack ab.«

»Der weiß wohl nicht, wer hier wirklich wichtig ist!«

»Kommen Sie bald wieder ins Lager?«, fragte Kajetan leise.

»Ich hoffe schon«, antwortete der Pfarrer mit genauso leiser Stimme.

»Von wem ist denn die Karte?«, fragte Zäzilie ungeduldig.

Kajetan las die krakelige Schrift vor:

»Mein lieber Kajetan, aus dem Kirchenblatt habe ich erfahren, dass heute Deine Heilige Kommunion ist. Dazu wünsche ich Dir das Allerbeste. Leider kann ich nicht zur Kirche kommen, denn ich bin krank.

Gott schütze Dich! Gesegnete Stunden für Dich und Deine Familie wünscht Dir von Herzen Deine Frau Weber«
»Siehst du, Banzari, sie hat an dich gedacht«, sagte der Vater und lächelte seinem Sohn aufmunternd zu.

Schon vor der Barackentür roch es herrlich nach Essen. Jeder, der vorbei ging, blieb einen Moment stehen und schnupperte behaglich.
»Habt ihr was zu feiern?«, fragte Herr Kling, als er die drei sah.
»Die Erstkommunion von unserem Banzari«, sagte der Vater stolz und legte den Arm um die Schulter seines Sohnes.
»Herzlichen Glückwunsch, junger Mann.«
Kajetan strahlte.
In der Baracke ging er als erstes zum Ofen und holte seine Armbanduhr aus dem Versteck. Er hatte sich nicht getraut, die Uhr in der Kirche zu tragen. Aber heute, an diesem ganz besonderen Tag, wollte er wenigsten beim Essen die Erinnerung an Herrn Weber bei sich haben. Er zog die Uhr bereits zum siebten Mal auf, lauschte auf ihr regelmäßiges Ticken und war zufrieden. Gleich darauf stand er vor dem festlich gedeckten Tisch. Als Tischtuch diente Mutters bunt besticktes Umhängetuch. Es standen sogar zwei Kerzen auf dem Tisch. Die Mutter kam auf ihren Jüngsten zu und umarmte ihn.
»So und jetzt alle zu Tisch«, sagte Hildegard und trug ein Stück gebratenes Fleisch, Bratkartoffeln und Karottengemüse auf. So ein leckeres Essen hatte es bei den Reinhardts seit Wochen, seit Monaten nicht mehr gegeben.
Nach dem Gebet meinte Hildegard: »Jetzt musst du ganz genau von deiner Kommunion erzählen, Banzari.«

Doch bevor Kajetan loslegen konnte, rief Zäzilie mit schriller Stimme. »Ist das Hasenbraten?«

»Nein, mein Kind, das ist Schweinebraten«, antwortete die Mutter. Die Häsin würde bald Junge werfen, die konnte man noch nicht schlachten.

»Banzari, wenn du mit essen fertig bist, dann komm zu uns rüber«, rief Roman durch die dünne Holzwand.

»In Ordnung«, antwortete Kajetan. Das Essen schmeckte fabelhaft. Das Fleisch zerging auf der Zunge, die Bratkartoffeln waren knusprig. Kajetan kam sich vor wie in einer Gaststätte. Dann begann er vom Gottesdienst zu erzählen. Am Ende seiner Schilderung zog er die Postkarte aus der Hosentasche und las Frau Webers Zeilen zweimal hintereinander vor. »Sie ist krank, ich muss sie besuchen«, sagte er dann entschlossen.

»Nein, Banzari, das ist zu gefährlich. Die Kontrollen werden jeden Tag strenger.«

»Aber bestimmt braucht Frau Weber Hilfe«, erwiderte Kajetan.

»Wie solltest du ihr schon helfen? Sie würde sich nur um dich Sorgen machen, wenn du versuchst, sie zu besuchen. Aufregung wäre überhaupt nicht gut für die alte Frau Weber«, meinte der Vater.

Kajetan erinnerte sich daran, woran Herr Weber gestorben war. Vielleicht war es wirklich besser, wenn er Frau Weber nicht besuchen würde. Er beschloss, den Herrn Pfarrer bei dessen nächstem Besuch zu bitten, bei Frau Weber vorbeizuschauen.

»Geh schon«, sagte die Mutter, nachdem sie sah, wie ungeduldig Kajetan auf seinem Stuhl hin und her rutschte.

»Ich komm«, rief Kajetan durch die Bretterwand.

Alle Schnecks standen da und sangen für ihn: Großer Gott, wir loben Dich.

»Hier, das ist für dich«, sagte Frau Schneck.

»Eine Schneckennudel! Eine süße Schneckennudel von den Schnecks! Vielen, vielen Dank!«

»Spielen wir nachher Fußball?«, wollte Roman wissen.

Kajetan schüttelte den Kopf. »Heut doch nicht!« Doch nicht an diesem besonderen Tag, da passte Fußballspielen genauso wenig dazu wie Kartoffelschälen. Außer ihm schien das niemand zu kapieren. Auch Roman nicht, obwohl er doch selbst Kommunionkind war. Er verabschiedete sich von den Schnecks und spazierte langsam durchs Lager. Nach zehn Minuten kehrte er enttäuscht zurück. Niemand hatte Notiz von ihm und seinem schönen Anzug genommen. Noch vor der Tür verputzte er die Schneckennudel.

Hildegards Diebstahl

In der Baracke waren nur Hubert und Hildegard. Zäzilie spielte mit der trächtigen Häsin, die Eltern besuchten Freunde im Lager, der Rest der Familie war sonst wo. Als Kajetan von seinem kurzen Spaziergang zurückkam, sagte Hubert gerade zu seiner Schwester: »Seit ein paar Tagen bist du so niedergeschlagen. So kenn ich dich überhaupt nicht.«

Hildegard atmete schwer, als schleppe sie eine ungeheure Last mit sich herum. Kajetan zog den Stuhl heran und setzte sich ganz nah zu seiner Lieblingsschwester. Auch ihm war aufgefallen, dass Hildegard nicht mehr unbeschwert sang wie früher und nicht mehr so schallend lachte.

Zögernd begann Hildegard zu berichten. »Ich bin schuld, dass wir im Lager sind.«

»Was für ein Blödsinn!«, entgegnete Hubert. »Die verdammten Nazis sind schuld. Die haben doch die verkorkste Idee von den guten Ariern und den schlechten Zigeunern und Juden.«

Hildegard schüttelte den Kopf. »Man soll nicht stehlen – steht doch in der Bibel. Ich hab aber gestohlen«, gestand sie und zitterte vor Furcht am ganzen Körper.

»Du hast gestohlen!« Kajetan war fassungslos. Er konnte

sich alles Mögliche vorstellen, aber nicht, dass seine liebe Schwester stehlen würde.

»Wisst ihr noch letzten Herbst – bevor wir ins Lager mussten – da hatten wir nichts zu essen. Auf dem Rückweg vom Wald kam ich an einem Kartoffelacker vorbei. Der Acker war bereits abgeerntet, aber sie hatten ein paar Kartoffeln übersehen. Also habe ich gewartet, bis es dunkel wurde, und dann hab ich die Kartoffeln eingesammelt und mitgenommen. Dafür wurden wir alle mit dem Lager bestraft.«

»So ein Blödsinn«, rief Hubert erbost und fügte leiser hinzu: »Der Acker war doch schon abgeerntet. Also hast du niemandem was weggenommen. Hättest du nicht die Kartoffeln geholt, hätten es die Mäuse getan.«

Kajetan nickte bekräftigend.

Hubert fuhr fort: »Ist doch furchtbar ungerecht. Wir schuften jeden Tag wie verrückt und trotzdem gibt man uns so wenig Geld, dass wir hungern müssen. Wir arbeiten zwölf Stunden am Tag im Steinbruch und du im Wald, montags bis samstags. Mehr geht fast nicht. Wir fallen vor Müdigkeit und Erschöpfung beinahe um. Trotzdem verdienen wir so wenig, dass wir kaum die Miete für diese beschissene Baracke bezahlen können. Da ist es doch nicht der Rede wert, wenn du einmal eine Handvoll Kartoffeln mitnimmst. Du hast doch was Gutes getan. Damit hast du unseren Hunger gestillt. Das gehört eigentlich belohnt. – Hildegard, dich muss kein schlechtes Gewissen plagen!«

Hubert war aufgesprungen und lief aufgebracht im kleinen Zimmer auf und ab. »Glaubst du, Hitler hat auch nur einen Funken von schlechtem Gewissen? Bestimmt nicht! Dabei behandelt er uns so mies. – Und nun vergiss die Kartoffeln, die sowieso niemand vermisst hat. Lach lieber wieder dein ansteckendes Lachen, liebe Schwester, und sing deine schönen Lieder.«

Hildegard sah erleichtert aus. »Du meinst wirklich, ich bin nicht daran schuld, dass wir hier leben müssen?«

»Auf gar keinen Fall bist du schuld! Im Gegenteil, du hast uns vorm Hungern bewahrt.«

Der Pfarrer kam nur noch sehr selten in den Ummenwinkel, die Wachen ließen sich nicht mehr so einfach bestechen. Beim letzten Besuch brachte er auch noch eine schlechte Nachricht. »Kajetan, die Frau Weber ist im Krankenhaus«, flüsterte er.

»Was hat sie denn?«, fragte er besorgt.

»Ich weiß nicht. Niemand darf zu ihr.«

»Dann geht es ihr sehr schlecht«, folgerte Kajetan bekümmert.

Der Pfarrer nickte.

»Kann ich ihr wenigstens einen Brief schreiben?«, fragte Kajetan, der irgendetwas für die alte Frau tun wollte.

»Ich glaub nicht, dass sie den lesen kann«, meinte der Pfarrer, doch als er Kajetans enttäuschtes Gesicht sah, fügte er hinzu: »Du kannst es ja versuchen. Bestimmt findet sich eine Krankenschwester, die ihr den Brief vorliest. – Und nun lass uns für die Frau Weber beten.«

»Der Herr ist mein Hirte ...«, begann Kajetan.

Im Waldbad

Der Sommer kam früh und mit großer Hitze. In den Baracken war es so stickig und heiß, dass selbst beim Nichtstun der Schweiß in kleinen Rinnsalen den Rücken runterlief. Die Akazien dufteten. Und Zäzilie war im Glück, denn die Häsin hatte drei kleine, süße Hasen geworfen. In jeder freien Minute herzte und streichelte sie sie und gab ihnen Leckereien. Kajetan war dagegen voller Sorge wegen Frau Weber. Hoffentlich hatte sie den Brief bekommen, den er dem Pfarrer mitgegeben hatte. Jeden Tag wartete er auf Antwort. Jeden Tag nahm er seinen Mut zusammen und fragte bei den Wachen, ob ein Brief für ihn angekommen sei.

»Wer soll einem ungewaschenen Zigeunerbuben schon einen Brief schreiben?«, fragten sie herablassend. »Vielleicht der Kaiser von China?«

»Bitte sagen Sie mir, wenn ein Brief von Frau Weber ankommt. Es ist wichtig«, meinte Kajetan traurig.

»Machen wir, Bürschchen«, antwortete einer der Wachtposten eine Spur freundlicher. Er schien etwas Mitleid zu haben.

An einem heißen Tag verkündete Lehrer Bossert: »Heute Nachmittag gehn wir zum Schwimmen ins Waldbad. In der Mittagspause holt ihr eure Badehosen.«

Für Kajetan war die Zeit zu knapp, um in den anderthalb Stunden zum Ummenwinkel und wieder zurück zu gehen. Außerdem hatte er überhaupt keine Badehose. Als er noch mit Heiner in der Schussen badete, waren beide nackt oder sie trugen ihre Unterhosen. Doch diese sah vom vielen Waschen grau aus und war so löchrig, dass sich Kajetan damit genierte. Lachend und feixend gingen die Buben zum Waldbad, einem Badesee mit einem kleinen Ausflugslokal.

»Buben, zieht euch aus und springt ins Wasser«, sagte der Lehrer. »Ich werd solange dort oben auf der Terrasse sitzen und euch beobachten.« Voller Vorfreude schnalzte der Lehrer mit der Zunge.

Kajetan meldete sich. »Herr Bossert, ich bin erkältet, ich darf nicht ins Wasser.« Um seine Bemerkung zu bekräftigen, hustete er ein paarmal.

»Soso, Reinhardt, ist mir heut Morgen gar nicht aufgefallen«, erwiderte der Lehrer.

Kajetan zuckte mit den Schultern und hustete erneut.

»Dann musst du draußen bleiben und den anderen zuschauen.«

Furchtbar gern wäre Kajetan ins Wasser gesprungen, aber dann hätten alle seine alte, löchrige Unterhose gesehen und sich über ihn lustig gemacht. Das konnte er nicht riskieren. Lieber saß er am Ufer und ließ die Füße ins Wasser baumeln.

Derweil saß der Lehrer genüsslich auf der Terrasse und bestellte sich einen Vesperteller und eine Flasche Bier. Er strich sich über den Schnauzbart, lehnte sich zurück und nahm einen großen Schluck. Das genussvolle »Aah«, das er danach von sich gab, konnte Kajetan trotz des Geplätschers deutlich hören.

»Reinhardt, komm her!«

Kajetan reagierte nicht. Er hatte Angst, dass der Lehrer ihn ausschimpfen würde oder ihn vielleicht doch ins Wasser schickte.

»Reinhardt, hörst du schlecht, du sollst herkommen!«

Kajetan planschte noch ausgelassener und lauter mit den Füßen, dass das Wasser nur so spritzte. Der Lehrer rief seinen Namen ein drittes Mal.

»Der Herr Lehrer ruft dich«, meinte nun der Rothaarige, der hoffte, dass Kajetan etwas ausgefressen hätte und dafür bestraft werden würde. Als der Lehrer ein viertes Mal seinen Namen rief, konnte sich Kajetan nicht mehr taub stellen. Mit schlotternden Knien ging er zur Terrasse.

»Hast Hunger, Reinhardt?«

Kajetan konnte nicht antworten. Die Angst hatte seine Stimme erstickt. Er hatte zwar nichts angestellt, trotzdem war er auf ein Donnerwetter oder sogar auf eine Strafe gefasst, aber nicht auf diese harmlose Frage. Der Lehrer hob kurz das Kinn und sah ihn auffordernd an. Endlich brachte Kajetan ein schüchternes »Nein« hervor.

»Setz dich«, forderte der Lehrer ihn auf und schob ihm den Rest des Vespers hin: Schinken- und Leberwurst waren auf dem Teller angerichtet, dazu eine halbe Essiggurke, etwas Senf und eine dicke Scheibe Brot. Kajetans Magen krampfte sich zusammen. Seit dem Frühstück, als es eine hauchdünne Scheibe trockenes Brot gab, hatte er nichts gegessen. Am liebsten hätte er das Vesper auf einen Satz verschlungen, aber er befürchtete, dass der Lehrer nur einen dummen Spaß mit ihm trieb. Darum zögerte er, starrte aber unentwegt auf den Teller.

»Lass es dir schmecken«, sagte der Lehrer und nickte wohlwollend.

Die Hand zitterte, als Kajetan die Wurst aufs Brot legte. Sie zitterte noch mehr, als er hineinbiss. Obwohl der Lehrer sehr nett zu ihm war, konnte Kajetan nicht entspannt essen, zu tief saß die Angst, dass gleich irgendwas passieren würde. Doch es passierte nichts. Lehrer Bossert hatte einfach einen guten Tag.

Zwei Tage später, als das Lager in der Mittagshitze wie ausgestorben war, klopfte es leise an der Barackentür. Kajetan saß an den Hausaufgaben und schreckte zusammen. Kontrolle? Nein, das konnte nicht sein, die Polizisten klopften niemals an. Gespannt und gleichzeitig neugierig öffnete er die Tür.

»Grüß Gott, Herr Pfarrer.« Kajetan war erleichtert und freute sich, den netten Mann zu sehen.

»Grüß Gott, Kajetan.«

Sie setzten sich aufs verschossene weinrote Sofa der Webers. Der Pfarrer nahm Kajetans Hände und sagte: »Frau Weber ist gestorben.«

Kajetan ließ den Kopf hängen und kämpfte mit den Tränen.

»Die Ärzte haben gesagt, dass sie einige Zeit bewusstlos war. Gestern habe sie noch einmal die Augen aufgeschlagen, gelächelt und gesagt: ›Auf Wiedersehen, mein lieber Kajetan‹. Sie habe die Augen geschlossen und gemurmelt: ›Gustav, jetzt komm ich zu dir‹. Dann war sie tot.«

Die Tränen ließen sich nicht mehr aufhalten, Kajetan wurde von Weinkrämpfen geschüttelt. Die liebe Frau Weber hatte zum Schluss noch an ihn gedacht – er freute sich und gleichzeitig war er unendlich traurig. Er versuchte sich selbst etwas zu trösten, als er nach einer Weile hervorpresste: »Jetzt sind Herr und Frau Weber wieder zusammen.«

Der Pfarrer streichelte Kajetans Kopf, wie einem kleinen Kind putzte er ihm dann die Nase. Doch Kajetans Tränenstrom war nicht zu stoppen. Der Pfarrer faltete die Hände und sprach ein Gebet. Sie saßen lange schweigend nebeneinander. Die Anwesenheit des Geistlichen tat Kajetan gut.

Vermessen und klassifiziert

Immer noch weinend saß Kajetan auf dem weinroten Sofa. Es war bereits Abend, jeden Moment mussten Hubert und der Vater vom Steinbruch kommen, nach und nach trudelten die übrigen Reinhardts ein. Hildegard freute sich auf den morgigen freien Sonntag. Doch als sie ihren kleinen Bruder heulend sah, wurde ihr das Herz schwer. Kajetan fiel schluchzend in ihre Arme. Kurze Zeit später weinten beide, Hildegard hatte Frau Weber auch sehr gemocht. Die Mutter und Zäzilie quetschten sich zu den beiden aufs Sofa. Gemeinsam trauerten sie um Frau Weber und trockneten sich gegenseitig die Tränen. Gerade als der Vater nach Hause kam, plärrte Glöcklers Stimme aus dem Megafon: »Bekanntmachung! Alle herhören! Morgen hat sich jede Familie bereitzuhalten. Sie werden von mir persönlich abgeholt. Jeder muss seinen Ausweis mitbringen. Morgen verlässt keiner den Ummenwinkel.«

»Was bedeutet das?«, wollte Kajetan matt wissen.
»Ich weiß es nicht, mein Junge. Aber es gefällt mir nicht«, entgegnete die Mutter mit sorgenvoller Miene.
»Werden sie uns fortbringen?«, fragte Kajetan und schnäuzte sich.
Die Mutter versuchte zu lächeln, was ihr nicht gelang.

»Wie kommst du denn darauf, Banzari?«

»Der Glöckler hat doch gesagt, wir sollen unsere Ausweise mitbringen. Es soll noch viele Lager geben für Juden und Zigeuner und alle, die den Nazis nicht passen. Dagegen sei unser Ummenwinkel das Paradies.«

»Wer hat das erzählt?«

»Beim Bäcker Frommlet war da ein Mann in schwarzer Uniform, der hat das mit lauter Stimme berichtet.«

»Eine schwarze Uniform? Hatte er zwei kleine Totenköpfe am Kragen?«, fragte Hubert nach, der gerade zur Tür hereinkam.

»Ja, als er sich umgedreht hat, hab ich die weißen Totenköpfe gesehen.«

»Dann gehört der Mann zur SS«, ergänzte Hubert. Auf den fragenden Blick seines Bruders erklärte er: »SS heißt Schutzstaffel. Das ist so eine Art Elite der Nazis. Die kontrollieren die ganze Polizei, also auch den Glöckler und den Gruler, der die Polizei in Ravensburg leitet. Und sie kontrollieren die Lager, von denen du gehört hast, Banzari. Die SS-Männer sind scharf wie Kampfhunde. Würd mich nicht wundern, wenn sie bald die Überwachung des Ummenwinkels übernehmen. Die SS-Leute verstehen keinen Spaß und drücken niemals ein Auge zu. Vor den schwarzen Uniformen musst du dich in Acht nehmen, Banzari, hörst du?«

Kajetan nickte. Die Sache mit den Lagern interessierte ihn und sie lenkte von seiner Trauer ab. Das tat ihm gut.

»Was sind das für Lager, Hubert?«

»Ich weiß es nicht so genau«, meinte Hubert und fuhr sich dabei nervös über die Stirn.

Sein kleiner Bruder glaubte ihm kein Wort. »Schicken die uns morgen in so ein Lager?« Kajetan ließ nicht locker.

Hubert schüttelte energisch den Kopf und sagte eindringlich: »Daran darfst du nicht einmal denken, Banzari, hörst du, nicht einmal dran denken.«
Dann muss es sehr schlimm sein, dachte Kajetan, sagte aber nichts mehr.

Am nächsten Morgen regnete es in Strömen. Der Boden des Ummenwinkels war nicht bereit, die Regenmassen zu schlucken. Es bildeten sich bereits große Pfützen. In der Nacht hatten alle schlecht geschlafen. Kajetan konnte sich nicht so recht vorstellen, wie schrecklich es in den anderen Lagern sein müsste. Vielleicht hatte dort nicht einmal jede Familie eine kleine Baracke. Vielleicht durften die Kinder dort nicht zur Schule. Vielleicht durften sie so ein Lager nie verlassen. Vielleicht würden diese SS-Männer mit den Totenköpfen jeden schlagen, der ihnen in den Weg kam. Weniger zu essen könnte es auch in schlimmeren Lagern nicht geben. Schließlich litt Kajetan täglich unter Hunger. Er wusste nicht, was schlimmer war: Frau Webers Tod oder die Ungewissheit, was der Glöckler vorhatte, oder die Lager?

Dabei gefiel ihm schon der Ummenwinkel nicht. Das Gefühl von Eingesperrtsein. Das ewige Flüstern. Glöcklers Ankündigungen, die nie etwas Gutes bedeuten. Die Kontrollen. Die Baracken. Der Matsch. Kajetan wollte gehen, wohin er Lust hatte. Er wollte unbedingt nach Tuttlingen, zu Heiner. Er wollte frei sein. Kajetan hoffte immer noch, dass Karl tatsächlich nach Österreich abhauen würde. Dann würde er den Bruder begleiten. Von seinen früheren Aufenthalten in den Bergen wusste Karl von verlassenen Hütten. Vor einigen Wochen hatte er noch gesagt, dass sie nur so eine Hütte finden, sich genügend Brennholz für den Winter beschaffen und einen Essensvorrat anlegen müssten, dann würden sie friedlich in den Bergen leben. Doch mittlerweile war Karl von einer Flucht nicht mehr so überzeugt. Er glaubte nicht, dass es in diesen schlechten Zeiten möglich wäre, einen Vorrat an Lebensmitteln zu beschaffen. Aber Kajetan hatte vom Ummenwinkel so die Schnauze voll, dass er beschloss, seinen Bruder stetig zu bearbeiten und den Plan noch genauer auszufeilen. Irgendwann würde er schon mit ihm aus dem Ummenwinkel abhauen.

Nach dem Sonntagsfrühstück, das für jeden aus einer Tasse Tee und einer Scheibe Brot mit einem Hauch Butter bestand, saßen alle in atemloser Spannung in der Hütte. Keiner sagte ein Wort. Still war es nicht nur bei den Reinhardts, die angespannte Stille lag überm gesamten Ummenwinkel. Durchbrochen wurde die Stille nur durch Glöcklers Stimme, der in unregelmäßigen Abständen vor einer Baracke stand und laut den Namen einer Familie ausrief. Dann kamen alle verschreckt aus der Hütte. Glöckler, der einen dicken Regenmantel trug, führte die Familie zu einer freien Baracke. Irgendwann kamen sie wieder nach draußen und schauten noch verstörter drein.

»Familie Johann Reinhardt«, brüllte Glöckler von draußen. Kajetan blickte zum Vater, der ihm aufmunternd zulächelte, und dann zur Mutter, die die Hände gefaltet hatte. Die Mutter nahm ihr Umhängetuch, das bei Kajetans Kommunion als Tischdecke gedient hatte, und schlang es um den Kopf.
»Na wird's bald«, schrie Glöckler ungeduldig.

Der Vater trat erhobenen Hauptes vor die Tür. Der Rest der Familie folgte ihm. In der Holzbaracke, zu der Glöckler sie gebracht hatte, saßen eine rothaarige Frau und ein Mann.

»Wir sind von der Rassenhygienischen Forschungsstelle«, nuschelte der Mann. »Mein Name ist Doktor Ritter, das ist meine Kollegin Frau Justin. Wir haben den Auftrag, alle Zigeuner im Reichsgebiet zu erfassen.«

Die rothaarige Frau Justin nahm ein Blatt Papier, auf dem schon einiges mit Schreibmaschine getippt war. Währenddessen musste sich der Vater auf einen Hocker setzen.

»Haarfarbe?«, fragte die Rothaarige.

Doktor Ritter hatte einen Stab, an dem verschiedenfarbige Haarbüschel hingen. Er hob den Stab an Vaters Kopf und verglich dessen Haarfarbe mit denen am Stab.

»Schwarz«, stellte er dann fest. Die Rothaarige notierte dies auf einem Zettel.

»Augenfarbe?«, wollte die Rothaarige danach wissen.

Der Doktor nahm die Augenfarbentafel mit den vielen kleinen Glaslinsen in unterschiedlichen Farben und verglich sie mit Vaters Augenfarbe. Dieser saß mit versteinerter Miene da. Nur ein leichtes Zittern seines Schnurrbartes verriet seine Angst.

»Dunkelbraun.«

»Augen – tiefliegend oder vorquellend?«, las die Assistentin Justin vom Zettel ab.

»Tiefliegend«, entschied Doktor Ritter.

Danach vermaß er den Abstand der Augen, die Dichte der Augenbrauen, der Wimpern, die Nase, sogar die Nasenlöcher, den Mund, die Lippen, das Gebiss, die Stirn, die Ohren, das Kinn, den ganzen Schädel und den Hals.

»Aufstehen«, wurde der Vater aufgefordert.

Doktor Ritter las an einem Maßband Vaters Größe ab.

Danach musste er seine Hände und die nackten Füße zeigen. Die Bein-, die Armlänge, der Rumpf, alles wurde vermessen. Und die Assistentin vermerkte alles auf Papier.

»Nächster«, kommandierte Doktor Ritter, als ihm nichts mehr einfiel, was er am Vater noch vermessen konnte.

Hubert setzte sich auf den Stuhl und die ganze Prozedur begann von vorne. Es dauerte lange, bis alle Reinhardts vermessen waren.

Der Vater fragte zwischendurch: »Wofür soll das Ganze gut sein?«

»Das sagte ich bereits«, antwortete Ritter barsch. »Wir haben den Auftrag, alle Zigeuner zu erfassen. Oberste Anordnung aus Berlin. Wir fragen nicht warum, wir gehorchen einfach und erledigen gewissenhaft unsere Arbeit.«

Das Ergebnis der Vermessung stand schnell fest: Beide Eltern seien Zigeunermischlinge, somit waren es auch die Kinder.

»Ausweise dabei?«, schnauzte Polizeimeister Glöckler sie an.

Alle nickten. Ohne ein Wort zu sagen sammelte Glöckler die Ausweise ein.

»Aber Sie können uns doch nicht einfach unsere Ausweise abnehmen«, protestierte Karl.

»Siehst doch, dass ich das kann.« Spöttisch zog Glöckler eine Augenbraue hoch. »Heut Abend könnt ihr schon die neuen Pässe abholen, aber jeder muss persönlich vorbeikommen. Heil Hitler!«

Es schüttete immer noch wie aus Kübeln, als sie zur Baracke zurückrannten.

»Was haben sie mit uns vor?«, fragte Hildegard verängstigt.

»Ich weiß es nicht. Ich weiß es wirklich nicht«, entgegnete der Vater sehr beunruhigt.

»Hast du eine Vorstellung, Hubert?«

»Nein.«

»Dieses Vermessen war doch dummes Zeug«, meinte die Mutter grinsend. »Dieser Doktor Ritter hat überhaupt keine Ahnung. Er hat uns als Mischlinge abgestempelt. Das ist lächerlich. Sowohl euer Vater als auch ich, wir sind seit Generationen reine Sinti. Da kann der mit seinen Listen noch so viel austüfteln, ich bleib dabei: Der hat keine Ahnung.«

»Das nützt uns nur nichts, Mutter«, meinte Hubert. »Egal ob Zigeuner oder Mischling. Die Nazis können uns nicht leiden und machen uns das Leben schwer.«

»Vielleicht machen sie das mit dem Vermessen, weil sie uns doch fortschicken wollen«, mischte sich Kajetan in das Gespräch ein.

»Banzari, du immer mit deinem Fortschicken. Sei still, ich will nichts mehr davon hören«, schimpfte die Mutter.

Das Vermessen dauerte den ganzen Sonntag. Frau Schneck fragte durch die Bretterwand, ob sie rüberkommen könne. »Ich bin völlig durcheinander«, gestand sie. »Warum machen die das?«

Alle zuckten ahnungslos und verängstigt mit den Schultern.

»Befehl aus Berlin«, meinte Karl.

»Aber die befehlen doch nicht einfach so grundlos. Die überlegen sich doch was dabei. Was kann nur der Grund für dieses blöde Vermessen sein. Ich glaube, es wird etwas Schreckliches passieren.«

Mit Einbruch der Dunkelheit gingen alle Reinhardts gemeinsam zur Baracke, in der sie vermessen worden waren. Es hatte aufgehört zu regnen. Der Boden war aufgeweicht und schlammig. Vor der Hütte hatte sich bereits eine Warteschlange gebildet, denn morgen brauchte jeder im Ummenwinkel seinen Pass. Sobald sie das Lager verließen, mussten sich die Sinti und Roma jederzeit ausweisen können. Wer ohne Pass erwischt wurde, wurde bestraft.

Es dauerte eine Stunde, bis die Reinhardts an der Reihe waren. Längst war Kajetan mehrere Male zur Baracke gerannt und hatte für alle Jacken oder Pullover geholt. Denn die Nacht war kalt und neblig.

Hinter dem Schreibtisch, an dem tagsüber die Utensilien fürs Vermessen gelegen hatten, saß nun Polizeimeister Glöckler. Unbeweglich standen vier Männer in schwarzer Uniform hinter ihm. SS – Achtung die sind gefährlich – schoss es Kajetan sofort durch den Kopf.

»Name?«, fragte Glöckler.

»Reinhardt, Johann«, antwortete der Vater.

Der Polizist kramte in einem Karteikasten nach einem grauen Papier. Er griff nach der rechten Hand es Vaters, nahm den Daumen zwischen seine Finger, rollte ihn über ein Stempelkissen und drückte den Daumen danach in das Feld, über dem stand: Abdruck des rechten Daumens.

»Fertig.« Der Polizist überreichte dem Vater den neuen Ausweis.

»Nächster. – Name?«

So ging es ununterbrochen.

Kajetan schaute sich den Ausweis genau an: »Bescheinigung« stand in fetten Buchstaben darauf. Es war eine Bescheinigung, kein Ausweis. Darunter war mit Schreibmaschine getippt:

Der Kajetan Reinhardt, geboren 1928, gilt als Zigeunermischling. Diese Bescheinigung hat der Inhaber stets bei sich zu tragen.

Dann kam das Feld, auf dem der Fingerabdruck zu sehen war, und daneben stand: *Reichskriminalpolizeiamt Berlin, 1939*, darunter war eine krakelige Unterschrift gesetzt, die Kajetan nicht entziffern konnte.

»Es steht nirgends drauf, dass wir Deutsche sind«, wunderte sich Hubert, der sich den Pass auch genau angeschaut hatte.

Da kam plötzlich Leben in einen der SS-Uniformierten.

»Mit dem Rasseausweis seid ihr keine Deutschen mehr. Zusammen mit dem alten Pass wurde euch die deutsche Staatsangehörigkeit entzogen«, bellte er wie ein bissiger Hund.

»Was sollen wir dann sein, wenn wir keine Deutschen mehr sind?«, fragte Karl, dem das alles sehr seltsam vorkam.

»Zigeuner«, bellte der SS-Mann. »Ihr seid Zigeuner oder Zigeunermischlinge.«

»Aber das ist doch keine Nationalität«, widersprach ihm Hubert mit einem leicht überheblichen Grinsen und wunderte sich über die Dummheit des Uniformierten. »Italiener sein ist eine Nationalität, oder Russe, aber doch nicht Zigeuner.«

»Vorsicht, Bursche«, knurrte der SS-Mann, es klang sehr gefährlich.

Die Brüder schwiegen vorsichtshalber und gingen schnell zur Baracke zurück.

»Was haben die bloß mit uns vor?«, überlegte Hubert daheim.

»Auf jeden Fall nichts Gutes, glaub mir«, entgegnete Hildegard. Ihre Stimme zitterte.

Miese Aussichten

Am Montag gingen alle ihren Arbeiten nach. Kajetan rannte mit Roman zur Schule, sie waren spät dran, weil sie am Lagerausgang zum ersten Mal von einem SS-Mann kontrolliert wurden. Sie mussten die neue Bescheinigung zeigen und ihre Hosentaschen und die Ranzen ausräumen. Gerade noch rechtzeitig vor ihren Lehrern schlüpften sie in die Klassenzimmer.

»Guten Morgen!« Lehrer Bossert brüllte den Gruß wie einen Befehl.

Sofort sprangen alle Schüler auf und brüllten »Guten Morgen« zurück.

Danach blieben Kajetan und alle anderen wie festgewachsen stehen. Ihr Lehrer stand in einer braunen Uniform vor ihnen. Den imposanten Schnauzbart hatte er abrasiert und auch so ein albernes zwei Finger breites Bärtchen unter der Nase stehen lassen, wie ihn immer mehr Männer trugen.

»Setzen«, forderte der Lehrer sie auf. »Ihr seht, ich trage von nun an die braune Uniform der SA, das heißt Sturmabteilung der Nationalsozialistischen Deutschen Arbeiterpartei«, erklärte er stolz. »Damit will ich meine Verbundenheit zu unserem Führer Adolf Hitler zum

Ausdruck bringen. Am Wochenende sind die deutschen Truppen in die Tschechoslowakei einmarschiert. Es ist eine großartige Zeit, in der wir leben, und sie wird noch viel großartiger für das deutsche Volk. Für alle anderen wird es nicht so großartig«, fügte er hinzu. Er warf einen Seitenblick auf Kajetan, der nun wie erstarrt in seiner Bank saß. Am liebsten wäre er aus dem Klassenzimmer gerannt und nie wieder zum Unterricht gekommen, aber er konnte sich keinen Millimeter bewegen. Vor dem Lehrer in Uniform hatte er noch mehr Angst als schon zuvor.

»Gute Nachrichten für uns sind schlechte Nachrichten für dich, Zigeuner«, rief der Rothaarige in der Pause über den Schulhof. Es klang wie eine Drohung. »Am besten, du gibst mir die Armbanduhr. Ich bewahre sie für dich auf«, startete der Rothaarige einen erneuten Versuch. Immer noch war er ganz wild auf die Armbanduhr. Kajetan tat, als wüsste er nicht, wovon der Rothaarige sprach. »Hast sie verschlampt? Oder wurde sie dir geklaut? Ihr beklaut euch doch sicherlich gegenseitig, ihr dreckigen Zigeuner.«

Für Kajetan wurde das Sticheln des Mitschülers unerträglich. Er spuckte ihm erst vor die Füße, dann auf die Schuhe und rannte danach Richtung Ummenwinkel. Was ihm der Rothaarige nachrief hörte er nicht mehr.

»Für alle anderen wird es nicht so großartig« – die Worte des Lehrers konnte Kajetan nicht mehr vergessen. Die Lager, die großen, schrecklichen Lager. Immer wieder kamen ihm die Lager in den Sinn. Kajetan konnte sich kaum auf seine Hausaufgaben konzentrieren, denn Bilder von riesigen Barackensiedlungen mit vor Schmerz brüllenden Menschen bauten sich in seinem Kopf auf.

»Banzari, der Herr Pfarrer ist da«, sagte Roman so leise wie möglich.

Froh, den netten Mann zu sehen, ging Kajetan zu ihrem engen Treffpunkt zwischen zwei Baracken. »Grüß Gott, Herr Pfarrer, ich möcht Sie um etwas bitten«, platzte er heraus. Die Idee war ihm vor ein paar Tagen gekommen. Vielleicht könnte er so dem Vater helfen.

»Grüß Gott, Kajetan. Was denn?«

»Mein Vater hat schlimme Magenschmerzen, aber er geht nicht zum Arzt. Weil die Aufpasser im Steinbruch ihn bestrafen, wenn er fehlt. Können Sie ihm Medizin besorgen?«

»Ist er sehr krank?«

»Er stöhnt nachts und krümmt sich vor Schmerzen, manchmal kann er nichts essen«, erklärte Kajetan.

»Das hört sich schlimm an. Er sollte unbedingt zu einem Arzt.«

»Aber er geht nicht. Mutter sagt es ihm täglich. Es nützt nichts. Er geht einfach nicht.«

Der Pfarrer stieß laut hörbar Luft aus. »Gut, ich versuch Medizin aufzutreiben, aber ich kann nichts versprechen.«

»Danke, Herr Pfarrer!«

»Du hast doch noch etwas auf dem Herzen«, sagte der Pfarrer, nachdem Kajetan unschlüssig neben ihm stand. »Los, raus damit.«

»Wissen Sie etwas über die großen Lager?«

Der Pfarrer seufzte. Nach einer Weile antwortete er: »Ich weiß wenig. Die Nazis sammeln viele Leute ein, Juden hauptsächlich. Die sperren sie in riesige Lager, Konzentrationslager nennen sie die. Wer gesund ist, der muss dort schwer arbeiten, wer nicht gesund ist oder alt, der ...«

»Was ist mit denen?«

Der Pfarrer schüttelte den Kopf. »Das weiß ich nicht, mein Junge.«

»Bitte, sagen Sie es mir«, bettelte Kajetan. »Hat das was mit dem Vermessen zu tun?«

»Mit welchem Vermessen?«

Kajetan berichtete von Doktor Ritter und seinem merkwürdigen Befehl aus Berlin. »Hat es damit etwas zu tun?«, bohrte er weiter.

Statt einer Antwort sagte der Pfarrer: »Lass uns beten.«

Doch Kajetan ließ nicht locker. »Sind die Lager nur für Juden? Oder auch für, für Zigeuner?«

»Ja, Kajetan. Ich glaub, es kommen auch Zigeuner in die Lager. – Nun lass uns beten.«

Statt zu beten beschloss Kajetan, dass er am Abend mit Karl sprechen würde, über eine Flucht nach Österreich. Er wollte unbedingt weg.

Ab nach Friedrichshafen!

Doch am Abend war alles anders. Die Familie saß bei einer dünnen Kartoffelsuppe mit ein paar Kohlblättern darin, als Hubert verkündete: »Vater und ich, wir müssen ab morgen in Friedrichshafen arbeiten. Bei einer Baufirma. Karl bleibt weiterhin im Steinbruch.«

»Wohnt ihr dann auch in Friedrichshafen?«, wollte Hildegard besorgt wissen. Friedrichshafen war weit weg – am Bodensee.

»Nein, wir müssen jeden Tag mit dem Zug dorthin fahren. Wir und die anderen, die abkommandiert wurden«, erklärte Hubert mit betrübtem Gesicht. »Um fünf Uhr in der Früh geht der Zug.«

»Brauchen sie euch denn nicht mehr im Steinbruch?«

»Doch, wahrscheinlich schon. Aber ich hab gehört, dass sie uns einfach an die Baufirma verkauft haben, so als wären wir Werkzeug«, antwortete Hubert.

»Hat das etwas mit dem Vermessen zu tun?« Kajetan überlegte immer noch krampfhaft, was hinter dem Vermessen stecken könnte. So was wurde doch nicht ohne Grund gemacht.

»Ich glaub nicht, Banzari«, sagte Hubert. »Aber bei den Nazis weiß man nie.«

Der Vater saß schweigend da. Jeder konnte sehen, dass er starke Schmerzen hatte. In der Nacht hörte Kajetan, wie er sich hin und her wälzte und unaufhörlich stöhnte. Armer Vater, dachte er, hoffentlich kann der Herr Pfarrer schnell Medizin besorgen. Dann hörte er, wie die Mutter aufstand und zum Ofen ging, in dem noch ein kleines Feuer loderte. Sie stellte Wasser auf den Ofen und machte ihrem Mann warme Wickel. Doch das Stöhnen hörte nicht auf.

»Bleib doch heut daheim«, bat ihn seine Frau eindringlich.

»Ich kann doch nicht gleich am ersten Tag fehlen!«

»Aber so wie es dir heute geht, kannst du doch nicht arbeiten«, versuchte es die Mutter noch einmal.

»In ein paar Stunden wird es bestimmt besser sein.«

Es wurde nicht besser. Am Abend kam der Vater, auf Hubert gestützt, nach Hause. Er legte sich sofort aufs Sofa.

»Wie ist es euch ergangen?«, fragte die Mutter besorgt.

»Schlimm«, begann Hubert seine Schilderung. »Es gibt einen Vorarbeiter, einen kleinen, dicken Mann, Schüttenhelm heißt der. Der beobachtet uns den ganzen Tag. Wenn man für ein paar Sekunden die Schaufel zur Seite legt, dann brüllt er: ›Ich schick dich ins Konzentrationslager. Da lernst du arbeiten‹. Morgens zur Begrüßung schrie er: ›Nur wer von euch arbeitet, hat ein Recht zu leben‹.«

Die Mutter hielt sich erschrocken die Hände vor den Mund. Jetzt verstand sie, warum ihr Mann unbedingt zur Arbeit musste. Wer weiß, was sie sonst mit ihm anstellen würden.

Bei dem Wort ›Konzentrationslager‹ wurde Kajetan hellhörig. Diese Konzentrationslager mussten einfach fürchterlich sein, überlegte er, wenn davor sogar erwachsene Männer Angst hatten.

Drei Wochen später, es war bereits Mai und die Vergissmeinnicht blühten, hatte der Pfarrer immer noch keine Medizin gebracht. Da nichts passiert war, was auf das Vermessen zurückzuführen war, beschloss Kajetan, dies als Spinnerei der Nazis abzutun. Die Magenschmerzen des Vaters waren dagegen keine Spinnerei und so stark, dass er morgens kaum aufstehen konnte.

»Ich muss hin, ich muss unbedingt zur Arbeit«, keuchte er.

»Es geht nicht«, entschied seine Frau.

»Nur wer arbeitet, hat ein Recht zu leben – hast du den Spruch von Schüttenhelm schon vergessen? Der behauptet dann, dass ich das absichtlich mache. Damit die Arbeit nicht so schnell vorangeht.« Angestrengt japste der Vater nach Luft. »Erst gestern hat er einen Arbeiter abholen lassen, der drei Stunden zu spät gekommen ist, weil er seine schwerkranke Frau zum Arzt bringen musste. Niemand weiß, was aus dem Mann geworden ist.«

Kajetan litt mit seinem Vater. »Ich geh heut für dich zur Arbeit. Dem Schüttenhelm kann doch egal sein, wer arbeitet. Einen Tag kann ich in der Schule fehlen. Den Lehrer interessiert das doch eh nicht, ob Zigeuner was lernen.«

Seit ein paar Wochen war Kajetan bei Lehrer Schmidberger, einem waschechten Nazi. Erst vorgestern hatte er Kajetan geschlagen – ohne Grund. Kajetan hätte sich nie vorstellen können, dass er sich einmal nach dem strengen Lehrer Bossert sehnen würde. Bei Bossert zitterte er zwar, wenn er ihn anbrüllte, aber Bossert hatte ihn nie grundlos geschlagen.

»Du musst mir zeigen, was ich machen muss«, meinte Kajetan zu Hubert, bevor sie am nächsten Morgen – eigentlich noch mitten in der Nacht – aufbrachen.

»Bleib nur immer bei mir, dann kann nichts schiefgehen.«
Trotz seiner Schmerzen versuchte der Vater aufzustehen,
um seinen Jungen an sich zu drücken. »Banzari, mein
Banzari«, stammelte er erschöpft.

»Bleib liegen, Vater, und ruh dich aus«, sagte Kajetan und
sehr leise fügte er hinzu: »Nimm dich vor den Kontrollen in Acht. Marias Großvater weiß, wo du dich verstecken kannst.« Dann zog er den Blaumann des Vaters an,
der ihm viel zu groß war. Er krempelte die Ärmel und
Hosenbeine des Arbeitsanzuges hoch und schlang einen
dünnen Strick um seine Hüften. Gleich darauf küsste ihn
die Mutter und Hubert flüsterte: »Wir treffen uns auf der
Wiese.«

Mittlerweile war das Lager Tag und Nacht von den SS-
Leuten bewacht. Kajetan schlich zu der Stelle, wo er,
Zäzilie, Roman und die meisten Kinder aus dem Ummenwinkel unterm Zaun hindurchkrochen, wenn sie das Lager eigentlich nicht verlassen durften. Bisher hatten die
Kontrollen die Stelle nicht entdeckt. Da die Kinder größer
wurden, musste auch das Loch wachsen. Wahrscheinlich war es bald zu groß, um es dann noch geschickt und
unauffällig mit Zweigen zu tarnen.

Kajetan schaute sich vorsichtig um. Niemand war zu sehen. Wie der Blitz rannte er zum Loch, warf sich auf den
Boden und kroch in Windeseile unterm Stacheldraht hindurch. So schnell er konnte, rannte er weiter. Schon vor
der Wiese traf er auf Hubert.

»Gut gemacht, Kleiner«, lobte er ihn.

Schweigend saßen sie im Zug, die meisten versuchten noch ein wenig zu schlafen. Dazu war Kajetan zu
aufgeregt. Die anderen Zwangsarbeiter aus dem Ummenwinkel sahen den Jungen zwar verwundert an, konnten

sich aber denken, warum Kajetan und nicht sein Vater zur Arbeit fuhr.

Es sollte ein heißer Tag werden. Obwohl es erst Mai war, lag bereits der Duft von Sommer in der Luft. Der Flieder blühte nur noch wenige Tage, erste Margeriten und blauer Salbei waren auf den Wiesen zu sehen. Doch davon nahm Kajetan keine Notiz.

»Mein Bruder arbeitet heut für den Vater«, erklärte Hubert dem Vorarbeiter, als dieser fragend auf Kajetan zeigte. Schüttenhelm sah furchterregend aus. Sein Gesicht war voller Narben und die Haut rau, als wäre sie mit Sand überzogen. Wortlos reichte er Kajetan eine Schaufel. Mit Hubert und drei anderen vom Ummenwinkel machte er sich daran, einen Graben auszuheben. Schon nach einer Stunde war Kajetan erledigt.

»Du darfst nicht so viel auf die Schaufel packen, sonst stehst du den Tag nicht durch«, raunte ihm Hubert zu.

»Die Arbeit ist wohl zu leicht für euch, wenn du noch Zeit zum Tratschen findest?«, brüllte Schüttenhelm sofort. »Wenn du nicht auf der Stelle still bist, dann landest du morgen im KZ!«

Hubert schaufelte fleißig weiter. Auch Kajetan stach immer wieder mit der Schaufel in den Boden, lud Erde auf und hievte sie auf eine Schubkarre. Der Schweiß rann ihm unter seinem Blaumann den Rücken hinab und wurde erst von der löchrigen Unterhose gebremst.

Später hatte Kajetan nur eine Erklärung, wie er diese Schinderei bis zur Pause ausgehalten hatte: Angst, nichts als Angst.

In der Pause interessierte ihn nur ein Schattenplatz – es hatte bereits 24 Grad – und das Trinkwasser.

Als Schüttenhelm erneut zur Arbeit rief, konnte Kajetan kaum aufstehen, so sehr schmerzte ihm der Rücken. Gebückt nahm er seine Schaufel und grub langsam weiter.

»Nicht einschlafen! Du arbeitest ja noch langsamer als dein Vater«, brüllte Schüttenhelm ihn an.

Kajetan versuchte das Tempo zu beschleunigen. Der Vorarbeiter nickte zufrieden und wandte sich einem anderem zu, den er schikanieren konnte. Sofort legte Kajetan eine Pause ein, wobei er Schüttenhelm im Auge behielt. Bereits vor der Mittagspause hatte Kajetan Blasen an den Händen. Im Laufe des Nachmittags platzten diese auf, sodass das rohe Fleisch zu sehen war. Sobald er den Schaufelgriff mit den Fingern umschloss, brannten Kajetans Hände, als bestünde der Griff aus glühenden Kohlen. Seine Arme waren zentnerschwer. Gebückt wie ein alter Mann auf seinen Stock, stützte er sich auf die Schaufel. Er konnte sich beim besten Willen nicht vorstellen, wie Hubert, Vater und all die anderen Männer diese Schinderei tagtäglich aushielten. Als Schüttenhelm »Feierabend« brüllte, musste Kajetan vor Erleichterung und wegen der Schmerzen weinen.

»Gut gemacht, Brüderchen.« Hubert wollte ihn aufmuntern.

Im Zug schlief Kajetan sofort ein.

Als er später unterm Stacheldraht hindurchkroch, wäre er am liebsten dort liegen geblieben. Schlafen, nur noch schlafen. Kajetan schlief vor Erschöpfung am Tisch ein. Er merkte nicht, dass die Mutter ihn auszog und wie ein kleines Kind wusch. Entsetzt entdeckte sie das offene Fleisch an seinen Händen.

Tatzen aufs rohe Fleisch?

Am nächsten Morgen schmerzte jede Faser seines Körpers. Die Hände waren völlig unbrauchbar. Wie sollte er bloß einen Stift halten? Am liebsten wäre Kajetan nicht aufgestanden. Aber er konnte nur einen Tag ohne Ärger in der Schule fehlen.

»Hier, dein Frühstück.« Die Mutter hatte ihm das Essen von gestern aufgewärmt. Kajetan verschlang die zwei Kartoffeln ohne aufzublicken.

»Bist du abmarschbereit?«, fragte Roman durch die Bretterwand.

»Mhm«, antwortete Kajetan kleinlaut.

»War es sehr schlimm?« Als er sah, wie sein Freund auf ihn zu schlich, wusste Roman, dass die Frage überflüssig war.

Heute war Kajetan heilfroh, dass er in der letzten Reihe saß. Wie jeden Tag las Lehrer Schmidberger einige Seiten aus Hitlers Buch »Mein Kampf« vor. Meistens langweilte sich Kajetan dabei, wie alle anderen verstand er die umständlichen Worte kaum. Jetzt kamen noch Müdigkeit und Erschöpfung hinzu, sodass sein Kopf nach vorne fiel und er einschlief.

»Reinhardt – was fällt dir ein!?«

Mühsam öffnete Kajetan die Augen.

»Vorkommen!«

Langsam nach vorne schlurfend, als trüge er Eisenkugeln an beiden Beinen, erreichte er das Pult.

»Streck deine Hände aus«, forderte ihn der Lehrer auf. »Für Schlafen im Unterricht gibt es fünf Tatzen!«

Kajetan zögerte. Wortlos flehte er: Bitte nicht, bitte nicht auf die Handflächen.

»Na wird's bald.«

Kajetan schloss die Augen und streckte seine offenen Hände nach vorne. Er zitterte, gleich würde der Bambusstock auf das rohe Fleisch niedersausen. Kajetan wartete ein paar Sekunden, aber nichts geschah. Vorsichtig öffnete er die Augen. Der Lehrer starrte entsetzt auf Kajetans geschundene Hände.

»Das gehört verbunden«, sagte er nur. »Setzen.«

Aus Dankbarkeit hätte Kajetan dem Lehrer die Füße küssen können.

»Schau an, Sonderrechte für unseren Zigeuner. Wie hast du dich denn beim Schmidberger eingeschmeichelt?«, wollte der Rothaarige in der Pause wissen. »Bekommst nicht mal Tatzen fürs Pennen. Hast du ihn mit der Armbanduhr bestochen?«

»Lass mich in Ruhe«, gab Kajetan müde zurück.

»Keine Lust«, meinte der Rothaarige, der nun mit zwei Freunden vor Kajetan stand.

»Den Schmidberger kannst du zwar um den Finger wickeln, mich aber nicht. – Her mit der Uhr, oder ich verprügle dich.«

»Es gibt keine Uhr für dich«, sagte Kajetan, ihm gelang sogar ein Grinsen. Die Uhr lag sicher unterm Ofen, da würde der Rothaarige niemals hinkommen. Ohne Vorwarnung traf ihn ein Schlag im Magen. Kajetan sackte zusammen und fiel zu Boden. Die drei Jungs lachten und traten mit den Schuhen nach ihm. Kajetan rollte sich zusammen und versuchte den Kopf mit den Händen zu schützen. Die Fußtritte trafen überall.

»Aufhören, sofort aufhören«, brüllte Schmidberger. »Drei gegen einen, das ist unfair. Das macht kein deutscher Junge.«

Obwohl ihm alles weh tat und seine Hände brannten, als hätte man Zigaretten darauf ausgedrückt, seine Oberlippe blutete und er sich fast nicht bewegen konnte, rappelte sich Kajetan auf. Gleichzeitig schwappte eine unglaubliche Wut in ihm hoch. Warum ließ man ihn nicht einfach in Ruhe? Er hatte es so satt! Während sich Kajetan zum Ummenwinkel schleppte, sann er auf Rache. Er wollte nicht immer Opfer sein!

Am Nachmittag trafen sich viele Kinder des Ummenwinkels zum Fußballspielen.

»Wer hat dich denn geküsst?«, fragte Roman kichernd, als er Kajetans geschwollene Lippe sah. Kajetan begann zu berichten. Schnell bildete sich ein Kreis von Kindern um ihn. Manche nickten wissend. Sie hatten schon ähnliche Erfahrungen gemacht.

»Der Rothaarige verdient eine Abreibung«, meinte Roman. Wieder nickten einige.

»Aber der ist nie allein unterwegs, der hat immer mindestens drei andere um sich«, gab Kajetan zu bedenken.

»Na und? Wir sind mehr«, entgegnete Roman und blickte in die Runde. Alle nickten. Dann begannen sie zu überlegen, bis die Köpfe rauchten und der Plan ausgetüftelt war.

Gerade als Kajetan an der Schulbank des Rothaarigen

vorbeiging, fiel am nächsten Tag scheinbar zufällig ein Zettel aus seiner Hosentasche: Uhr-Übergabe heute Mittag um drei am Binsenweiher!

Von seiner Bank aus konnte Kajetan sehen, wie der Rothaarige den Zettel vom Boden fischte, las und dann seine Sitznachbarn anstupste. Sie tuschelten.

Bereits um halb drei versteckten sich zehn Kinder aus dem Ummenwinkel am Binsenweiher. Kajetan versteckte sich nicht, sondern stand am Ufer und schaute sich suchend um. Viertel vor drei hörte er das schaurig klingende, langgezogene Rufen eines Waldkäuzchens: »Huhu-u-u-u-u!« – Das war ihr Zeichen, dass der Rothaarige im Anmarsch war. Eigentlich waren Waldkauze erst in der Dämmerung zu hören, hoffentlich wusste das der Rothaarige nicht. Da Romans Bruder Ewald der Einzige war, der überhaupt ein Tier täuschend echt nachmachen konnte, musste es nun mal der Waldkauz sein. »Hu-hu-u-u-u-u!«

Kajetan spannte seine Muskeln, er hörte Zweige knacken und Flüstern. Der Rothaarige und seine Kumpane versuchten sich möglichst lautlos anzuschleichen. Doch das gelang ihnen ziemlich schlecht. Kajetan grinste, drehte sich langsam zu ihnen um und schaute in drei überraschte Gesichter. Der Rothaarige fand als erster seine Sprache wieder. »Na Zigeuner, wo ist denn deine Uhr?«

Kajetan tat überrascht: »Welche Uhr?«

»Du weißt genau, wovon ich rede«, zischte der Rothaarige. Er fühlte sich sehr sicher. »Gib sie her! Dann lassen wir dich in Ruhe, andernfalls…« Seine beiden Kumpane traten einen Schritt näher, »…machen wir Kartoffelbrei aus dir.«

»Hu-hu-u-u!« Das Käuzchen war wieder zu hören. Kurz

darauf stoben zehn Kinder mit Geschrei auf die drei zu. Denen blieb nichts anderes übrig, als in den Binsenweiher zu flüchten. Mit Schuhen, in Hosen und Hemden. Trotz der warmen Tage war das Wasser noch kalt. Die Ummenwinkel-Kinder johlten vor Freude. Immer wenn sich die drei Buben anschickten, aus dem Wasser zu kommen, standen alle Ummenwinkler so dicht beieinander, dass es kein Durchkommen gab.

Nach 20 Minuten klapperten die drei mit den Zähnen. Nach 25 Minuten versuchten sie sich durch die Binsen zu schlagen, doch auch da standen schon die Ummenwinkler. Nach 30 Minuten im kalten Wasser begannen sie zu betteln. »Bitte, lasst uns raus! Es ist saukalt.«

Alle Ummenwinkel-Kinder standen mit verschränkten Armen da, keiner rührte sich. Nach einer gefühlten Ewigkeit traten sie schweigend zur Seite, um einen Korridor zu öffnen. Die drei wateten so schnell wie möglich aus dem Wasser, zögerten kurz, als sie an Land waren. Und rannten dann pitschnass unter dem Gelächter der Ummenwinkel-Kinder nach Hause. Kajetan, Roman, Ewald und die anderen zogen gut gelaunt zum Ummenwinkel, schlüpften unbemerkt unterm Zaun hindurch, Ewald ließ noch mal den Waldkauz ertönen und alle freuten sich über ihren gelungenen Coup. Ganz sicher würde der Rothaarige Ruhe geben – zumindest für eine Weile.

Zwangsarbeit statt Sommerferien

Blaue Eisvögel schossen nur wenige Zentimeter über das Wasser der Schussen. Die ersten Wiesen wurden gemäht. Der Ummenwinkel war durchflutet von Helligkeit und Wärme.

»Was ist das?«, fragte Kajetan neugierig, als er aufgedreht vom Binsenweiher kam, und deutete auf das Päckchen auf dem Tisch.

»Der Herr Pfarrer hat es schicken lassen. Es sei für den Vater. Du wüsstest Bescheid.«

Die Medizin! Endlich! Kajetan konnte es kaum erwarten, bis der Vater von der Arbeit kam. »Hier, das ist für dich«, freudestrahlend überreichte er ihm das Päckchen. »Da ist Medizin drin.«

Vor Überraschung wusste der Vater nicht, was er sagen sollte. Er nahm seinen Jüngsten in die Arme und drückte ihn fest an sich. Der Geruch des Vaters hatte sich verändert. Der vertraute Pferdegeruch, den Kajetan früher so geliebt hatte, war verflogen. Nach einem Tag härtester Zwangsarbeit roch er nur nach herbem Schweiß. Trotzdem genoss es Kajetan, so nah beim Vater zu sein. Seitdem sie nicht mehr eng zusammen auf der Bettstatt im Wagen schliefen, gab es zwischen ihnen nicht mehr viel körperliche Nähe. Jetzt spürte Kajetan, wie sehr er diese vermisste.

Dank der Medikamente ging es dem Vater einige Zeit besser. Kajetan war froh und wollte sich unbedingt beim Pfarrer bedanken, doch der kam nicht mehr in den Ummenwinkel. So konnte er ihn auch nicht fragen, ob er eine weitere Packung beschaffen könne. Kajetan wusste, dass der Vater nie und nimmer das Geld für Medizin hatte. Selbst wenn, würde er es nicht dafür ausgeben, sondern dafür sorgen, dass seine Familie satt würde.

Kurz vor den Sommerferien, als die Hitze täglich wuchs, kamen Hubert und Vater abends mit sorgenvoller Miene zurück in den Ummenwinkel. Hubert begann sofort zu berichten: »Seit ein paar Tagen arbeitet ein jüdischer Arzt bei uns. Er hat den Vater in der Mittagspause kurz untersucht. Zwar ist er sich nicht ganz sicher, aber er glaubt, dass Vater ein Magengeschwür hat. Damit sei nicht zu spaßen. Der Arzt sagte, wenn Vater sich nicht schont, kann es zu einem Magendurchbruch kommen. Wenn er dann nicht schnellstens operiert wird, stehen seine Überlebenschancen schlecht.«
Entsetzte Blicke hetzten durch den Raum. Niemand hätte gedacht, dass es so schlimm stand.
»Was ist mit Medizin?«, fragte Kajetan.
»Medizin ist gut, aber in erster Linie muss er sich schonen, hat der Arzt gesagt.«
»Dann geh ich wieder nach Friedrichshafen«, entschied Kajetan sofort, obwohl ihm vor der Schufterei, vor den offenen Händen und den Schmerzen graute.
»Aber Banzari, die Schule ...«, protestierte der Vater schwach.
»Wir haben bald Ferien. Außerdem ist es dem Schmidberger egal, ob Zigeuner etwas lernen. Nach den Sommer-

ferien darf ich nicht mal mehr die Schulbücher mitnehmen, hat er gestern angeordnet. Ich kann dich also vertreten.« Kajetan sprach schnell, als hätte er selbst Angst, dass er es sich noch anders überlegen könnte. Er wusste, dass dies seine allerschrecklichsten Sommerferien werden würden. – Gedanken an die unbeschwerte Sommerzeit mit Heiner kamen ihm. Als sie an der Schussen auf Entdeckungsreise gingen, als sie Forscher in fremden Ländern waren, schwammen und danach faul in der Sonne dösten. Lag diese Zeit wirklich erst ein Jahr zurück? Kajetan kam es vor, als hätte er diese unbeschwerte Zeit in einem anderen Leben, sogar auf einem anderen Planeten erlebt.

Roman machte Pläne für ein Fußballturnier, das er im Ummenwinkel veranstalten wollte. Und er wollte seiner Schwester Hyacintha in der Schussen Schwimmunterricht geben. Es war wieder einfacher geworden, aus dem Lager zu verschwinden. Anfangs waren die SS-Bewacher scharf wie Wachhunde, jetzt schienen sie immer häufiger mit anderen Dingen beschäftigt zu sein. Ganz unbeschwert wurden die Sommerferien allerdings auch für die Schneck-Kinder nicht. Ihre Mutter schickte sie zu einem Bauern, um dort bei der Ernte zu helfen. Aber es blieb ihnen noch Zeit fürs Fußballspiel und den Schwimmunterricht.

Kajetans ursprüngliche Idee war, sich in den Sommerferien einen guten Plan zu überlegen, wie er zuerst Karl überzeugen und dann mit ihm in die Berge fliehen konnte. Daraus wurde erstmal nichts. Er wusste jetzt schon, dass er bei der Schinderei keinen vernünftigen Gedanken fassen konnte, und abends würde er zum Pläneschmieden viel zu müde sein. Im September wäre es für eine Flucht schon zu spät. Im Oktober, spätestens im November konnte es in den Bergen bereits schneien. Sie müssten aber erst mal in die Berge gelangen, bräuchten dann eine unbewohnte Hütte, die müssten sie wahrscheinlich ausbessern und dann auch noch Lebensmittel für den Winter beschaffen. Dafür würde die Zeit nie reichen, wenn sie erst im September loskämen.

»Faulenzt dein Vater auf dem Sofa?«, spottete der Vorarbeiter Schüttenhelm, als Kajetan am zweiten Ferientag erneut bei ihm auftauchte.
»Er ist krank«, antwortete Kajetan nur.
»So? Hat er Faulenzia?« Der Vorarbeiter lachte laut über seinen Witz, er schlug sich sogar vor Begeisterung auf die Schenkel. »Faulenzia, das habt ihr doch alle. Und die Juden genauso!«

Die Hitze dieses Sommers war schon beim Nichtstun im Schatten unerträglich. Selbst die Bäume waren durstig und ließen die Blätter hängen. Kajetan und die anderen mussten in der prallen Sonne bei 40 Grad schuften. Bereits um neun Uhr morgens schälte sich Kajetan klitschnass aus dem Oberteil seines Blaumanns, wickelte es sich um die Hüfte und arbeitete mit freiem Oberkörper weiter. Nach dem ersten Arbeitstag waren seine Hände wieder offen. Darum biss er am zweiten Tag die Zähne zusammen und band sich Lappen um die Hände.
»Willst deine zarten Schülerhände schonen, was?«, grinste Schüttenhelm.
Kajetan wunderte sich, dass er es schaffte, wie eine Maschine zu funktionieren. Jeden Morgen stand er unglaublich

früh auf, schlich aus dem Lager, trottete zum Bahnhof, den ganzen Tag schuftete er, sodass er sich abends schwer wie ein Bleiklotz fühlte. Daheim schaffte er gerade noch ein paar Bissen zu essen, dann schlief er ein. Und am nächsten Morgen begann alles wieder von vorn. Die Haut war immer noch nicht über das rohe Fleisch in den Handflächen gewachsen, aber die Arme gewöhnten sich daran, tagtäglich schwere Lasten zu heben.

Doch eins verließ ihn nicht: die Angst. Jedes Mal, wenn Schüttenhelm brüllte, zuckte Kajetan schreckhaft zusammen. Frei fühlte er sich eigentlich nur im Zug. Den Männern schien es genauso zu gehen, morgens erzählten sie manchmal einen Witz oder alberten herum. Auf dem Rückweg waren alle zum Reden zu müde.

Dem Vater tat die Schonung gut. Er musste zwar täglich ein, zwei Stunden im Verschlag des Großvaters sitzen, dort war es heiß wie in einem Backofen, aber das störte ihn nicht sonderlich. Manchmal gelang es ihm auch, aus dem Lager zu schleichen. Dann suchte er sich ein schattiges Plätzchen an der Schussen, genoss die Wärme und träumte sich davon. Wie lange war es schon her, dass er mit Pferden gehandelt hatte, als Musiker in den Gaststätten aufgetreten und im Sommer mit seiner Familie durch die Lande gezogen war? Er sehnte sich danach, wieder so frei zu sein. Gleichzeitig fühlte er sich schlecht, weil er sich ausruhen konnte, während sein Sohn, sein Banzari, für ihn schuften musste.

»Wir haben Krieg!«

Die Hitze hielt die ganzen Ferien an. Pünktlich zum ersten Schultag begann es zu regnen. Durch die schwere Arbeit hatte Kajetan an Muskeln zugelegt. Er war sowieso einer der Ältesten in der Klasse, jetzt sah er erwachsener und stärker aus als alle seine Klassenkameraden. Die Wunden auf den Handflächen waren verheilt. Seine Hände waren rau wie Schmirgelpapier. Am ersten Schultag stand nun auch Lehrer Schmidberger in der braunen Uniform der SA vor der Klasse.

»Guten Morgen«, rief er wie gewöhnlich.

»Guten Morgen, Herr Schmidberger«, antwortete die Klasse laut und stand dabei stramm.

»Setzen.«

»Ich hab euch eine gute Nachricht mitzuteilen«, sagte er mit feierlicher Miene.

Beunruhigt rutschte Kajetan in seiner Bank herum. Gute Nachrichten für Nazis bedeuteten meist schlechte Nachrichten für ihn und seine Familie.

»Heute Morgen sind deutsche Soldaten in Polen einmarschiert. Wir haben Krieg! Europa wird neu geordnet. Das deutsche Volk wird das mächtigste auf der Welt werden. Heil Hitler! – Und noch etwas: Von nun an wünsche ich, dass wir uns am Anfang und am Ende des Schultages mit dem Führergruß grüßen. Und zwar alle, ohne Ausnahme.« Die letzten Worte galten Kajetan.

Dieser schluckte. Hitler, den er so sehr hasste, weil er irgendwie dafür verantwortlich war, dass Heiner wegziehen musste, dass Herr Weber gestorben war, dass seine Familie im Ummenwinkel gelandet war und dass sein Vater und seine Brüder zur Zwangsarbeit verdonnert waren, diesen Hitler würde er nie und nimmer grüßen. Doch Nazi-Schmidberger würde darauf bestehen.

Der Rothaarige drehte sich zu ihm um und streckte die Zunge raus. Mehr traute er sich nicht.

Kajetan schaute durch den Rothaarigen hindurch, denn er überlegte fieberhaft, was er tun konnte, um Hitler nicht zu grüßen. In der ersten Stunde fiel ihm nichts ein. In der zweiten Stunde auch nicht, genauso in der dritten und vierten. Bald war der Schultag zu Ende. Sollte er sich augenblicklich krankmelden? Vielleicht könnte er dann dem Hitler-Gruß entkommen. Aber was wäre, wenn der Lehrer verlangte, dass er sich von der ganzen Klasse mit dem Führergruß verabschieden musste? Nie und nimmer wollte er das riskieren.

Was also tun? Hilfesuchend schaute er sich im Klassenzimmer um. Sein Blick fiel auf seinen alten, abgewetzten Schulranzen. Gleichzeitig erinnerte er sich daran, wie Hildegard von Mitschülerinnen mit Brennnesseln traktiert wurde, weil sie eine Zigeunerin war. Seine Schwester hatte damals verstanden, dass es einen Mann gab, der Hiller hieß und der den Zigeunern das Leben schwer machen würde. Kajetan lächelte, er kannte den Schuhmacher Hiller, der ihm die Riemen an seinen Ranzen genäht hatte. Schuhmacher Hiller war immer nett zu ihm gewesen, ihn würde Kajetan gerne grüßen. Darum beschloss er, dass er nicht »Heil Hitler!«, sondern »Heil Hiller!« rufen würde. Das »Hiller« musste er so schnell sprechen, dass niemand einen Unterschied zu »Hitler« bemerkte. Zufrieden und erleichtert wartete er das Ende des Schultages ab. Wie alle anderen stand er zum Abschied stramm, streckte die rechte Hand nach vorne und rief aus der letzten Bank: »Heil Hiller!«

Lehrer Schmidberger wunderte sich, dass Kajetan ohne zu protestieren mitmachte. Auch der Rothaarige, der sich extra so hingestellt hatte, dass er Kajetan beobachten konnte, war verblüfft.

»Hast du schon gehört, Schneckle, wir haben Krieg«, berichtete er Roman auf dem Heimweg.

»Krieg? Was bedeutet das für uns, Banzari?«

»Ich weiß nicht. Aber Hubert wird's wissen«, sagte Kajetan. Roman gab sich damit zufrieden. Mehr als die Kriegsfrage interessierten ihn praktische Dinge: Die Äpfel waren reif.

»Wenn niemand zu sehen ist, dann könnten wir uns doch vier, fünf Äpfel schnappen«, schlug er vor, schmatze und leckte sich in Vorfreude die Lippen.

Frische, knackige Äpfel – der Gedanke daran ließ Speichel in Kajetans Mund zusammenfließen. Vorsichtig schauten sich die Freunde nach allen Seiten um, schließlich war es bei Strafe verboten, Äpfel zu klauen. Doch die Luft war rein, weit und breit war niemand zu sehen. Beide rannten zu einem Baum, der brechend voll hing mit Äpfeln. Hier würde es keinem auffallen, wenn sie ein paar davon ernteten. In Windeseile, sich dabei ständig umschauend, pflückte jeder wahllos vier Äpfel und stopfte sie in den Schulranzen.

»Wir müssen sie aufessen, bevor wir zu den Kontrollen am Lager kommen«, sagte Roman, fuhr sich vor Aufregung durch die dunklen Haare, über die spitze Nase und den Mund.

Die ersten zwei Äpfel aßen sie, während sie auf der Wiese saßen. Sie schlangen sie mehr runter, als dass sie aßen. Der Saft tropfte ihnen auf die dünnen Schenkel. Aus Angst, dass jemand vorbeikommen könnte, konnten sie die Früchte nicht genießen. Roman hielt nichts mehr auf der Wiese. Er sprang auf. »Los, gehn wir weiter«, schlug er ungeduldig vor und zog den dritten Apfel aus seiner Schultasche.

Kajetan ging neben ihm her, sein vierter Apfel schmeckte wunderbar süß und erfrischend. Für einen Moment schloss er genießerisch die Augen. Als er sie wieder öffnete, starrte er erschrocken geradeaus. Höchstens hundert Meter entfernt bogen zwei SS-Leute um die Ecke. Was tun? Kajetan überlegte fieberhaft. So schnell konnte er den Apfel nicht aufessen. Ihn in den Ranzen zurücklegen, war zu gefährlich, Ranzen kontrollierten sie immer. Wegwerfen war nicht möglich, das würden die Uniformierten auf jeden Fall sehen.

Ohne weiter zu überlegen, bückte sich Kajetan, und tat als müsse er seinen Schuh binden. Davor biss er noch einmal in den Apfel und kaute so stark und schnell, dass ihm der Kiefer schmerzte. Fast unmerklich hob er den Fuß und legte den halben Apfel unter seinen Schuh. Als er das Gewicht verlagerte, quoll etwas Apfelmatsch aus dem Staub hervor.

»Bist nicht gerade geschickt im Schuhe Binden«, grinste der SS-Mann herablassend, als sie auf selber Höhe waren. Der zuckte hilflos mit der rechten Schulter und blickte die Uniformierten mit hochrotem Kopf und angehaltenem Atem an.

»Der scheint etwas plemplem zu sein«, sagte der SS-Mann zu seinem Kollegen.

»Hast du von einem Zigeuner was anderes erwartet«, erwiderte der andere feixend. »Komm, lass uns den Kriegsbeginn feiern.«

Kajetan war wie versteinert. Er konnte nicht einmal den Fuß heben. Erst als Roman ihn leicht in die Seite boxte, war es, als würde ihm wieder Leben eingehaucht.

»Das war ziemlich knapp.« Romans Stimme zitterte wie die Blätter des Apfelbaumes bei einer Windböe. Sogleich holte er seinen Apfelrest aus dem Ranzen.

»Du hattest ihn im Ranzen versteckt?«, fragte Kajetan mit aufgerissenen Augen. »Das war idiotisch, dort sehen sie als erstes nach.«

»Ja schon. Aber mir ist nichts Besseres eingefallen – s'ist ja gut gegangen«, antwortete Roman und biss herzhaft in den Apfel. »Immerhin hab ich meinen noch. Deiner liegt zermatscht im Staub.«

Kajetan schluckte trocken. Er sah, wie sich bereits Ameisen über die Apfelreste hermachten.

»Beiß rein«, forderte ihn Roman auf und reichte ihm seinen Apfel.

Abends saß Kajetan auf den Stufen vor der Baracke, schaute die letzten roten Tomaten an, die die Mutter im winzigen Garten zog und wartete gespannt auf Hubert. Nach dem Regen der letzten Tage war es ein lauer Abend. Kajetan hatte Herrn Webers Pullover um die Schultern gelegt. Durch den Pulli fühlte er sich immer noch mit Herrn Weber verbunden. Kajetan starrte in die Richtung, aus der die Männer kommen mussten. Als er wartend auf der Treppe saß, kamen ihm Erinnerungen an Heiner. Mittlerweile dachte er nicht mehr so oft an seinen besten Freund. Doch jetzt fühlte er sich ihm ganz nahe: Wie es Heiner wohl ging? Wie Heiner aussehen mochte – immer noch so weißblond, immer noch abstehende Ohren und so sportlich und mit verschmitztem Lächeln? Ob er auch manchmal an ihn dachte? Die Sehnsucht nach seinem Freund war plötzlich wieder so groß, dass er am liebsten sofort nach Tuttlingen gerannt wäre. Dabei wusste er nicht einmal, wo Tuttlingen lag und ob die Geißlers noch dort wohnten. »Ach Heiner, Heinerle«, murmelte er gedankenverloren vor sich hin.

Endlich sah er die Männer müde daher stapfen. Aufgeregt rannte er ihnen entgegen, sodass der Pulli auf den Boden fiel. »Hubert, es ist Krieg«, teilte er diesem sofort mit.
»Ich weiß, Banzari«, entgegnete der Bruder matt.
»Der Lehrer sagt, das ist gut. Stimmt das?«
Sie waren an der Baracke angekommen. Hubert zog seinen Bruder auf die Stufen. »Wir müssen abwarten. Aber Krieg war noch niemals gut.«
Damit gab sich Kajetan erstmal zufrieden. Als er sich schlafen legte, betete er voller Inbrunst, dass der Krieg schnell vorübergehen sollte.

Doch die Nachrichten des Lehrers hörten sich anders an. Jeden Morgen gab er einen kurzen Bericht über die Erfolge der deutschen Armee. »Wir haben nun Polen besetzt. Es ist nur noch eine Frage von Tagen, bis sich die Polacken ergeben.« Stolz, als wäre er selbst an der Front, strich er sich dabei über die Uniform. Dann fügte er noch hinzu: »Einer aus unserer Mitte ist fast von Anfang an dabei: Der Herr Pfarrer wurde als einer der Ersten zur Armee eingezogen. Schließlich brauchen auch unsere tapferen Soldaten die Unterstützung durch unseren Herrgott.«

Kajetan riss Mund und Augen auf. Der Herr Pfarrer war bei der Armee? Bestimmt nicht freiwillig! Kajetan wusste, dass der Pfarrer Krieg und Gewalt verabscheute. Wer hatte dafür gesorgt, dass der Herr Pfarrer in den Krieg ziehen musste? Hoffentlich passiert ihm nichts, durchfuhr es Kajetan. Der Lehrer erzählte zwar nur von den Erfolgen der deutschen Armee, aber Hubert hatte gesagt, dass es natürlich auf beiden Seiten Tote gab. Während der Lehrer fortfuhr, Adolf Hitler und den Krieg zu verherrlichen, betete Kajetan für den Pfarrer.

Im Oktober, als ein goldener Herbst noch einmal mit aller Farbenpracht spielte, ergab sich Polen. Kurz darauf erklärten Großbritannien und Frankreich Deutschland den Krieg.

Kajetan war, dank Lehrer Schmidberger, immer bestens über die Lage unterrichtet. Hubert hatte ihm aufgetragen, er solle genau zuhören, was der Lehrer sagte, und es ihm abends berichten. Dadurch fühlte sich Kajetan wie ein Verbündeter seines klugen Bruders.

»Wir haben heut Verstärkung bekommen«, sagte Hubert eines Abends sehr leise und traurig. »Zwangsarbeiter aus Polen schuften jetzt mit uns.«

Normalerweise fragte Kajetan seinen Bruder immer, ob diese oder jene Nachricht gut oder schlecht sei. Das konnte er sich heute sparen. Wenn die Nazis Polen zwingen konnten, für sie zu schuften, dann war das auf jeden Fall schlecht.

»Musst du dann wenigstens weniger arbeiten?«, fragte die Mutter ihren Mann voller Hoffnung.

Dieser schüttelte den Kopf. »Nein, das würde Schüttenhelm nie zulassen.«

Kajetan sah, dass es seinem Vater wieder sehr schlecht ging. Auf Medizin brauchte er nicht weiter zu hoffen. Darum half nur eins: »Vater, ich kann morgen wieder für dich einspringen.«

Der Vater nickte bloß. Es musste sehr schlimm um ihn stehen, wenn er nicht, wie sonst, wenigstens leicht protestierte.

Wortlos, aber mit mürrisch verzogenem Gesicht, nahm Schüttenhelm zur Kenntnis, dass Kajetan seinen Vater vertrat. Die Tage unter Schüttenhelms Kommando waren tausendmal schrecklicher als Tatzen oder Hosenrisse von Lehrer Schmidberger. Zum Glück war es nicht mehr so heiß wie im Sommer. Mittlerweile schaffte es Kajetan immerhin, dass er während der Arbeit nachdenken konnte – oder sich wegträumen. In die Berge, die er so liebte.

Er schaufelte und dachte an eine kleine, gut versteckte Hütte an einem Gebirgsbach und ein paar Schafe und Hasen. Doch das musste mindestens noch bis zum Frühjahr warten. Bisher hatte er es nicht einmal geschafft, Karl davon zu überzeugen. ›Wir haben dort nichts zu essen‹, widersprach der jedes Mal. Karl war schon längst nicht mehr so zur Flucht entschlossen wie noch vor ein paar Monaten. Die schwere Arbeit zermürbte auch ihn.

Während er schaufelte, kapierte Kajetan, dass es noch ein ganz anderes Problem gab: Solange der Vater seine Unterstützung benötigte, konnte er unmöglich abhauen. Er musste abwarten, hoffen und beten, dass der Vater gesund werden würde.

»Willst du wohl arbeiten, Faulpelz«, schrie ihn plötzlich Schüttenhelm an. »Nicht genug, dass sich dein Vater daheim ausruht! Nein, sein Sohn träumt vor sich hin. Nur wenn du arbeitest, hast du ein Recht zu leben!«

Kajetan zuckte wie unter einem Schlag zusammen, packte die Schaufel und füllte sie in Windeseile mit Erde. Er hatte wirklich geträumt und dabei die Arbeit vergessen. Die nächsten fünf Minuten schaufelte er so schnell er konnte. Nach ein paar Minuten wandte sich der tobende Giftzwerg dem nächsten zu, um ihn anzuschreien.

Der milde Altweibersommer hatte sich mittlerweile in nebliges, feuchtes Herbstwetter verwandelt. Die Zugvögel hatten sich bereits auf ihren Weg gen Süden gemacht. Es war so kalt, dass sich die Brennnesseln am Schussenufer nicht mehr aus eigener Kraft aufrecht halten konnten und abknickten. Kajetan schlug den Kragen seiner Jacke hoch. Jedes Mal wenn er beim Bäcker Frommlet vorbeikam, verlangsamte er seinen Schritt. Dann genoss er den herrlichen Duft von frischgebackenem Brot. Es gab noch einen Grund, warum er langsam ging: Zweimal hatte Frau Frommlet ihm schon ein Brötchen vom Vortag zugesteckt. Die Tür zur Bäckerei ging auf, eine Kundin kam heraus. Der Duft wurde noch intensiver.

»Der Pfarrer, ach ja, der Herr Pfarrer ...« Kajetan schnappte die paar Wörter auf. Ohne lange zu überlegen, riss er die Tür auf und fragte: »Was ist mit dem Herrn Pfarrer?«

Die Frauen schauten betreten zu Boden.

»Bitte, sagen Sie's mir«, bettelte Kajetan.

»Unser Herr Pfarrer ist an der Front gefallen, für Führer und Vaterland«, sagte Frau Frommlet schließlich.

Kajetans Beine wurden schwach. »Der Herr Pfarrer ist tot?«

»Ja, er ist den Heldentod gestorben«, bestätigte eine Kundin.

»Ist dir nicht gut, Junge?«, fragte Frau Frommlet erschrocken, als sie Kajetan taumeln sah. Gerade noch rechtzeitig schob sie ihm einen Hocker unter den Hintern. Benommen nahm er das Glas Wasser, das ihm die Bäckersfrau reichte.

»Hast den Herrn Pfarrer gemocht, was?«

Kajetan nickte erschöpft. Dieser blöde Krieg und diese verdammten Nazis! Wann hörte das nur auf?

»Geht's wieder?«, fragte die Bäckersfrau. »Hier nimm.« Sie drückte ihm eine Brezel in die Hand. Nach ein paar Minuten stand Kajetan auf, mühsam wie ein alter Mann, und trottete mit hängendem Kopf davon. Obwohl er hungrig war, bemerkte er die Brezel in seiner Hand nicht.

»Darf ich von deiner Brezel beißen? Darf ich? - Baaanzaaaari, ich hab dich was gefragt.«

Kajetan schaute Zäzilie an, als würde er seine Schwester zum ersten Mal sehen. »Was ist los?«

»Darf ich von deiner Brezel beißen?«, wiederholte sie.

»Ja, nimm.« Kajetan gab ihr die ganze Brezel.

Erstaunt hob Zäzilie die Augenbrauen und schaute ihn skeptisch an, so als traute sie ihrem Bruder nicht. Als dieser aber keine Anstalten machte, die Brezel zurückzuziehen oder seine Schwester sonst irgendwie zu necken, biss sie herzhaft hinein. Sie fragte nicht, warum Kajetan nichts essen wollte. Seit sie im Ummenwinkel wohnten, hatte Zäzilie keine Brezel mehr gegessen. Nach dem ersten großen Bissen setzte sie sich aufs Sofa und aß langsam, jedes Krümelchen genießend, die Brezel auf. Heute Nacht würde sie sich noch einmal in allen Einzelheiten an den Geschmack erinnern.

Kajetan dagegen stand am Fenster und schaute hinaus, ohne etwas zu sehen. Der Wind drückte gegen die Fensterscheiben und ließ ihn frösteln. Doch auch das bemerkte er nicht. Kajetan war zwar hier, aber doch nicht hier. Immer wieder versuchte er sich einzureden, dass dies lediglich einer von diesen schlechten Träumen sei. Jeden Moment würde er im Zigeunerwagen aufwachen und der Pfarrer würde fröhlich winkend zu Besuch kommen und Bonbons verteilen. Doch nichts dergleichen geschah.

Die Hasen sind dran

»Bekanntmachung – alle herhören!«
Nur von weitem drang die scheppernde Stimme des Polizeimeisters zu Kajetan. Er wollte keine Bekanntmachungen mehr hören. Bekanntmachungen waren immer schlechte Nachrichten. Sein Bedarf an schlechten Nachrichten war gedeckt. Zäzilie dagegen ging neugierig hinaus.
Kajetan war mit seinen Gedanken beim toten Pfarrer. Er sah sein freundliches Gesicht vor sich, sah die grünen Augen mit ihrem Strahlen, wenn er Geschichten aus der Bibel vorlas. Und er sah die schmalen Hände, die ihm Bonbons zusteckten. Oder wie sie gefaltet beieinander lagen. Kajetan faltete auch seine Hände.

»Nein, nein, das können die nicht machen!«, schrie Zäzilie, während die Mutter sie in die Baracke zog. »Nein, das dürfen die nicht!«
»Beruhig dich, kleine Zäzilie«, versuchte die Mutter zu trösten, doch sie kämpfte selbst mit den Tränen.
»Nein, nicht die Hasen. Nicht unsere süßen Hasen. Das lasse ich nicht zu! Das dürfen die nicht!«
Durch das Geschrei wurde Kajetan aus seiner Trauer gerissen. »Was ist los?«

»Hast du die Bekanntmachung nicht gehört?«, fragte die Mutter, der nun selbst die Tränen übers Gesicht liefen. Kajetan schüttelte den Kopf. »Sie verbieten uns Hühner und Hasen zu halten. Fortan gilt jedes Tier, das im Ummenwinkel auftaucht, als gestohlen«, erklärte die Mutter. »Aber was soll aus unseren Hasen werden? Die sind doch noch so jung.«

»Wir müssen sie schlachten – bis übermorgen«, brüllte Zäzilie und zog wie wild an ihren Zöpfen, so als könne der Schmerz am Kopf den Schmerz über die Nachricht überdecken.

»Wir verstecken sie«, entgegnete Kajetan kurzentschlossen, der nun wieder ganz im Hier und Jetzt war.

»Das geht doch nicht«, mischte sich die Mutter ein. »Weißt du nicht mehr, was sie mit dem Hund von Maria gemacht haben.«

Natürlich wusste Kajetan das noch ganz genau. »Dann verstecken wir sie eben nicht im Lager.«

»Wie soll das denn gehen?«, fragte Zäzilie skeptisch, aber interessiert.

»Wir suchen einen Platz, wo wir den Hasenstall aufbauen können. Einer von uns muss jeden Tag dort vorbei und die Tiere füttern. Das können wir heimlich nach der Schule erledigen.« Kajetan vertiefte sich ins Pläne Schmieden. Er hatte das Gefühl, dass er die Hasen auf alle Fälle retten müsste, damit nicht auch noch das letzte Überbleibsel aus seinem früheren Leben verloren ginge. Er holte die Armbanduhr aus dem Versteck, zog sie erst auf, dann an. Von ihr erhoffte er sich gute Einfälle.

»Aber Kinder, wo wollt ihr denn einen Platz finden, den niemand entdeckt?« Die Mutter war von der Idee ganz und gar nicht begeistert.

»Im Wald«, meinte Kajetan flüsternd.

»So, so, meinst du, Füchse würden die Hasen in Ruhe lassen?«, widersprach die Mutter.

»Vielleicht auf einer Wiese?«, war Zäzilies Vorschlag.

»Da wird sich der Bauer freuen, wenn er ein paar Hasen bekommt«, sagte die Mutter.

»Na, dann, dann geben wir sie den Webers zurück.« Zäzilie war völlig verzweifelt.

»Das geht doch nicht«, erwiderte Kajetan kaum hörbar. »Die Webers sind doch tot.«

»Aber irgendjemand muss doch auch für ihre Hasen sorgen.« Zäzilie ließ nicht locker. »Und irgendjemand muss unsere nehmen, bis, bis – ach bis irgendwann halt.«

Die Mutter hielt nichts von all den Vorschlägen. Doch es schmerzte sie, wie sehr die beiden unter der Vorstellung litten, dass alle Hasen geschlachtet werden müssten. Darum willigte sie zögernd ein, als Kajetan vorschlug: »Ich gehe in die Hindenburgstraße und schau, was mit den Hasen der Webers passiert ist. Bestimmt gibt's die Hasenställe noch.«

»Ich komm mit«, sagte Zäzilie sofort.

Die beiden rannten quer durch Ravensburg. Ab und zu blieben sie stehen, aber nur um Luft zu schnappen; sobald sich ihr Puls etwas erholt hatte, rannten sie weiter. Trotzdem dauerte es lange, bis sie die Hindenburgstraße erreicht hatten. Inzwischen war es dämmrig geworden. Im Haus der Webers brannte kein Licht. Sie gingen zum Treppchen, das zur Küche führte. Die Tür war verschlossen.

»Sieht nicht so aus, als ob da jemand wohnen würde«, meinte Zäzilie, die durchs Fenster spähte.

»Los, gehn wir zu den Hasenställen.« Die Ställe gab's immer noch, doch sie waren leer.

»Was ist mit den vielen Hasen passiert?«

»Weiß nicht«, antwortete Kajetan und starrte mit Tränen in den Augen in jeden der leeren Ställe.

»Wenn hier niemand wohnt und die Ställe leer sind, dann könnten wir doch unsere Hasen einquartieren«, meinte Zäzilie.

»Ist halt weit weg vom Ummenwinkel«, gab Kajetan sich schnäuzend zu bedenken.

»Wir können uns ja mit dem Füttern abwechseln, Banzari. Dann geht das schon. Und wenn wir richtig viel füttern, brauchen die Hasen nicht jeden Tag was«, sagte Zäzilie.

Kajetan war von der Idee zwar nicht ganz so überzeugt, aber er hatte keine bessere, und auch er wollte, dass die Hasen überlebten.

»Morgen noch vor der Schule bringen wir die Hasen hierher.« Zäzilie sprühte vor Tatendrang.

In der Dunkelheit suchten sie sich ihren Weg zurück zum Ummenwinkel. Ein Käuzchen war zu hören – ein echtes – und ein Knacken, ganz in der Nähe. Aber sie waren zu müde, um Angst zu haben.

»Beeil dich«, flüsterte Zäzilie, als Kajetan durch das Loch unterm Zaun kroch.

Nur noch in wenigen Baracken war Licht zu sehen. Die Bewohner des Ummenwinkels mussten morgens früh raus, darum gingen sie abends früh schlafen. Außerdem konnten sie so Petroleum oder Kerzen sparen.

»Da seid ihr ja!« Die Eltern waren unendlich erleichtert.

»Wir haben einen Platz für die Hasen gefunden. Bei den Webers. Die Ställe gibt's noch. Banzari und ich werden unsere Häschen morgen dort hinbringen«, flüsterte Zäzilie so schnell, dass sich die einzelnen Wörter zu überholen schienen. »Ich erzähl es gleich den Hasen.«

»Halt, hiergeblieben«, forderte der Vater sie auf und warf seiner Frau einen bedeutungsvollen Blick zu. »Es ist schon spät.«

»Ich will nur schnell...«

»Zäzilie!« Die Stimme des Vaters duldete keine Widerrede.

Kajetan schlang sein Abendessen hinunter, gähnte herzhaft und legte sich zum Schlafen auf den Boden. Er war gerade dabei vom wachen Zustand in den Schlaf hinüberzugleiten, als er einen herzerweichenden, schrillen Schrei hörte.

»Neeeeiiiiiin – nein, oh nein!«

Kajetan saß kerzengerade und war hellwach. Zäzilie! So konnte nur seine Schwester kreischen. Zäzilie stand hinterm Haus beim Hasenstall und schrie und schrie und schrie. Die Mutter war schon bei ihr und versuchte ihre Tochter zu beruhigen. Aussichtslos. Zäzilie hatte einen Schrei- und Weinkrampf. Sie krümmte sich, dann richtete sie sich wieder auf und trommelte auf die Mutter ein.

»Was habt ihr getan? Was habt ihr mit ihnen gemacht?«

»Beruhig dich, meine Zäzilie, beruhig dich«, versuchte es die Mutter erneut, gleichzeitig wollte sie die Tochter umarmen. Doch Zäzilie wehrte sich und trommelte nur stärker auf die Mutter ein.

»Wo sind sie?«, schrie Zäzilie. »Wo sind sie?« Das Mädchen war außer sich. »Ihr habt sie doch nicht..., sie leben doch noch?«

»Wir haben sie geschlachtet«, sagte der Vater mit fester, aber leiser Stimme. »Euer Plan ist viel zu gefährlich. Das hätte nie funktioniert. Wir mussten es tun, Zäzilie. Wir hatten keine andere Wahl.«

Zäzilie stand stocksteif. Kajetan konnte ihren Schatten erkennen, den das Mondlicht auf den Holzboden warf. Gleich darauf war der Schatten nur noch ein Knäuel. Zäzilie war zusammengesackt, nur ein leises Wimmern war zu hören.

»Komm rein, mein Liebes«, sagte die Mutter zärtlich. Kajetan konnte sich vorstellen, wie sie ihrer Tochter über den Kopf streichelte. »Komm rein, es ist so kalt da draußen. Da holt man sich ja den Tod.«

»Nein, nein, ich geh nicht rein«, erwiderte Zäzilie energisch. »Wenn die Hasen tot sind, dann will ich auch tot sein.«

»Keine Widerrede.« Der Vater schnappte Zäzilie, trug das strampelnde Kind in die Baracke und legte es zu sich aufs Bett.

Kajetan weinte leise. Er weinte um die Hasen, darum, dass wieder eine Erinnerung an die Webers fort war, und er weinte um den Pfarrer. Er zog die dünne Decke über seinen Kopf, denn er wollte allein sein. Allein mit seiner Trauer. Zuvor hatte er schon die Armbanduhr aus ihrem Versteck geholt. Er hatte die Uhr aufgezogen, Kajetan hielt sie sich ans Ohr. Ihr gleichmäßiges Ticken beruhigte ihn ein wenig. Nun kramte er die Bilder aus seinem Gedächtnis hervor, wie Herr Weber ihm die Uhr geschenkt hatte. Es wurde immer schwieriger, sich das Gesicht von Herrn Weber genau vorzustellen. Beim Pfarrer gelang es Kajetan besser.

Als es Hasenbraten gab, brach Zäzilie erneut in Tränen und Geschrei aus und aß keinen Bissen. Fortan war sie wieder das schweigsame, in sich gekehrte Mädchen, das sie früher schon gewesen war. Nur die Hasen hatten es geschafft, sie aufzuheitern. Nun waren sie tot.

Hochzeit im Ummenwinkel

Mit dem Kriegsbeginn, dem Tod des Pfarrers und der Hasen, mit der Zwangsarbeit und all den schrecklichen Erlebnissen war Kajetan in den letzten Monaten so beschäftigt, dass er eines nicht bemerkt hatte: Hildegard, seine 19-jährige Schwester, strahlte den ganzen Tag und summte fröhlich vor sich hin. Selbst wenn es mal wieder nichts zu essen gab, hatte sie gute Laune. Hildegard war verliebt. Eines Samstagabends, als die Tage kurz waren, kam Hildegard freudestrahlend zur Tür herein. Ein junger Mann war an ihrer Seite, den Kajetan vom Sehen kannte. Er wohnte auch im Ummenwinkel. Hildegard hielt den Mann an der Hand, ging geradewegs zu den Eltern, die am Tisch saßen und Karten spielten und sagte: »Der Christian und ich, wir wollen heiraten.«

Der Vater ließ das Kartenblatt auf den Tisch sinken. Hubert, der auf dem Sofa lag und vor sich hindöste, sprang überrascht auf. Die Mutter schaute erst ihre Tochter, dann den jungen Mann erstaunt an.

»Wir haben uns hier im Ummenwinkel kennengelernt«, fuhr Hildegard fort. »Christian hat Arbeit bei der Stadt, seine Mutter putzt bei reichen Leuten, sein Vater lebt nicht mehr. Wir wollen unser Leben zusammen verbringen.«

Christian hatte noch kein Wort gesagt. Nervös fuhr er

sich ständig übers schwarze Haar. Kajetan konnte sehen, dass seine Hand dabei leicht zitterte. Endlich atmete er tief durch, schaute die Eltern feierlich an, dann sagte er mit fester Stimme: »Ich bitte um die Hand Ihrer Tochter Hildegard.«

Es entstand eine Pause. Die Gesichter der Eltern verrieten, dass sie damit ganz und gar nicht einverstanden waren. Nicht, weil ihnen dieser Christian unsympathisch wäre, sondern weil sie ihr Kind nicht hergeben wollten.

»Wo wollt ihr denn wohnen?«, fragte die Mutter, die als Erste die Sprache wiederfand.

»An die Baracke meiner Mutter können wir einen kleinen Verschlag anbauen. Dort werden wir schlafen«, antwortete Christian.

»Das habt ihr euch also schon überlegt«, meinte der Vater mit ernster Miene. »Hildegard, warum hast du zuvor nichts gesagt?«

»Ach, Vater, ich weiß doch, dass ihr nicht einverstanden gewesen wärt. Egal, wer es ist. Darum wollte ich es euch so spät wie möglich sagen.«

»Wir haben überhaupt kein Geld für eine Hochzeit«, meinte die Mutter und hoffte damit, den Entschluss ihrer Tochter rückgängig zu machen.

Hildegard nickte nur und stand ganz dicht bei der Mutter: »Das weiß ich doch. Niemand hat Geld, aber für unser Glück brauchen wir kein Geld. Bitte, sagt ja!«

Die Eltern kannten den Dickkopf ihrer Ältesten. Sie wussten, dass Hildegard nicht aufgeben würde, bevor sie ihr Einverständnis hatte. Hildegards eindringlicher Wunsch erinnerte die Eltern daran, dass sie selbst in Hildegards Alter bereits verheiratet waren – und dass ihre Eltern gegen die Heirat waren. Daraufhin seufzte der Vater und lenkte ein: »Na gut, meinen Segen habt ihr.«

Die Mutter nickte zögernd.

Hildegard umarmte die Eltern stürmisch. »Ihr seid die besten, die allerbesten Eltern der Welt«, rief sie voller Freude. Und ihr zukünftiger Ehemann schüttelte ergriffen die Hände.

»Wie heißt du dann?«, wollte Hubert wissen.

»Hildegard muss ihren Namen nicht ändern. Ich heiße auch Reinhardt«, erklärte Christian.

»Sind wir verwandt?«, fragte Hubert.

»Ich glaub nicht«, entgegnete Christian. »Unsere Sippe kommt aus einer ganz anderen Gegend als eure Familie. Das haben wir schon überprüft.«

»Na, ihr scheint es wirklich ernst zu meinen«, sagte die Mutter, stand auf und schloss ihren zukünftigen Schwiegersohn in die Arme.

Zwei Wochen später, es war Ende November, war es dann so weit. Die Sonne schickte ihre letzten Strahlen in den Ummenwinkel, als die Mutter Hildegard bei der Hand nahm und zum schmalen Kleiderschrank führte. Sie zog ein langes schwarzes Seidenkleid hervor.

»Hier, das war mein Hochzeitskleid. Das soll auch deins sein. Ich hatte es nur an meiner Hochzeit an«, erklärte die Mutter.

Das Kleid passte der strahlenden Hildegard wie angegossen.

Alle putzten sich raus, so gut es ging. Die Mutter zog einen ihrer langen bunten Röcke und eine weiße Bluse an. Ihre Ohrgehänge klimperten. Die Haare hatte sie zu einem dicken Knoten geschlungen. Sie war wunderschön.

Der Vater zog seinen alten schwarzen Anzug an, mit dem er früher in den Gaststätten zum Tanz aufgespielt hatte. Doch der Stoff war an den Ellenbogen so dünn, dass er jederzeit reißen konnte. Neben seiner schönen Frau sah der Vater grau und eingefallen aus. Die schwere Arbeit und die Magenbeschwerden ließen ihn uralt wirken.

Kajetan zwängte sich in seinen Kommunionanzug, der ihm eigentlich gar nicht mehr passte. Er musste die obersten Hosenknöpfe offenlassen. Die Ärmel hörten eine Handbreit über dem Handgelenk auf. Im Jackett durfte sich Kajetan gar nicht bewegen, sonst konnte es jeden Augenblick reißen. Und die Hosenbeine hörten zehn Zentimeter über den Knöcheln auf.

Christian kam im dunklen Anzug zusammen mit seiner Mutter zur Baracke der Reinhardts. Pünktlich um elf Uhr klopfte Polizeimeister Glöckler. Er verlangte die Rasseausweise der beiden, nickte und grunzte vor sich hin.

»Beide Zigeuner oder Zigeunermischlinge, dann könnt ihr heiraten. Solange ihr kein arisches Blut verunreinigt, soll's mir recht sein.«

Danach meinte er kurz: »Was ist, Christian Reinhardt, willst du diese Frau heiraten?«

»Ja, ich will«, sagte Christian.

»Und du, Hildegard Reinhardt, willst du diesen Mann heiraten?«

»Ja, ich will« sagte Hildegard.

Sie unterschrieben ein Papier, damit waren sie Mann und Frau. Alles ging sehr schnell, sodass Hubert, der Durchfall hatte und kurz zuvor noch aufs Klo musste, erst kam, als seine Schwester schon verheiratet war.

»Herzlichen Glückwunsch«, riefen die Schnecks durch die dünnen Wände.

»Danke schön«, riefen Hildegard und Christian glücklich zurück. Hildegard strahlte. Sie umarmte alle. »Banzari, du wirst mir fehlen«, sagte sie.

Kajetan fand das fürchterlich übertrieben, schließlich wohnte seine Schwester nur ein paar Minuten von ihm entfernt.

»Kommt alle zu uns«, bat Christians Mutter. »Ich hab gekocht.«

Das ließen sie sich nicht zweimal sagen. Frau Reinhardt hatte eine Hühnerbrühe gekocht und zwei Hühner gebraten. Dazu gab es Spätzle. Die beiden Familien hatten gespart so gut es ging, damit es ein einigermaßen festliches Hochzeitsessen werden konnte. Zur Feier des Tages holten der Vater und Karl ihre Geigen hervor. Hildegard und Christian tanzten. Die Mutter schnappte Kajetan und drehte sich mit ihm im Kreis. Hubert forderte Christians Mutter zum Tanz auf. Nur Zäzilie hockte stumm in der Ecke.

Am Abend packte Hildegard ihre Kleider und zog zu ihrem Mann in den winzigen Verschlag. Es gab nur Platz für ein Bett, eine kleine Kommode, auf der eine Waschschüssel stand, und einen Stuhl. Trotz der Enge war Hildegard zufrieden. Noch nie zuvor hatte sie einen Raum, den sie nur mit einer Person teilen musste.

Die Sondersteuer

Die Tage wurden kälter. Der Krieg wurde für Kajetan und die meisten im Ummenwinkel zur Normalität. Er spielte sich nicht in Deutschland und schon gar nicht in Ravensburg ab. Krieg war in Italien, in England, in Dänemark und Norwegen. Die Polen waren von der deutschen Armee bereits besiegt worden. Immer noch zeigte Lehrer Schmidberger mindestens zweimal in der Woche auf der Landkarte, wo in Europa die deutschen Soldaten kämpften. So lernte Kajetan die Länder Europas kennen.

Er war zwar klein für sein Alter, aber muskulös und durchtrainiert. Nicht nur durch das Fußballspiel mit den anderen Kindern im Ummenwinkel und durch die langen Wege, die sie zurücklegen mussten. Sondern vor allem durch die harte Zwangsarbeit, bei der er weiterhin, wenn es nicht anders ging, seinen Vater ersetzte. Im Dezember ging es dem Vater sehr schlecht. Er krümmte sich vor Schmerzen auf dem Sofa. Da gerade ein paar Tage Weihnachtsferien waren, blieb Kajetan nichts anderes übrig, als für den Vater einzuspringen. Der Vorarbeiter Schüttenhelm empfing den Jungen mit einem garstigen Grinsen und den Worten: »So, Bursche, hat sich dein Vater wieder auf die faule Haut gelegt?«

»Er ist krank«, antwortete Kajetan eisig.

»So oft kann kein Mensch krank sein. Da steckt doch was anderes dahinter«, zischte Schüttenhelm. »Der klaut doch sicherlich in der Zeit oder macht andere verbotene Schurkereien. Krank – pah, dass ich nicht lache!«

Kajetan griff nach der Schaufel. Er umklammerte den Griff so fest, dass seine Fingerknöchel weiß hervortraten. Immer noch wurde er fuchsteufelswild über die gemeinen Bemerkungen des Vorarbeiters – außerdem ärgerte sich Kajetan, dass er nichts gegen Schüttenhelms Lügen ausrichten konnte. Und er hasste diese Schinderei! Nie würde er sich daran gewöhnen. Nach drei Stunden schmerzte sein Rücken, nach vier Stunden waren seine Hände wieder blutig, denn er hatte die Lappen vergessen, die er sich sonst um die Hände wickelte. Kajetan wusste, dass er morgen die Schaufel nur mit äußerster Mühe festhalten konnte.

In der Mittagspause, als sie eine dünne Suppe schlürften und an einem Kanten hartem Brot nagten, sagte Schüttenhelm: »Alle mal herhören …«

Kajetan zuckte zusammen. Schüttenhelms Tonfall war genauso wie der von Polizeimeister Glöckler, wenn er eine seiner Bekanntmachungen verlas. Bekanntmachungen bedeuteten immer Ärger. Besorgt schaute er zu Hubert.

»… für Juden und Zigeuner gibt es demnächst eine Sondersteuer. Von eurem Lohn werden euch 15 Prozent abgezogen. – Heil Hitler!«

»Was? 15 Prozent – wofür?«, rief Hubert. »Wir bekommen für die Schufterei doch sowieso fast kein Geld. Da kann man uns nicht das Bisschen noch wegnehmen.«

»Reiß dein Maul nicht so weit auf«, brüllte Schüttenhelm ihn an. »15 Prozent werden euch abgezogen, weil ihr dreckige Juden und verdammte Zigeuner seid. Das ist doch nicht so schwer zu kapieren. – Und nun an die Arbeit.«

»Wir haben noch Pause«, wagte einer der älteren Männer zu widersprechen. »Und die haben wir uns mehr als verdient.«

»Wann Pause ist und wann nicht, das bestimme immer noch ich«, brüllte ihn Schüttenhelm mit hochrotem Kopf an. »An die Arbeit! Sofort!«

Der Tag zog sich endlos. Kajetan war so erledigt, dass er nicht wusste, wie er zum Bahnhof gekommen war. Im Zug schlief er sofort ein. Als sie endlich im Ummenwinkel beim Abendessen saßen, berichtete Hubert von der Rassensondersteuer.

»Hört das denn nie mehr auf?«, klagte die Mutter. »Fällt denen immer noch was Neues ein, mit dem sie uns schikanieren können.«

»Das Geld reicht doch jetzt schon kaum«, sagte der Vater voller Kummer. »Gestern hab ich gehört, dass die Stadt die Miete für die Baracken erhöhen will. Wie sollen wir das alles nur bezahlen? Unserer Tochter konnten wir nicht mal ein anständiges Hochzeitsgeschenk machen.« Der Vater raufte sich verzweifelt die Haare.

Nicht mal für Medizin ist Geld da – fügte Kajetan in Gedanken hinzu.

Am nächsten Morgen konnte Kajetan den älteren Mann, der gestern protestiert hatte, nicht mehr unter den Arbeitern entdecken. »Was ist mit ihm passiert?«, fragte er seinen Bruder leise. Der hob nur die Schultern.

»KZ?«, bohrte Kajetan nach.

»Vielleicht«, flüsterte Hubert zurück. »Er ist schon ein paar Mal mit dem Schüttenhelm zusammengerauscht. Das hat noch keiner überstanden.«

Hubert konnte froh sein, dass er bisher in Ruhe gelassen

wurde. Schließlich hatte er sich auch schon mehrmals gegen Schüttenhelm aufgelehnt.

Jeden Morgen hielt Kajetan nun vergeblich Ausschau nach dem Mann. »Was muss man im KZ machen?«, fragte er flüsternd in der Pause.

»Schuften«, lautete Huberts Antwort.

»Das müssen wir auch«, entgegnete Kajetan.

»Banzari, genau weiß ich auch nicht, was dort passiert. Ich weiß nur, es ist noch niemand zurückgekommen.«

»Meinst du, er ist tot?«

»Ich weiß es nicht. Wirklich nicht.«

Die Ungewissheit, was noch alles kommen würde, die anstrengende Arbeit – auf einmal wurde Kajetan alles zu viel. Er sackte in sich zusammen und heulte. »Alle sterben, die Webers, der Herr Pfarrer und dieser Mann. Ich will, dass das aufhört! Ich will, dass das aufhört!« Er hämmerte mit den Fäusten auf den Boden, so fest, als könnte er durch die Hiebe die Gemeinheiten und Ungerechtigkeiten stoppen.

»Beruhig dich, Banzari, beruhig dich, Kleiner.« Hubert schaute sich hektisch um, ob Schüttenhelm etwas mitbekommen hatte, doch der drangsalierte gerade einen anderen Mann. Dann legte Hubert die Arme um seinen Bruder und streichelte ihn behutsam. »Wir wollen alle, dass das aufhört. – Ach Banzari, armer Banzari«, sagte Hubert zärtlich und strich dem Bruder immer wieder übers Haar. Als das Schluchzen leiser wurde, meinte er »Ich versprech dir, es wird wieder eine Zeit kommen, da wird alles anders sein, so normal wie ...«, er suchte nach Worten »... so normal wie Regen. Bis dahin musst du durchhalten, Banzari. Versprichst du mir das?«

Kajetan schmiegte sich an die Brust seines großen Bruders. Er rieb seine Wange an dem rauen, schmutzigen, nach Schweiß stinkenden Arbeitsanzug.

»Versprichst du mir das?«, wiederholte Hubert.

Kajetan schaute seinem Bruder in die Augen, wischte sich die Tränen weg und nickte.

Die Männer, die in der Nähe der Brüder saßen, schauten traurig drein. Auch für sie waren Zwangsarbeit, Hunger, die Schikanen durch die Nazis und die ständige Angst, was der nächste Tag Schreckliches bringen mochte, kaum zu ertragen. Wie schlimm musste es dann erst für einen Jungen in Kajetans Alter sein? In diesem Alter sollte man unbeschwert an der Schussen spielen, sollte mit Freunden Lager bauen oder kicken. Und wenn man sich Sorgen machte, dann weil mal eine Rechenarbeit daneben ging oder weil man von einer Wespe gestochen wurde.

Der sehnliche Wunsch nach Frieden

»Na, Zigeuner, was machst du denn nach der Schule? Wirst halt, was du schon bist: ein dreckiger Zigeuner«, rief der Rothaarige ihm lachend nach. Seit der Sache am Binsenweiher und seit Kajetan durch die Zwangsarbeit immer stärker geworden war, trauten der Rothaarige und seine drei Helfer sich nicht mehr auf ihn loszugehen. Stattdessen verlegten sie sich darauf, fiese Bemerkungen zu machen. Die schmerzten manchmal fast genauso wie eine Tracht Prügel, aber manchmal gelang es Kajetan auch, sie zu ignorieren.

»Na, Zigeuner, sag schon!« Der Rothaarige ließ nicht locker.

Kajetan verbot sich jeden Gedanken an einen Berufswunsch. Dass er jetzt nicht mehr Bauer, sondern Pfarrer werden wollte, das hatte er niemandem erzählt. Er wusste, dass er nie Pfarrer werden würde. Die Nazis verboten Zigeunern einen Beruf zu erlernen. Kajetan wusste, was auf ihn wartete: Zwangsarbeit.

Wenn auch er zur Zwangsarbeit eingezogen wurde, dann konnte er den kranken Vater nicht mehr vertreten. Doch die Magenprobleme des Vaters waren immer noch schlimm. Als er nach ein paar Tagen Ruhe, an denen Kajetan für ihn eingesprungen war, wieder vor Schüttenhelm stand – uralt, gebückt und grauhaarig – kapierte auch der sonst so gefühllose Vorarbeiter, dass es Johann Reinhardt beschissen ging. Trotzdem zischten giftige Bemerkungen aus seinem Mund: »Na, Reinhardt, das Faulenzen scheint dir überhaupt nicht zu bekommen. Du siehst ja fürchterlich aus. Deshalb ran an die Arbeit. Du weißt ja: Nur wer von euch Gesindel arbeitet, hat ein Recht zu leben.«

Lehrer Schmidberger berichtete weiterhin vom Stand des Krieges. Er schilderte den Einmarsch in Jugoslawien und Griechenland. Voller Stolz erzählte er, dass Deutschland den Vereinigten Staaten von Amerika den Krieg erklärt habe und vom Überfall auf Russland, den er natürlich nicht so nannte.

»Wir werden den Russen bald besiegen, dann haben wir das geschafft, was vor uns noch niemandem gelungen ist. Dann haben wir den mächtigen Russen in die Knie gezwungen. – Heil Hitler!«

Der Lehrer zog seine Uniform nicht mehr aus. Kajetan überlegte, warum Schmidberger nicht selbst in den Krieg zog, so begeistert wie er davon war. Aber er traute sich nicht zu fragen.

Roman dagegen wusste Bescheid: »Der ist untauglich. Der Schmidberger kann nicht kämpfen. Der darf gar nicht an die Front.«

Im Frühjahr klangen Schmidbergers Ausführungen nicht mehr so glorreich. »Die Russen wehren sich stärker, als wir gedacht haben«, räumte er ein. »Aber es ist trotzdem nur noch eine Frage von Wochen, bis wir als Sieger nach Hause kommen.«

Die Wochen vergingen, aber die versprochenen Siege trafen nicht ein. Im Gegenteil. Hubert brachte die Nachricht in den Ummenwinkel: »Ich habe gehört, dass auf ein paar Städte in Deutschland Bomben geworfen wurden. Vom Flugzeug aus.«

»Wer wirft Bomben?«, fragte die Mutter. Sie wusste nicht, ob sie ihrem Sohn glauben sollte.

»Die Amerikaner oder die Engländer oder die Franzosen, so genau weiß ich's auch nicht.«

»Wer hat das erzählt?«

»Hab's bei der Arbeit aufgeschnappt. Aber da können wir nur flüstern und alles muss sehr schnell gehen. Darum konnt ich auch nicht nachfragen.«

»Wäre das gut für uns?«, fragte Karl.

»Vielleicht«, überlegte der schlaue Hubert. »Vielleicht ist dann der blöde Krieg bald zu Ende. Und wir könnten wieder normal leben wie früher.«

»So normal wie Regen«, fügte Kajetan hinzu. Er hatte den Ausspruch seines Bruders nicht vergessen.

»So normal wie Regen«, wiederholte Hubert und lächelte Kajetan wissend zu.

Am nächsten Morgen hörte Kajetan gespannt zu, was der Schmidberger erzählte. Doch von Bomben auf deutsche Städte berichtete er nichts.

Es wurde April. Die Strahlen der Sonne wärmten bereits. Der Matsch im Ummenwinkel war getrocknet. Die meisten Bewohner atmeten auf, denn mit den steigenden Temperaturen wurde das Leben in den Baracken ein wenig erträglicher. Kajetan dagegen wünschte sich, dass die Zeit stehen bliebe. Dieses Schuljahr sollte nie zu Ende gehen. Doch die Zeit nahm keine Rücksicht auf ihn und seine

Wünsche. Die Tage vergingen so langsam oder so schnell wie immer. Dann war er da: der letzte Schultag. Voller Neid hörte Kajetan von den Plänen seiner Klassenkameraden. Paul, ein kleiner stämmiger Junge, arbeitete auf dem Bauernhof der Eltern, den er später mal übernehmen würde. Kajetan beneidete Paul. Gustav wollte Mechaniker werden, der Rothaarige Bäcker.

Als dann noch Schmidberger mit seiner flammenden Rede begann, in der er von der glänzenden Zukunft der Deutschen Rasse und vom großen Sieg sprach, wurde es Kajetan zu viel. Er hatte keine glänzende Zukunft vor sich und der einzige Sieg, den er sich vorstellen konnte, war, dass er überleben wollte. – Und dass er sich endlich mal wieder richtig satt essen konnte.

Während seine Mitschüler mit leuchtenden Augen und geröteten Wangen auf das Ende der Rede und des Schuljahres hinfieberten, wollte Kajetan nur eins: Frieden. Er nahm sein gutes Zeugnis entgegen und machte sich mit hängendem Kopf auf den Heimweg. Er hörte, wie zwei Buben, einer davon war der Rothaarige, neben ihm tuschelten und ihm dann zuriefen: »Zigeuner, was machst du denn nach der Schule? Wäsche klauen? Kinder erschrecken? Oder was?« Sie fanden ihre Bemerkung sehr witzig und lachten laut.

»Ich werd meine herrliche Armbanduhr anziehen und nach Berlin fahren. Dort werd ich Musiker«, sagte Kajetan so überzeugend, dass dem Rothaarige der Mund offen stand.

»Das stimmt doch gar nicht«, erwiderte er nach ein paar Sekunden unsicher.

»Wirst schon sehn«, meinte Kajetan nur. »Gute Musiker werden in der Hauptstadt gebraucht.«

»Nach Berlin!?«, wiederholte der Rothaarige nun sichtlich beeindruckt.

Kajetan nickte und stolzierte wie ein König davon. Er hörte noch, wie der Rothaarige beeindruckt sagte: »Nach Berlin, das hätte ich nicht gedacht ...«

Kajetan stolzierte nicht nur wie ein König davon, er fühlte sich auch wie ein König. Warum habe ich so nicht viel früher reagiert, überlegte er auf dem Heimweg.

Am Ufer der Schussen suchte er sich einen Platz unter einem Ahorn mit zart grünen Blättern, setzte sich auf seinen uralten Schulranzen, schaute aufs Wasser und malte sich aus, wie es wäre, wenn er am nächsten Tag wirklich nach Berlin fahren würde. Er schaute durch das lichte Blätterdach der breitblättrigen Blätter mit frischem Frühlingsgrün in den strahlend blauen Himmel und sah sich als Django Reinhardt von Berlin durch die Cafés und Bars ziehen und musizieren. Er sah die Leute klatschen und hörte Bravo-Rufe.

Onkel Banzari und die Milchlache

Im Ummenwinkel ging Kajetan zur Baracke seiner Schwester Hildegard, die sie mit der Schwiegermutter teilten. Hildegard war mittlerweile Mutter der kleinen Angela. »Banzari, schön, dass du vorbeikommst«, begrüßte ihn die Schwester. »Ich will kurz zum Brunnen, Wasser holen. Kannst du auf die Kleine aufpassen?« Mit dem Kopf deutet sie auf schlafende Angela, die die Fäustchen geballt hatte.

Kajetan nickte, er war gern mit der Kleinen zusammen. Mit Begeisterung nahm er Angelas winzige, zarte Finger in seine schwieligen Hände. Jedes Mal staunte er, wie klein und doch so vollkommen sie waren. Am liebsten aber schnupperte er an der Haut des Kindes. Angela roch so gut. Auch jetzt rieb er seine Nase am Gesicht des schlafenden Mädchens.

»Du duftest nach Frieden, kleine Angela«, flüsterte er ihr zu.

»Und nach voller Windel«, sagte Hildegard lachend, die bereits wieder zurück war. Ihr Eimer war leer, es warteten zu viele Leute am Brunnen. Hildegard würde es in einer Stunde noch einmal versuchen.

»Ich kann für dich anstehen«, bot ihr Kajetan an.

»Musst du keine Hausaufgaben machen?«

Kajetan schüttelt leicht den Kopf. »Nie mehr.«

»Ach Banzari, das hab' ich völlig vergessen. Ab heute gehörst du ja zu den Erwachsenen. – Zeig mal dein Zeugnis.« Hildegard wischte sich die Hände an ihrer grauen Schürze ab, nahm sein Zeugnis und las die Noten. »Ein wunderbares Zeugnis, Banzari, nur Einsen und Zweien. Du bist ein schlaues Bürschchen, genau wie der Hubert«, freute sich Hildegard.

»Und genau wie Hubert muss ich zur Zwangsarbeit«, erwiderte Kajetan kaum hörbar.

»Ach Banzari, Banzari, ich weiß, die Zeiten sind furchtbar. Aber es wird nicht ewig so weitergehen«, versuchte es Hildegard mit Trost und stellte eine Tasse halbvoll mit Milch vor Kajetan. »Hier für dich. Zur Belohnung für dein gutes Zeugnis.« Hildegard strich ihrem kleinen Bruder, der mittlerweile etwas größer war als sie, über die Haare. Kajetan lächelte dankbar. Milch hatte er schon ewig nicht mehr getrunken. Daheim gab es manchmal Tee, meistens aber nur warmes Wasser. Langsam, in winzigen Schlucken, trank er die Hälfte der Milch. Angela wurde wach und streckte ihre Hände nach ihm aus. Kajetan nahm die Kleine auf den Schoß und ließ sie auf seinen Schenkeln wippen. Angela juchzte und johlte vor Vergnügen und zappelte mit Armen und Beinen. Leider erwischte sie dabei die Tasse. Sie fiel um und die Milch ergoss sich über den kleinen Holztisch.

»Oh nein, die Milch«, rief Kajetan. Er hatte sich den Rest doch extra aufgespart. Angela erschrak und fing an zu weinen. Hildegard schnappte ihre Tochter und versuchte sie zu beruhigen. Währenddessen überlegte sich Kajetan, ob er den Tisch anheben und versuchen sollte, die kleine Milchlache in die Tasse zurückfließen zu lassen.

»Das gibt eine Sauerei«, meinte Hildegard, die seine Gedanken zu erraten schien.

Kajetan versuchte es trotzdem. Er wollte die kostbare Milch nicht einfach aufwischen und den Lappen ausspülen. Also hob er den Tisch an einer Seite an. Die Lache bewegte sich in seine Richtung. Angela hörte auf zu weinen und schaute dem Onkel gespannt zu. Kajetans Blick verfolgte den langsamen Lauf der Milch.

»Ich helf dir«, sagte Hildegard. Sie setzte Angela ab und hob den Tisch an. Kajetan nahm die Tasse und dort, wo die Milch über die Tischkante fließen würde, wartete er kniend auf ihr Eintreffen. Gleich würde er noch einen Schluck Milch genießen. Kajetan fixierte den Lauf des Milchrinnsals. Die Tasse war an genau der richtigen Stelle. Noch einen halben Zentimeter, dann würde die kostbare Milch in die Tasse tröpfeln. Plötzlich machte der Tisch einen Satz, die Milchlache tropfte auf den Boden.

»Mist, so ein Mist!«, entfuhr es ihm.

»Tut mir leid, Banzari!« Im falschen Moment hatte Hildegard einen Schluckauf bekommen.

Während er nun doch mit dem Putzlappen die Milch vom Boden aufwischte, schwor Kajetan, dass er sich von seinem ersten selbst verdienten Geld Milch kaufen würde.

Stein um Stein

Einen Tag später stand er morgens um sechs im Hof der
Baufirma. Es war noch kalt und feucht, Nebel lag über der
Stadt. Kajetan fror in seiner abgewetzten Jacke.

»Bist du der Neue?«, wollte ein großer, kräftig gebauter
Mann von ihm wissen.

Er nickte.

»Wie heißt du?«

»Reinhardt, Kajetan Reinhardt.«

»Bist noch jung, was?«

»Vierzehn.«

Der Mann musterte ihn von oben bis unten. »Nicht groß,
aber stark. Du wirst den Maurern helfen.«

Er winkte zwei Männer zu sich. »Hier, der Reinhardt wird
euch helfen.«

Die Maurer nickten, musterten ihn ebenso gründlich
und grinsten. »Komm mit.«

Kajetan musste sich beeilen, um ihrem schnellen Schritt
folgen zu können.

»Bist ein Zigeuner?«, fragten sie.

Kajetan nickte. Aber er verstand nicht, warum das die
Maurer interessierte.

»Du versorgst uns mit Steinen, Reinhardt«, war alles, was
er an Arbeitsanweisung zu hören bekam.

Kajetan begann, den Maurern Ziegelsteine hochzuwerfen. Sie arbeiteten bereits in zwei Meter Höhe. Anfangs gefiel ihm die Arbeit. Er musste zielen und genau werfen, damit die Maurer die Steine leicht auffangen konnten. Es durfte kein Stein zu Bruch gehen, das hatten sie ihm bereits nach zwei Minuten lauthals eingetrichtert. Doch nach einer Stunde schmerzten seine Arme, nach drei Stunden fühlten sie sich an, als hätte er zwei Tage lang einen zentnerschweren Kohlesack über den Kopf gehalten. In der Pause konnte er sein Vesperbrot nicht essen. Seine Arme streikten, sie wollten sich nicht mehr bewegen.

»Los Zigeuner, wird's bald«, brüllte einer der Maurer, als er sah, dass Kajetan noch nicht weiterarbeitete. »Wir sind nicht zum Däumchendrehen hier!«

Bei jedem Wurf rebellierten seine Arme. Ein Stein schien eine Tonne zu wiegen. In der Mittagspause legte er sich hinter den Steinhaufen und schlief in der nun warmen Frühlingssonne.

»Es geht weiter, Reinhardt«, brüllte sein Maurerkollege ihm ins Ohr.

Kajetan schreckte hoch, im gleichen Moment spürte er den Schmerz in seinen Armen. Er hatte das Gefühl, als würden seit Stunden schwere Eisenkugeln an ihnen baumeln.

Wie Kajetan die Zeit bis zum Feierabend überstand, konnte er später nicht mehr sagen. Er wusste nur, dass die Maurer ihn von Stunde zu Stunde mehr anschrien und antrieben.

»Wie soll ich das nur tagtäglich aushalten?«, fragte er sich selbst, als er sich zum Ummenwinkel schleppte. Das Essen fiel flach. Kajetan war viel zu erledigt. Den Löffel hätte er sowieso nicht mehr halten können.

»War es sehr schlimm, Banzari?«, fragte die Mutter besorgt. Eigentlich hätte sie sich die Frage sparen können.

Am nächsten Morgen konnte Kajetan nur mit Mühen aufstehen. Sein Rücken schmerzte und die Arme fühlten sich an, als wären sie dreimal so dick und würden gleich platzen. Die Maurer warteten schon auf ihn. »Wir fangen hier pünktlich an, Reinhardt. Jetzt aber zack-zack.«
An Zack-Zack war bei Kajetan nicht zu denken. Bei jedem Stein, den er hochwarf, biss er die Zähne zusammen. »Daran werde ich mich nie gewöhnen«, dachte Kajetan in der Mittagspause. Er wollte sich auch gar nicht daran gewöhnen. Warum sollte er für einen Hungerlohn so eine schwere Arbeit machen, die er dazu noch hasste?
Nach einer Woche hatte er vor Anstrengung dunkle Ringe unter den Augen und war sichtlich abgemagert. Die Mutter sorgte sich sehr um ihren Jüngsten. »Banzari, du musst mehr essen, sonst hältst du die schwere Arbeit nicht durch«, sagte sie jeden Abend, bevor er nach vier, fünf Löffeln Suppe am Tisch einschlief.
Mit jedem weiteren Tag ging es Kajetan schlechter. Sein Körper gewöhnte sich nicht an die Knochenarbeit. Die Baufirma hinkte dem Zeitplan hinterher. Die Maurer bekamen Unterstützung. Doch Kajetan erhielt keine Hilfe. Im Gegenteil. Mit zusammengebissenen Zähnen nahm er den Kampf mit den kantigen Ziegelsteinen und den brüllenden Maurern auf. Nun musste er drei Maurer mit Steinen versorgen. Das konnte er nicht schaffen, das schaffte niemand. Steinewerfen im Akkord. Sobald er einen Stein nach oben geworfen hatte, musste er sich sofort wieder bücken, den nächsten hochheben, dann werfen, wieder bücken, hochheben, werfen, bücken.

Kajetan hatte schreckliche Schmerzen im Rücken und in den Armen. Sein Nacken war völlig verspannt und bretthart. Die Hände waren durch die kantigen Steine aufgeschürft. Er hatte sie wieder mit alten Lappen umwickelt. Keiner kümmerte sich darum, wie es ihm ging. Er wurde angebrüllt, wenn es den Maurern zu langsam voranging. Nachdem Kajetan einen halben Tag für drei Maurer Steine geworfen hatte, wurde sein Blick unscharf. Das Geschrei der Maurer, nachdem er zwei Steine zu weit geworfen hatte, sodass sie zu Boden fielen und zerbrachen, drang nur noch von Ferne an sein Ohr. Ihm wurde schwindlig, er taumelte und fiel bewusstlos auf den Steinhaufen. Dabei schlug er sich den Kopf an einer Steinkante auf, sodass er blutete.

»Was ist los, Reinhardt? Es gibt noch keine Pause. Weiter, zack-zack«, rief einer der Maurer erbost hinunter.

»Da stimmt was nicht«, meinte sein Kollege.

Zur selben Zeit kam der neue Vorarbeiter vorbei. »Was ist hier los?«

»Der Zigeuner hat schlapp gemacht«, antwortete einer der Maurer mit boshaftem Grinsen. »Der scheint arbeitsscheu zu sein.«

»Der Junge ist verletzt. Los, tragt ihn sofort in die Baracke«, brüllte nun der Vorarbeiter. Er sorgte dafür, dass Kajetan auf eine Liege gehoben wurde. Danach wischte er ihm das Blut von der Stirn. Nach ein paar Minuten kam Kajetan zu sich.

»Was, was ist passiert?«, stammelte er, als er die Augen öffnete.

»Das wollt ich dich fragen, Junge«, antwortete der Vorarbeiter.

Kajetan versuchte sich zu erinnern. »So viele Steine,

so viele Steine, schnell, schnell, schneller, zack-zack«, murmelte er wirr vor sich hin.

»Ist schon gut, beruhig dich«, meinte der Vorarbeiter freundlich. »Kannst du aufstehen?«

»Glaub schon.«

»Dann geh nach Hause und erhol dich. Morgen bleibst du auch noch daheim.«

Kajetan nickte dankbar und stand mühsam auf. Langsam, gebeugt wie ein alter Mann, schlurfte er zum Ummenwinkel. Alle paar Meter musste er sich auf den Gehweg setzen und ausruhen. Selbst die Wachen am Eingang des Lagers ließen ihn ohne Kontrolle passieren.

Ohne ein Wort zu sagen legte sich Kajetan aufs Sofa und schlief sofort ein. Die Mutter deckte ihn wie früher zu. Nach vier Stunden erwachte Kajetan. Draußen war es dämmrig. Die Mutter hatte eine Kerze angezündet und blickte besorgt und fragend zu ihrem Jungen. Kajetan schlürfte erst die heiße Suppe, dann begann er zu berichten, was am Morgen passiert war.

»Da gehst du nicht mehr hin, Banzari«, sagte die Mutter bestimmt. »Dort gehst du vor die Hunde.«

»Aber was soll ich denn machen?«, fragte Kajetan verzweifelt. »Zigeunerpack muss zur Zwangsarbeit.«

»Sag nicht Zigeunerpack«, herrschte die Mutter ihn an.

»Fast alle nennen uns so. Und sie behandeln uns auch so.«

»Ich weiß, Banzari. Aber darum musst du das doch nicht übernehmen. Wir wissen, dass wir rechtschaffene Leute sind.«

»Was nützt uns das, Mutter? Die Nazis glauben das nicht. Für die sind wir Zigeunerpack«, rief Kajetan laut.

»Psst, nicht so laut, Banzari.«

Während Kajetan seinen freien Tag genoss, bei der überraschten Hildegard vorbeischaute, mit der kleinen Angela spielte und mittags erneut drei Stunden schlief, dann die Armbanduhr hervorholte, sie aufzog und gründlich reinigte, redete der Vater erst mit seinem Vorarbeiter Schüttenhelm und nach Feierabend beeilte er sich, zu Kajetans Vorarbeiter zu kommen.

Beim Abendessen, als Kajetan zum ersten Mal seit langem wieder richtigen Hunger verspürte, erklärte ihm der Vater: »Banzari, ab Montag arbeitest du bei uns in Friedrichshafen. Du weißt, dass die Arbeit sehr hart ist, aber es wird dir dort besser gehen als auf der Baustelle.«

Kajetan hätte nie gedacht, dass er sich mal darauf freuen würde, unter Schüttenhelms Kommando zu arbeiten. Aber im Vergleich zu den Maurern, die ihren ganzen Ärger und Hass nur an ihm ausgelassen hatten, verteilte sich Schüttenhelms Hass auf viele Männer. So war es für den Einzelnen nicht ganz so entsetzlich.

Die Wunde am Kopf verheilte, die Wunden in Kajetans Seele blieben. Dazu trug auch bei, dass Schüttenhelm ihn mit seinem gemeinen Grinsen begrüßte: »Wusste ich doch, dass es dir bei mir gefällt. So leichte Arbeit für faule Zigeuner hat nur der liebe Schüttenhelm.«

Aber auch die Arbeit bei Schüttenhelm war kein Zuckerschlecken. Kajetan schaufelte wieder bergeweise Erde. Seine Arme waren durch das Steinewerfen trainiert, trotzdem nahm er die dreckigen, blutverschmierten Lumpen, die seine Hände schützten, nicht mehr ab. Immerhin konnten die Reinhardts gemeinsam zur Arbeit gehen. Wenn sie auch nicht zusammen schufteten, so war es doch tröstlich, dass jemand aus der Familie in der Nähe war.

Keine Zukunft

Das Versprechen, das sich Kajetan gegeben hatte, löste er ein. Von seinem ersten Lohn besorgte er sich einen halben Liter Milch. Nach der Arbeit setzte er sich an seinen Lieblingsplatz an der Schussen und trank die Milch ohne abzusetzen. Mit vollem Bauch lag er am Ufer, schaute auf das Glitzern der Wasseroberfläche und blinzelte in die tiefstehende Sonne. Alles war friedlich. Für einen Moment fühlte er sich zufrieden. Doch dann rebellierte sein Magen, der so viel Milch nicht mehr gewohnt war. In seinem Bauch rumorte es wie verrückt, kurz darauf übergab er sich.

»Wie siehst du denn aus?« Roman kam ihm auf dem Heimweg entgegen.
»Zuviel Milch«, meinte Kajetan nur.
Roman sah ihn skeptisch an. »Oder Sonnenstich?« Es konnte doch nicht sein, dass in diesen schweren Zeiten jemand zu viel Milch getrunken hatte. Seit Kajetan nicht mehr zur Schule ging, verstand Roman ihn manchmal überhaupt nicht. Er war ihm fremd geworden. Kajetan sprach nicht viel. Von der Arbeit erzählte er sowieso nichts und zum Fußballspielen hatte er keine Lust mehr. Roman konnte nicht wissen, dass Kajetan nichts von der

Zwangsarbeit erzählen wollte, um ihn zu schonen. Roman, der keinen Vater mehr hatte, wusste nichts Genaues über das, was ihm im nächsten Jahr bevorstand. So sollte es auch bleiben, hatte Kajetan entschieden. Roman würde noch früh genug erfahren, was Zwangsarbeit bedeutet. Er sollte noch ein einigermaßen unbeschwertes Jahr haben.

Außerdem wollte Kajetan lieber nicht über seinen Alltag reden und schon gar nicht darüber nachdenken. Jeden Morgen vor fünf ging er verschlafen mit seinem Vater und den Brüdern zum Bahnhof. Um halb sieben fing die Arbeit unter Schüttenhelms strenger Aufsicht an. Sie dauerte den ganzen Tag, bis die Männer am Abend heimfuhren, schnell noch etwas aßen, kurz danach gingen sie schon schlafen. Egal, ob es in Strömen schüttete oder ob die Sonne brannte, ob es Minusgrade hatte, ob es hagelte oder schneite, tagtäglich dasselbe, außer sonntags.

Kajetan saß erschöpft im Zugabteil. Trotzdem döste er nicht wie sonst immer. Seine Gedanken jagten dahin. Alles war so hoffnungslos. Wie lange sollte das noch so weitergehen? Warum musste ihnen das passieren? Warum ließ man sie nicht einfach in Ruhe? Sie hatten doch niemandem etwas getan! Ein Schluchzer drang aus seiner Kehle. Kajetan schluckte so schnell und so oft er konnte. Jetzt bloß nicht weinen, war das Einzige, worauf er sich konzentrierte.

»Ich hab gehört, die Armee macht ernst«, raunte Erich, der Arbeiter, der neben Kajetan saß. »Sie wollen die Russen besiegen.«

Kajetan hatte keine Ahnung, was das bedeutete. Nur, dass alle immer erzählten, die Russen seien grausam, das wusste er.

»Es heißt, wenn Deutschland Russland eingenommen hat, dann ist Hitler zufrieden«, flüsterte Erich weiter.

»Du meinst, dann ist Frieden?«, wollte sich Kajetan vergewissern.

Der hob zweifelnd die Schultern.

Doch aus dem schnellen Angriff und dem glorreichen Sieg der 6. Armee wurde nichts. Die deutschen Soldaten kamen schleppend voran. Der Feldzug in Russland zog sich unerwartet in die Länge.

In einer kalten Novembernacht hatte es zu schneien begonnen. Gegen Morgen regnete es in die dünne Schneedecke. Im Ummenwinkel und auf der Baustelle war es matschig und grau. Da raunte ihm Erich zu, dass er gehört habe, die 6. Armee sei bei Stalingrad eingeschlossen.

»Wo ist Stalingrad?«, fragte Kajetan.

»In Russland natürlich. Und da ist es jetzt so eisig kalt, dass die Soldaten in ihren leichten Sommeruniformen bestimmt reihenweise erfrieren.«

»Also kein Frieden?«, wollte Kajetan sofort wissen.

Wieder hob der Arbeiter nur die Schultern.

Frieden und ein normales Leben, ohne Zwangsarbeit, ohne Hungern und ohne Ummenwinkel, das war Kajetans große Sehnsucht. Dafür betete er jeden Abend. Doch seine Gebete wurden nicht erhört.

Alle antreten!

Egal, ob in der Bäckerei, unter den Zwangsarbeitern oder im Ummenwinkel, überall beherrschte eine Nachricht die Unterhaltungen: Die deutsche Armee hatte in Stalingrad aufgegeben. Besser gesagt, das was von der einst so stolzen 6. Armee in der Eiseskälte noch übriggeblieben war. Ursprünglich waren 300.000 Soldaten nach Russland gezogen. Mittlerweile war die Armee auf klägliche 90.000 Soldaten zusammengeschrumpft. Und später würden sie erfahren, dass nur 5.000 die Gefangenschaft überlebt hatten.

Wenn Kajetan selbst vor Kälte zitterte, malte er sich aus, wie eisig die Temperaturen erst in Stalingrad sein mussten. Wenn er besonders unter Hunger litt, dann dachte er, dass die Soldaten wahrscheinlich noch weniger zu beißen hatten. Und nun? Was würde nun aus ihnen? Wie würden die Russen sie behandeln? Vor den Russen hatten alle einen Heidenrespekt. Auf einmal war Kajetan froh, dass der Pfarrer schon so früh gestorben war. Vielleicht hätte er sonst auch in Russland kämpfen und noch mehr leiden müssen.

Mittlerweile hatte Hildegard ihr zweites Mädchen zur Welt gebracht. Es hieß Nathalie und war erst ein paar

Wochen alt. Kajetan schaute öfters bei ihnen vorbei, denn er fand es herrlich, Onkel zu sein.

Das Wochenende stand bevor. Samstags musste er zwar zur Arbeit. Aber das war meistens nicht besonders schlimm, denn Schüttenhelm erschien samstags oft überhaupt nicht. Er fuhr dann in den Schwarzwald zu seiner Familie, die dort wohnte. Sonntags musste niemand arbeiten, das war der beste Tag der Woche.

Geschrei, Kommandos, Durcheinander. Es war drei, vielleicht vier Uhr morgens. Die Tür wurde aufgerissen, ein Polizist polterte in die Baracke.

»Aufstehen, anziehen und dann alle raus zum Appell«, brüllte er in die Dunkelheit.

Was haben die mit uns vor? – Während Kajetan in Windeseile in seine Kleider schlüpfte, arbeitete es fieberhaft in seinem Kopf. Die lassen uns doch nicht mitten in der Nacht nur zum Spaß antreten? Die haben doch was geplant!

Draußen hatten sich bereits viele Nachbarn versammelt. Es war so kalt, dass Kajetan schon nach wenigen Minuten zu zittern begann. Alle mussten sich in Reihen aufstellen. Der Platz vor den Baracken war ausgeleuchtet. Kajetan hielt nach Hildegard Ausschau. Sie entdeckten sich, nickten lächelnd und schnitten eine Grimasse, als wollten sie sagen: Die Nazis haben nicht mehr alle Tassen im Schrank. Dann sah Kajetan, dass der ganze Platz von Polizisten umstellt war. Sie hielten Maschinenpistolen in den Händen.

»Gestapo ist auch hier«, flüsterte jemand in die Menge. Kajetan schluckte, sein Herz raste. Gestapo – die geheime Staatspolizei, wo die auftauchte, gab es absolut nichts zu lachen.

»Mir ist so kalt, Mama«, hörte er eine weinerliche Kinderstimme.

Auch Kajetan fror. Er hatte in der Eile keine Socken angezogen. Die Kälte des gefrorenen Bodens drang durch seine Schuhe und fraß sich langsam durch den ganzen Körper.

Als alle Familien auf dem Platz versammelt waren, nahm einer der Gestapo-Männer das Megafon und verkündete: »Die Namen, die ich aufrufe, die treten nach rechts raus.«

Für Sekunden war es auf dem Platz mucksmäuschenstill. Sogar die weinenden Kinder verstummten, so als wüssten auch sie, dass nun etwas Schreckliches passieren würde.

Kajetan hielt den Atem an. Er betete: »Bitte, lieber Gott, verschone mich und meine Familie.« Aber er wusste nicht, wovor er verschont werden sollte.

»Anna Schneck, Roman Schneck, Mathilde Schneck, Hyacintha Schneck, Ewald Schneck, Edmund Schneck, Paul Schneck, Waldtraud Schneck«, leierte der Gestapo-Mann runter.

Kajetan erstarrte. Seine Nachbarn und Freunde wurden aufgerufen. Langsam traten sie nach rechts. Kajetan suchte mit seinen Augen die von Roman. Ihre Blicke trafen sich und wollten sich nicht mehr loslassen. In Romans Augen standen Angst, Verzweiflung und die Bitte um Hilfe. Aber Kajetan konnte seinem Freund nicht helfen.

»Christian Reinhardt, Hildegard Reinhardt, Angela Reinhardt, Nathalie Reinhardt«, fuhr die Stimme aus dem Megafon tonlos fort. Kajetan wurde schwindlig. Hildegard und die kleinen Mädchen – was hatten sie mit ihnen vor? Jede Sekunde wartete er darauf, dass auch sein Name aufgerufen wurde. Doch er wurde nicht genannt.

Nach 38 Namen sagte der Gestapo-Mann: »Wer aufgerufen wurde, hat 20 Minuten Zeit, um das Nötigste zusammenzupacken. Jeder darf nur so viel mitnehmen, wie er tragen kann. Und jeder Fluchtversuch ist zwecklos.« Als Beweis nahm er seine Pistole und schoss damit in die Luft.

Kajetan sah seine Schwester, die orientierungslos hin und her lief. Er rannte zu Hildegard, packte sie am Arm und führte sie mit Angela in die Baracke.

»Ich, ich muss die Kinder anziehen«, sagte sie mit zitternder Stimme.

Kajetan suchte rasch ein paar warme Kleidungsstücke für seine Schwester zusammen. Ihr Mann saß erstarrt in der Ecke, die Hände vor dem Gesicht. Hildegards Hände zitterten so stark, dass sie den Knopf von Angelas grünem Winterkleid nicht zuknöpfen konnte.

»Wir können fast nichts mitnehmen«, meinte ihr Mann Christian, der dann doch auf einmal hellwach war. »Wir müssen doch unsere Mädchen tragen.«

»Raus aus der Baracke, wer nichts zu packen hat«, brüllte ein Polizist.

Das galt Kajetan. Er versuchte seiner Schwester zuzulächeln, doch es gelang ihm nicht.

»Es kann nicht schlimm kommen«, versuchte Hildegard etwas Zuversicht zu vermitteln. »Wir haben ja nichts Unrechtes getan.«

Kajetan wollte seine Schwester noch umarmen, doch der Polizist stieß ihn unsanft aus der Baracke. Draußen wurden diejenigen, die im Ummenwinkel bleiben würden, von den Polizisten zusammengedrängt.

»Wohin kommen sie denn?«, fragte der Vater, der leichenblass war.

»Nach Polen, dort kriegt jeder ein Stück Land«, antwortete einer der Gestapo-Männer. Niemand glaubte ihm.

Kajetan sah, wie Hildegard mit Angela und der kleinen

Nathalie auf dem Arm aus der Baracke stolperte. Ihr Mann trug zwei große Taschen.

Der Vater stürzte aus der Menge und umarmte seine Tochter und seine Enkelinnen. Er kniff Hildegard aufmunternd in die Wange, so wie er es bei ihr gemacht hatte, als sie noch klein war.

»Wir werden uns nie wiedersehen, lieber Vater«, sagte sie voller Gewissheit.

Der Abschied dauerte nur kurz, denn sofort kamen zwei Polizisten und zogen den Vater zurück. Die Mutter wurde von Hubert und Karl festgehalten. Es war zu gefährlich. Die Polizisten waren unberechenbar, sie konnten jeden Augenblick losschießen.

»Wo bringt ihr sie jetzt hin?«, fragte eine besorgte Frauenstimme.

»Erst mal ins Grüne Türmle«, sagte einer der Polizisten. »Am Montag geht's dann auf große Fahrt.«

Der Grüne Turm war das Ravensburger Stadtgefängnis. Nun war allen klar, dass die Zigeuner nicht nach Polen transportiert würden, um ein Stück Land zu bewirtschaften. Niemand würde sie sonst im Grünen Turm einsperren.

In Kajetans Gedanken geisterte ein Wort umher: Konzentrationslager. Dann dachte er: Ausgeschlossen, das kann nicht sein. Denn bisher war er der Meinung, es kämen nur Leute ins Konzentrationslager, die etwas angestellt hatten, das den Nazis nicht passte. So wie die Männer, die Schüttenhelm widersprachen. Hildegard, ihre kleinen Mädchen und auch die Schnecks hatten ganz sicher nichts Unrechtes getan. Trotzdem, das Wort ›Konzentrationslager‹ ließ sich nicht aus seinen Gedanken vertreiben.

»Nein, ich geh nicht weg von hier«, schrie Frau Schneck den Polizisten an.

»Mach keinen Ärger, Weib«, schrie der Polizist zurück.

Kajetan versuchte durch die Haustür der Schnecks zu spähen. Er hatte furchtbare Angst, dass die sonst so besonnene Frau Schneck eine Dummheit begehen würde.

»Mama, komm, es wird uns nichts passieren«, sagte Roman beinahe ruhig und gefasst.

»Das glaub ich nicht! Ich will nicht weg!« Die sonst so starke Frau Schneck drohte durchzudrehen.

»Wenn du nicht parierst, bleibst du hier – für immer«, drang die laute Männerstimme aus der Baracke.

»Nein, nicht«, bettelte Kajetan leise. »Bitte, Frau Schneck, bitte geh mit. Wer weiß, was die sonst mit euch allen machen.« Als ob Frau Schneck Kajetans leise geflüsterten Wunsch gehört hätte, trat sie nach ein paar Minuten mit einem Koffer in der einen und dem kleinen Paul an der anderen Hand aus der Baracke. Roman und seine Geschwister folgten ihr.

»Auf Wiedersehen, Schneckle«, rief Kajetan ihm zu und winkte, so gut es zwischen den vielen Menschen ging. »Wir sehen uns bald wieder.«

»Banzari, mach's gut«, rief Roman zurück. Dieses Mal zitterte seine Stimme vor Angst.

Alle, die nicht wegmussten, wurden in eine leere Baracke gepfercht. Kajetan stand dicht gedrängt neben seinem Vater. Der war nicht nur leichenblass, auch seine Wangen waren eingefallen und die Augen wanderten wirr hin und her. »Nein, nein, nein – das darf nicht sein«, stammelte er unentwegt. Dann griff er sich in die Haare und riss sich aus Verzweiflung ganze Haarbüschel aus.

»Vater, hör auf. Bitte hör auf«, bettelte Kajetan eindringlich. Doch der alte Mann entwickelte Riesenkräfte und ließ sich nicht daran hindern, sich selbst Schmerzen zuzufügen.

Nach einer halben Stunde durften sie wieder zurück in ihre Baracken. Von denen, die gerade noch im Ummenwinkel gewohnt hatten, war nichts mehr zu sehen. Kajetan stützte die Mutter. Sie schaffte es bis zur Baracke, dann sackte sie bewusstlos zusammen. Hubert und Kajetan betteten die Mutter vorsichtig aufs Sofa. Kajetan tätschelte ihre Wangen, während Hubert einen feuchten Lappen auf ihre Stirn legte.

Der Vater hockte sich aufs Bett und begann einen Psalm zu beten:

>»Herr, warum bleibst du so fern,
>verbirgst dich in Zeiten der Not?
>Der Böse lauert im Versteck wie ein Löwe im Dickicht,
>er lauert darauf, den Armen zu fangen.
>Seine Übermacht bringt die Schwachen zu Fall.
>Herr, steh auf, Gott erheb deine Hand,
>vergiss die Gebeugten nicht.«

»Amen«, sagten Kajetan und alle anderen in der Baracke. Kajetan war erstaunt, dass sein Vater betete. Er hatte den Vater noch nie laut beten hören. Kajetan wusste nicht einmal, dass er sich so gut in der Bibel auskannte. Jedenfalls war beten viel besser als sich Haare ausreißen.

Aus der übernächsten Baracke hörten sie die verzweifelten Schreie des Großvaters. Er war als einziger seiner Familie übriggeblieben. Karl rannte hinüber, um ihn zu beruhigen. Doch der alte Mann ließ sich nicht trösten. In der Baracke der Schnecks blieb es dagegen totenstill.

Hildegards Schuhe

Es klopfte an der Tür. Leise, vorsichtig. Trotzdem schreckten Kajetan und Hubert zusammen. Der Vater kauerte wimmernd vor Schmerz und Sorge in einer Ecke.

»Sie haben nicht alle Namen vorgelesen. Jetzt holen sie uns noch ab«, flüsterte Kajetan. Als er langsam zur Tür ging, machte er sich darauf gefasst, gleich einem Polizisten gegenüber zu stehen, der ihn mitnahm. Er drückte die Türklinke runter, dabei fiel ihm ein: So leise klopfen Polizisten nicht. Sie klopfen überhaupt nicht an. – Vor der Tür stand Sophie, eine Freundin der Mutter. Kajetan strahlte und hätte sie vor Erleichterung umarmen können.

»Du bist aber gut gelaunt, Banzari, nach all dem, was soeben passiert ist«, tadelte sie ihn.

»Ich bin nur froh, dich zu sehen und keinen Polizisten«, erwiderte er. Wie hätte Kajetan ihr erklären können, dass er nicht gut gelaunt, sondern nur unendlich erleichtert war?

»Habt ihr's gesehen?«, fragte Sophie, ging zum Sofa und streichelte die Mutter, die langsam wieder zu sich kam.

»Was gesehen?«, fragte Hubert.

»Eure Hildegard, die hatte keine Schuhe an, als sie sie weggebracht haben«, sagte Sophie. »Das Mädchen war bestimmt so durcheinander und so in Sorge um ihre Kinder, dass sie nicht an Schuhe für sich gedacht hat.«

»Arme Hildegard«, sagte Kajetan. Er wusste, dass seine Schwester gerne barfuß lief – aber nicht im März. Ohne nachzudenken fügte er hinzu: »Ich werde ihr Schuhe bringen.«

»Bist ein guter Junge, Banzari«, flüsterte die Mutter erschöpft.

Zusammen mit Hubert überlegte er fieberhaft, wie Hildegard zu ihren Schuhen kommen könnte. Die Brüder waren froh, dass sie etwas für ihre Schwester tun konnten. »Ich könnt dem Glöckler meine Armbanduhr schenken oder die Uhr verkaufen und ihm von dem Geld Schnaps kaufen. Dann erlaubt er sicherlich, dass wir Hildegard die Schuhe geben«, meinte Kajetan. »Herr Weber hätte bestimmt nichts dagegen, wenn die Hildegard durch seine Uhr warme Füße bekäme.«

Die Uhr war das Wertvollste, das sich Kajetan vorstellen konnte. Was der Rothaarige in all den Jahren nicht geschafft hatte, trotz Prügel, Erpressung und Schikane – für seine Schwester würde er die Uhr hergeben.

»Die Schuhe sind wichtig für die Hildegard. Das Mädchen, ach jetzt ist sie ja schon eine Frau, braucht warme Füße«, würde Herr Weber sagen, wenn er noch leben würde. Und: »Die Zeiten sind schlecht, da muss man ungewöhnliche Sachen machen.«

»Der Glöckler würde die Uhr sicherlich nehmen. Aber wer garantiert uns, dass er der Hildegard auch die Schuhe geben würde? Dem traue ich zu, dass er Uhr und Schuhe behalten würde. Nein, das ist zu unsicher, Banzari«, sagte Hubert. »Behalt die Uhr. Sie gehört dir. Es muss anders gehen.«

»Bei Emilie und Valentin hat es doch auch funktioniert, damals, als der Bauer dem Glöckler Schnaps spendierte. Sie durften beim Bauern übernachten. Dann funktioniert es auch bei uns«, war Kajetan überzeugt.

»Banzari, der Bauer ist ein Arier, wir sind Zigeuner. Der Glöckler würde sich sicherlich nicht trauen, den Bauern zu bescheißen. Bei uns wäre ihm das ganz egal«, erwiderte Hubert und er hatte Recht.

Den ganzen Abend tüftelten die beiden an einem Plan, der am Montag in die Tat umgesetzt wurde. Hubert hatte in Erfahrung gebracht, dass die Zigeuner den Sonntag über im Gefängnis blieben. Aber am Montagmorgen sollten sie vom Grünen Turm zum Bahnhof marschieren. Zwischen Grünem Turm und Bahnhof musste also die Übergabe stattfinden. Es war riskant, denn sie wussten nicht, wie viele Soldaten und Gestapo-Männer die Zigeuner auf dem Weg zum Bahnhof bewachen würden. Wenn es schiefging, würden sie wahrscheinlich auf ihn schießen. Oder ihn einfach mitschleppen. Kajetan zitterte vor Angst. Auch Schüttenhelm würde toben, wenn er nicht zur Arbeit kam. Aber Hildegard, Schneckle und all die anderen mussten diese Reise ins Ungewisse antreten. Da durfte er keinen Moment zögern, er musste seiner Schwester helfen. Es war das Einzige, was er für sie tun konnte.

Kajetan nahm seinen alten Schulranzen, den er nie mehr brauchen würde, und ging damit zum Anbau der Baracke, in der Hildegard und ihre Familie gewohnt hatten. In dem winzigen Raum herrschte das totale Chaos: Die Schubladen waren aufgerissen, Kleider und Papiere lagen verstreut auf dem Boden. Das schmutzige Geschirr vom

Abendessen stapelte sich noch in der Waschschüssel. Das kleine Pferd, das Vater für Angela geschnitzt und dem die Mutter aus Wolle eine schwarze Mähne angeklebt hatte, lag mit zertrümmertem Kopf in der Ecke. Kajetan warf sich aufs Bett und schluchzte. Was wird nur aus ihnen? Warum die kleinen Kinder? Warum? Warum? Als er keine Tränen mehr hatte, stand er auf und suchte Hildegards Schuhe. Er fand auch noch einen Schal, eine kleine Puppe und etwas Tabak. Alles zusammen stopfte er in den Ranzen.

Mit pochendem Herzen ging er am Montag zum Bahnhof. Die Brüder hatten überlegt, ob sie ihrer Schwester einen Brief schreiben sollten. Doch das konnte gefährlich werden. Wer wusste schon, wie die Polizisten reagierten, sollten sie Kajetan bei der Ranzen-Übergabe erwischen.

Schon von weitem sah er die trostlose Menschenmenge. Polizisten mit Pistolen begleiteten sie. Männer von der Gestapo, die keine Uniformen trugen, konnte Kajetan nicht erkennen.

»Los, schneller, wir sind hier nicht beim Sonntagsspaziergang«, herrschte einer der Polizisten die Leute an.

Wenn der jetzt eine Peitsche hätte, er würde auf die Leute eindreschen, dachte Kajetan, als er das grimmige Gesicht des Polizisten sah. Doch dann interessierte ihn nur noch eins: Wo war Hildegard? Hoffentlich ging sie nicht mitten in der Menge, dann würde die Übergabe schwierig. Zu schwierig. – Da, da war sie mit ihren beiden Kindern auf den Armen. Zum Glück ging Hildegard am Rand der Gruppe. Kajetan stellte sich so hin, dass die Schwester ihn sehen musste. Kurz hob er den Ranzen. Hildegard kapierte sofort. Sie ließ sich ein Stück abfallen, so weit bis kein

Polizist neben ihr marschierte. Kajetan schlenderte an der Gruppe vorbei, konnte noch einen Blick von Roman erhaschen, der ihn entsetzt anschaute.

»Du auch?« sollte dieser Blick bedeuten.

Kajetan schüttelte fast unmerklich den Kopf, Tränen stiegen in ihm auf. Sofort wischte er sie mit dem Ärmel weg.

Dann war er bei Hildegard. Vorausschauend hatte sie ihre kleinen Mädchen den Frauen neben sich gegeben, blitzschnell drückte Kajetan seiner Schwester den Ranzen unter den Arm.

»Ich hab dich lieb«, raunte er Hildegard zu.

»Banzari, lieber, guter Banzari…«

»Hau ab«, brüllte ihn der Polizist an und fuchtelte bedrohlich mit seiner Pistole. Er verpasste Kajetan einen Tritt, der ihn gegen eine Hauswand stolpern ließ. Dabei schlug Kajetan sein Knie blutig, doch er achtete nicht darauf. Sein Blick war mit dem von Hildegard verschmolzen. Er wollte sie nicht aus den Augen verlieren. Kummer und Verzweiflung lagen in Hildegards Blick. Und furchtbare Angst.

Schluchzend sah Kajetan seiner Schwester mit ihrer Familie, dem Freund und all den Nachbarn aus dem Ummenwinkel nach, wie sie in den Zug stiegen. Schweigend.

***

Epilog

Der Zug fuhr nach Stuttgart. Dort wurden die Ravensburger Sinti und Roma mit anderen Sinti und Roma aus Süddeutschland über Nacht eingesperrt. Am nächsten Morgen wurden alle in einen Güterwaggon gepfercht, ohne Sitze, ohne Haltegriffe. Wie Vieh standen sie eng an eng beieinander. Viele Stunden oder Tage. So lange, das hält keine Blase aus. Und auch kein Darm. Die Menschen mussten dringend aufs Klo, es gab aber keines. Also blieb ihnen nichts anderes übrig, als sich zu überwinden, sich vor allen Leuten hinzuhocken und in die Ecke zu machen. Sie kamen nach Polen, ins Konzentrationslager Auschwitz-Birkenau. Der Zug kam nachts an. Hundegebell, Geschrei, Befehle, Scheinwerfer. *Hildegard* beobachtete, wie die Toten weggezerrt wurden. Gleichzeitig war sie erleichtert, dass ihre Mädchen so artig waren. Frauen und Männer wurden sofort voneinander getrennt.

Am Morgen wurden aus den Menschen mit Vor- und Nachnamen Nummern, nichts als Nummern. Sie bekamen Nummern in den Unterarm tätowiert. Hildegard erhielt die Nummer Z 4734. Z stand für Zigeuner, sie war die 4734. Zigeunerin, die nach Auschwitz kam. Ihre Mädchen bekamen die Nummern auf den Po tätowiert. Es tat weh, sie schrien, bei vielen entzündete sich die Tätowierung.

Dann bekamen alle eine Glatze rasiert und verwaschene, grau-weiße Streifenkleidung an: einen Kittel und eine Hose. Ohne Haare und mit der schrecklichen Kleidung konnte man die Leute kaum noch erkennen. Als Schuhe gab's Holzschuhe, der Schaft bestand aus einem alten Lappen. Mehr als zwei Jahre war Hildegard in Konzentrationslagern. Mehr als zwei Jahre ging sie in diesen unbequemen Holzschuhen – sommers wie winters.

Für die kleinen Mädchen gab es keinen Tropfen Milch. Richtiges Essen gab es auch nicht. Morgens bekamen Nathalie, Angela und Hildegard zusammen eine Scheibe Brot, dazu Tee, der wie Pfützenwasser aussah und auch so schmeckte. Mittags gab's eine Wassersuppe, manchmal schwamm ein ekliges Stück rotbraunes Fleisch darin herum. Es war kaum genießbar und schmeckte nicht nach Fleisch. Abends gab es wieder Pfützentee, wieder eine Scheibe Brot, manchmal lag noch eine dünne Scheibe Wurst darauf. Die Kinder waren sehr ängstlich, immer hungrig und magerten schnell ab.

Ganz früh am Morgen war täglich Appell, bei dem alle gezählt wurden. Tagsüber musste Hildegard Steine schleppen. Stundenlang. Sie und all die anderen wurden von Hunden bewacht. Wehe sie legten mal eine Pause ein. Das hätten sie nicht überlebt.

Ein paar Wochen hielten Nathalie und Angela durch. Doch sie waren viel zu geschwächt. Erst starb das eine und am nächsten Tag das andere Mädchen. Hildegard trug ihre Töchter in die Totenhütte, dort, wo die Toten erst mal lagen, bevor sie verbrannt wurden. Die Hütte war so voll, dass sie mit ihren toten Mädchen über andere Tote klettern musste. Der Verlust ihrer Kinder war zu viel: Hildegard erlitt einen Schock. Der Kummer brachte sie beinahe um. Dazu Angst und Hunger. Sie musste trotzdem weiter Steine schleppen.

Hildegard erfuhr, dass ihr Mann krank war. Er brauchte dringend Vitamine. Hildegard gelang es, Sauerkraut aus der Küche zu schmuggeln, indem sie das Sauerkraut in einen Putzlappen einwickelte. Es gelang auch, das Sauerkraut in den Männertrakt zu schmuggeln. Ihrem Mann ging es erst besser, später starb er aber im Vernichtungslager. Hildegards gesamte junge Familie kam ums Leben. Z 4734 – die Tätowierung blieb ihr ganzes Leben lang an ihrem Arm, jeden Tag musste sie sie sehen. »Das ist egal«, sagte sie im hohen Alter. »Ich muss sowieso jeden Tag an die schreckliche Zeit im Lager denken.« – Nach dem Krieg heiratete Hildegard wieder, hieß nun mit Nachnamen Franz und brachte noch vier Kinder zur Welt.

Roman Schneck, seine Geschwister und seine Mutter wurden in Auschwitz-Birkenau ermordet. Roman war 15 Jahre alt.

Insgesamt wurden von den Nationalsozialisten 500.000 Sinti und Roma und sechs Millionen Juden ermordet.

In Stuttgart steht auf dem Gelände des alten Güterbahnhofes die *Wand der Namen*, eine 70 Meter lange Mauer aus Beton. Eine Erinnerungsstätte. Die Schienen und Prellböcke von damals sind noch zu sehen … damals, als die Züge mit jüdischen Einwohnern, Sinti und Roma aus Württemberg von Stuttgart aus nach Auschwitz-Birkenau oder nach Treblinka in die Vernichtungslager transportiert wurden. Auf der Wand der Namen findet man nicht nur Hildegards Namen, sondern auch die ihres Mannes und ihrer Kinder. Auch die Namen der Familie Schneck sind dort zu lesen, zusammen mit über 2.600 anderen Namen. Über 2.600 Namen oder mehr als 2.600 Menschen!

Kajetan Reinhardt blieb die ganze Kriegszeit über in Ravensburg und leistete Zwangsarbeit in Friedrichshafen. Erst musste er bei Bauarbeiten helfen, danach in einer Fabrik hochexplosive Raketen und Bomben verladen. Ohne zu wissen, was für eine lebensgefährliche Fracht er täglich in Händen hielt.

Immer fuhren sie mit dem Zug von Ravensburg nach Friedrichshafen. Einmal wurde der Zug von Fliegern beschossen. Sie flogen in niedriger Höhe über die Eisenbahn, klinkten ihre Bomben aus und flogen im Steilflug davon. Durch die Bombe entgleiste die Lokomotive und war zerstört, genauso wie ein Großteil des Zuges. Der Lokomotivführer und viele andere starben. Kajetan hatte Glück: Er, sein Vater und sein Bruder überlebten den Angriff.

Nach dem Krieg zog Kajetan mit seinen Eltern wieder in die Hindenburgstraße. Dort gab es eine Baracke, etwas größer als die im Ummenwinkel. Später, als in der Straße gebaut wurde, mussten sie weg. Für die Reinhardts war kein Platz mehr. Kajetan, der mittlerweile verheiratet war, zog mit seiner Frau und den drei Kindern nach Ulm. Er starb 2018.

Heiner Geißler ging mit seinen Eltern erst nach Tuttlingen, dann wurde sein Vater nach Spaichingen strafversetzt, weil er sich nicht der Nazi-Ideologie anpasste. Heiner studierte Philosophie und Rechtswissenschaften und wurde Richter in Stuttgart. Später ging er in die Politik, er war Mitglied der CDU. In seiner Zeit als Bundesminister für Jugend und Familie war er auch zuständig für Sinti und Roma. Heiner Geißler ließ seinen Freund aus Kindertagen suchen. Kajetan und Heiner sahen sich 1985 wieder – zum ersten Mal nach 48 Jahren. Heiner Geißler starb 2017.

Johann ›Rukeli‹ Trollmann träumte davon, für Deutschland wieder in den Box-Ring zu steigen. Er wollte boxen, nichts als boxen. Doch das blieb ein Traum. Rukeli durfte nicht in seinem typischen Stil boxen: schnell, tänzelnd, dem Gegner kein Ziel bietend. Es wurde ihm verboten, man drohte ihm sogar mit dem Entzug seiner Boxlizenz, wenn er nicht ›deutsch‹ boxte. ›Deutsch boxen‹, das bedeutete, sich in die Mitte des Boxrings zu stellen und so lange Schläge auszuteilen, bis der andere zu Boden ging.

Rukeli wusste, dass er nur mit seinem Boxstil eine Chance hatte. Darum wollte er wenigstens provozieren und auf die hanebüchenen neuen Regeln aufmerksam machen. Er stieg als ›arischer, deutscher‹ Kämpfer in den Ring, dazu hatte er sich den Körper ganz weiß gepudert und die Haare blond gefärbt. Doch ohne seinen eigenen Boxstil ging er k.o. Im Publikum jubelte fast niemand, denn die Zuschauer spürten, dass die Nazis hier ihre Finger im Spiel hatten.

Danach boxte Rukeli noch ein paar Kämpfe, aber immer, wenn er in Führung lag, kam ein Nazi in seine Ecke und drohte: »Leg dich, Zigeuner, oder wir holen dich und deine Familie.« Lieber verlor Rukeli die Kämpfe, als seine Familie in Gefahr zu bringen. Er ließ sich sogar von seiner Frau scheiden, damit sie und seine Tochter einen anderen Namen annehmen konnten und nicht verfolgt wurden. – Was bei seiner Frau und Tochter klappte, gelang ihm nicht: Johann Rukeli Trollmann wurde 1942 verhaftet und kam ins Konzentrationslager nach Neuengamme. Dort musste er Schwerstarbeit leisten. Obwohl zum Knochengerüst abgemagert, wurde er von einem ehemaligen Ringrichter, Albert Lütkemeyer, erkannt. Der kam auf die widerliche Idee, dass Rukeli boxen sollte: Wann immer sich die SS-Männer langweilten, stülpten sie Rukeli, der nur noch Haut und Knochen war, Boxhandschuhe über und droschen auf den ausgemergelten Mann ein. Dazu riefen sie: »Los Zigeuner, wehr dich! «

Ein Jahr später wurde Rukeli ins Konzentrationslager Wittenberge verlegt. Auch dort erkannte man ihn. Er wurde 1944 erschlagen.

Theresia Seible aus Würzburg war eine begabte Sängerin und Tänzerin, die im dortigen Stadttheater auftrat. Doch sie bekam Berufsverbot. Man drohte ihr, sie käme ins Konzentrationslager, wenn sie sich nicht unfruchtbar machen ließe. Doch da war sie bereits schwanger. Sie wurde nur deshalb nicht ins Konzentrationslager geschickt, weil sich herausstellte, dass sie Zwillinge erwartete. Die Ärzte Josef Mengele und Werner Heyde machten gerne schmerzhafte Untersuchungen und üble Experimente mit Zwillingen. Theresia Seible musste ihre vier Wochen alten Kinder, Rita und Rolanda, zu den Ärzten geben. Nach zwei Wochen war Rolanda tot. Rita überlebte, litt zeitlebens unter Ohnmachtsanfällen und Schmerzen. Theresia Seible blieb nach dem Krieg in Würzburg und setzte sich für die Rechte der Sinti und Roma ein. Sie starb im Jahr 2006 mit 85 Jahren.

Der Musiker *Django Reinhardt* hieß eigentlich Jean Baptiste Reinhardt. Als 1939 der Krieg ausbrach, war Reinhardt mit seiner Band ›Hot Club de France‹ auf Tournee in London. Einige Bandmitglieder blieben bis Kriegsende dort. Reinhardt aber, der in Paris lebte, kehrte dorthin zurück. Dass er nicht ins Konzentrationslager geschickt wurde, verdankte er sicherlich seiner Beliebtheit bei den

Franzosen und der Tatsache, dass er auch Fans unter den Wehrmachtsoffizieren hatte. Er blieb in Paris, mied aber die Öffentlichkeit. Nach dem Krieg nahm er noch einige Platten auf, viel lieber aber ging er fischen oder malte. Django Reinhardt starb 1953 mit 43 Jahren an einem Gehirnschlag.

Eugen Max Robert Ritter war der Rassentheoretiker der Rassenhygienischen Forschungsstelle, der die Sinti und Roma vermessen hatte. Seine Gutachten bildeten die Grundlage für die Zwangsmaßnahmen, die die Sinti und Roma erleiden mussten. Er bestimmte damit auch, wer nach Auschwitz deportiert wurde. Nach dem Krieg schrieb Ritter freundliche Empfehlungen für NS-Täter, im Gegenzug erhielt er auch welche. So gelang es ihm, ab 1947 die Jugendpsychiatrie der Stadt Frankfurt zu leiten. *Eva Justin*, die ihm bereits beim Vermessen der Sinti und Roma geholfen hatte, wurde als Kinderpsychologin wieder seine Assistentin. Und das, obwohl Justin kein Examen oder irgendeine Ausbildung in Psychologie hatte. Später dann gelang es Ritter, eine Stelle als Obermedizinalrat auf dem Gesundheitsamt der Stadt Frankfurt zu ergattern. Er starb mit 50 Jahren in einer Nervenklinik. Weder Ritter noch Justin wurden für ihre Taten an den Sinti und Roma jemals bestraft.

Im vorliegenden Buch wird nur eine recht kurze Zeitspanne aus Kajetan Reinhardts Leben beschrieben. Diese Zeitspanne dauerte in Wirklichkeit länger. Sie wurde zusammengefasst, um die Geschichte griffiger und verständlicher zu machen. Am 13. März 1943 wurden die Sinti- und Roma-Familien aus dem Ummenwinkel ins

Grüne Türmle gebracht und von dort über Stuttgart nach Auschwitz deportiert.

Erstmals wurden Sinti und Roma in Deutschland im Jahr 1407 in der Stadt Hildesheim urkundlich erwähnt. Ab 1498 galten sie als vogelfrei, von nun an durfte jeder sie verfolgen oder gar ermorden und blieb straffrei. Die Sinti und Roma durften keine Handwerksberufe ausüben und sich nicht niederlassen. Sie mussten umherziehen, weil sie verfolgt wurden und sich nicht überall aufhalten durften. Deshalb hält sich bis heute das Vorurteil, sie seien ein fahrendes Volk.

Später dann geschah das genaue Gegenteil: Die Sinti und Roma sollten zwangsweise sesshaft gemacht werden. Allerdings wurden ihnen ihre Sprache und Kultur verboten, die Kinder den Familien entrissen und Jugendliche wurden zum Militär eingezogen.

Nach dem Ende der Nazi-Diktatur, nachdem mehr als eine halbe Million Sinti und Roma umgebracht worden waren, gab es für die Überlebenden keine Hilfen oder Entschädigungen. Wie viele Sinti und Roma heute in Deutschland leben, dazu gibt es nur Schätzungen. Im Jahr 2020 waren es ungefähr 70.000.

Danke!

Es ist schon einige Jahre her, dass ich Hildegard Franz in Rottweil und Kajetan Reinhardt in Ulm besuchte. Mit Dr. Heiner Geißler telefonierte ich. Längst waren alle drei im Herbst ihres Lebens angekommen. Doch sie schenkten mir ihr Wissen und ihre Erinnerungen. Durch ihre Erzählungen motiviert, machte ich mich ans Schreiben. Aber Auftragsarbeiten und viele Termine kamen dazwischen und überlagerten die Geschichte, sodass sie zuerst immer weiter verschoben wurde, schließlich sogar ein paar Jahre ruhte. – Während der Corona-Pandemie, als alle Termine abgesagt, alle Projekte gecancelt waren, habe ich die Geschichte wieder hervorgeholt und endlich zu Ende geschrieben. Ohne die Erzählungen von Hildegard, Kajetan und Heiner wäre dieses Buch nie entstanden. Danke! Herzlichen Dank!

Mein Dank gilt auch Herbert Heuß vom Zentralrat der Sinti und Roma sowie den Mitarbeiterinnen und Mitarbeitern des Dokumentations- und Kulturzentrums Deutscher Sinti und Roma mitsamt ihrer hervorragenden Aufarbeitung ›Der nationalsozialistische Völkermord an den Sinti und Roma‹.

Bedanken möchte ich mich auch bei Beate Falk vom Stadtarchiv in Ravensburg, das heute übrigens im ›Affenkasten‹ angesiedelt ist. Im Stadtarchiv fand sich auch der Beitrag von Peter Eitel: ›Ravensburg im Dritten Reich‹, der mir durch seine detaillierte Beschreibung des Ummenwinkels und des Lebens im Ummenwinkel sehr geholfen hat.